产业数字化转型之道

新质生产力推动传统产业转型升级

季 鸿　廖文凯　张云霞　主编
中国电信研究院产业数字化研究小组　编著

以下为小组成员名单（排名按姓氏拼音顺序）：

陈静丽	邓丽华	杜晓明	何出尘	何菁钦	巨 涵
李国钦	李祎茜	林舒阳	刘 森	马战凯	裴迎栋
田 盼	田 雨	王晓娣	肖少波	占安居	张秀凤
	张媛玥	赵明明	赵晔蕾	周晓凌	左芳芳

电子工业出版社
Publishing House of Electronics Industry
北京·BEIJING

内 容 简 介

本书以"新质生产力与产业数字化"为起点,深入探讨了在全球经济持续迈向数字化的今日,如何通过新质生产力推动产业的高质量发展。本书内容分为4篇,其中第1篇(第1章)从新质生产力的角度出发探讨了其在产业数字化中的核心引擎作用,第2篇(第2~4章)分析了产业数字化转型的趋势,第3篇(第5~10章)深入研究了产业数字化转型的核心要素,第4篇(第11~14章)提出了产业数字化转型的落地方案。本书的编写,旨在为决策者提供宏观的视角和战略的思考,以便更好地把握转型机遇,塑造未来竞争的新优势。

我们希望通过这本书,帮助读者理解不同领域的转型路径和实现方式,以及这些变革对于社会和经济的深远影响。在这个数字化的时代,让我们一起拥抱变革,共同推动产业的高质量发展。

未经许可,不得以任何方式复制或抄袭本书之部分或全部内容。
版权所有,侵权必究。

图书在版编目(CIP)数据

产业数字化转型之道:新质生产力推动传统产业转型升级 / 季鸿,廖文凯,张云霞主编;中国电信研究院产业数字化研究小组编著. -- 北京:电子工业出版社,2024. 8. -- ISBN 978-7-121-48509-1
Ⅰ. F269.2
中国国家版本馆CIP数据核字第2024XH0916号

责任编辑:刘 皎
文字编辑:葛 娜
印　　刷:三河市双峰印刷装订有限公司
装　　订:三河市双峰印刷装订有限公司
出版发行:电子工业出版社
　　　　　北京市海淀区万寿路173信箱　邮编 100036
开　　本:787×980　1/16　印张:17.5　字数:353千字
版　　次:2024年8月第1版
印　　次:2024年8月第1次印刷
定　　价:99.00元

凡所购买电子工业出版社图书有缺损问题,请向购买书店调换。若书店售缺,请与本社发行部联系,联系及邮购电话:(010)88254888,88258888。
质量投诉请发邮件至 zlts@phei.com.cn,盗版侵权举报请发邮件至 dbqq@phei.com.cn。
本书咨询联系方式:faq@phei.com.cn。

前　言

在这个数字化的时代，我们正经历着前所未有的产业变革。本书以"新质生产力与产业数字化"为起点，深入探讨了在全球经济持续迈向数字化的今日，如何通过新质生产力推动产业的高质量发展。

第1篇，从新质生产力的角度出发，探讨了其在产业数字化中的核心引擎作用。新质生产力以其强大的创新能力和高效的产出特性，为产业数字化提供了强大支撑，更为实现高质量发展注入了新的活力。

第2篇，分析了产业数字化转型的趋势。随着信息技术的不断进步，尤其是物联网、云计算、大数据、人工智能等技术的融合与创新，传统产业正在经历一场深刻的数字革命。这场革命不仅极大地提高了生产效率，降低了运营成本，还促进了新业务模式的诞生，改变了创造价值的方式。

第3篇，深入研究了产业数字化转型的核心要素。这一过程不仅涉及技术的革新，更是一场涵盖战略、组织和文化等多个维度的全面变革。在此基础上，构建一个开放且协同的数字生态对于资源共享和价值最大化至关重要。

第4篇，提出了产业数字化转型的落地方案。我们聚焦于几个关键领域——智能制造、数字政府、数字医疗和智慧交通，探讨它们如何通过数字化实现质的飞跃。这些领域的转型不仅提高了运营效率，还极大地改善了用户体验。

本书的编写，旨在为决策者提供宏观的视角和战略的思考，以便更好地把握转型机遇，塑造未来竞争的新优势。我们希望通过这本书，帮助读者理解不同领域的转型路径和实现方式，以及这些变革对于社会和经济的深远影响。

在这个数字化的时代，让我们一起拥抱变革，共同推动产业的高质量发展。

目 录

第1篇 新质生产力与产业数字化 1

第1章 新质生产力激活产业新动能 2

    1.1 发展新质生产力是推动高质量发展的内在要求 2
        1.1.1 新质生产力的内涵特征 2
        1.1.2 新质生产力推进高质量发展的重点举措 4
    1.2 新质生产力为产业升级注入澎湃动能 6
        1.2.1 产业数字化是实现高质量发展的重要方式 8
        1.2.2 高质量发展为产业数字化提供强劲动力 10
    1.3 产业数字化推动经济高质量发展的未来展望 14
        1.3.1 把握数字化机遇，引领产业优化升级 14
        1.3.2 探索数字化应用，驱动企业创新增效 15
        1.3.3 迎接数字化挑战，加强数字安全管控 16

第2篇 产业数字化转型趋势分析 19

第2章 产业数字化总体趋势分析 20

    2.1 产业数字化进入发展深水区 20

2.2 新基建提质升级为转型奠定基础 22
2.3 新技术应用促进产业数智升级 23
2.4 需求驱动客户数字化转型 25
2.4.1 数字政府理念驱动政府数字化 25
2.4.2 数字经济叠加提效推动大企业数字化 26
2.4.3 中小微企业数字化建设进入发展期 27
2.5 资本市场催化产业数字化转型 28

第3章 产业数字化供给侧趋势分析 30
3.1 数字发展突破助力实现由点到面的产业全面数字化 30
3.1.1 点：局部数字化 30
3.1.2 线：全局可视化 31
3.1.3 面：分析智能化 32
3.2 数智技术叠加深入应用促产业数智升级 33
3.2.1 大数据和云计算等数字化关键技术赋能生产、金融与消费 33
3.2.2 物联网多种技术相辅相成，隐私计算+区块链是未来趋势 34
3.2.3 三大要素助推 AI 产业进步，大模型落地引发 AI 应用变革 35
3.2.4 算力需求加速云计算赋能，PaaS 市场和非公有云市场增速快 35
3.2.5 数据湖是大数据平台发展方向，助力数据要素释放价值 37
3.3 软硬一体化的智能生态推动智能终端建设 37
3.4 培育产业平台化发展生态促数实融合新业态 39
3.4.1 微服务架构、低代码开发平台助力系统生态拓展 39
3.4.2 平台架构云—边—端一体化协同成趋势 39
3.4.3 注重生态的开放性和合作共赢，合作伙伴增强长期创收力 40
3.5 运营服务优化升级为产业数字化按下加速键 41
3.5.1 从重建设、轻运营转变为两者都要抓 41
3.5.2 提高交付效率 42
3.5.3 运营服务智能化 42

第4章 产业数字化行业需求分析 44

4.1 工业互联网 44
4.1.1 工业软硬件向通用型转变 44
4.1.2 三类需求市场及潜在空间 45

4.2 数字政府 46
4.2.1 推动数据要素融合共享 46
4.2.2 国内各地域的发展空间 47

4.3 智慧医疗 48
4.3.1 建设"三全"医疗卫生服务体系 48
4.3.2 数字技术与医疗深入结合 49
4.3.3 各细分赛道及其发展空间 50

4.4 其他部分行业补充 50

第3篇 产业数字化转型核心要素分析 53

第5章 基础设施 54

5.1 通信网络基础设施 54
5.1.1 固定宽带 54
5.1.2 移动通信 56
5.1.3 卫星通信 58

5.2 算力 59
5.2.1 算力的价值 59
5.2.2 算力的发展现状 59
5.2.3 算力发展存在的问题 61

5.3 云计算 62
5.3.1 云计算的价值 62
5.3.2 云计算的现状 63
5.3.3 云计算存在的问题 64

5.4 数据中心 65

                5.4.1 数据中心的价值 65
                5.4.2 数据中心的发展现状 65
                5.4.3 数据中心发展存在的问题 67
                5.4.4 数据中心的发展趋势 68

第6章 关键技术 70
        6.1 人工智能技术 70
                6.1.1 人工智能产业发展的三起两落 70
                6.1.2 人工智能的发展现状 71
                6.1.3 人工智能行业的应用情况及未来发展趋势 76
        6.2 数字孪生/元宇宙技术 78
                6.2.1 元宇宙的内涵 78
                6.2.2 元宇宙产业概况 79
                6.2.3 元宇宙的典型应用 80
        6.3 区块链技术 81
                6.3.1 技术特点 82
                6.3.2 技术架构 82
                6.3.3 应用情况 83
                6.3.4 发展趋势 84
        6.4 量子技术 85
                6.4.1 量子信息的内涵 85
                6.4.2 国内外量子信息技术的研究及应用现状 85
                6.4.3 量子信息技术的发展趋势及应用前景 87
        6.5 物联网技术 87
                6.5.1 技术内涵 87
                6.5.2 应用情况 88
                6.5.3 发展趋势 89

第7章 数据要素 91
        7.1 数据要素发展概述 91
                7.1.1 对数据要素的理解 91
                7.1.2 数据要素发展环境 92

7.1.3 数据要素市场规模ﾑﾑ97

7.2 数据要素产业分析ﾑﾑﾑ101
7.2.1 数据要素产业链ﾑﾑﾑ101
7.2.2 运营商参与生态建设ﾑﾑ103

7.3 数据要素产业趋势ﾑﾑﾑ105
7.3.1 数据监管治理ﾑﾑﾑ105
7.3.2 数据确权授权ﾑﾑﾑ107
7.3.3 数据定价与交易ﾑﾑﾑ109

7.4 数据要素的未来发展关键及创新ﾑﾑ111
7.4.1 政府作用的发挥ﾑﾑﾑ111
7.4.2 产业化的应用突破ﾑﾑﾑ116
7.4.3 新兴技术的有机结合ﾑﾑ118

第8章 数字安全ﾑﾑﾑ120

8.1 数字安全行业概述ﾑﾑﾑ120
8.1.1 概念发展ﾑﾑ120
8.1.2 行业背景ﾑﾑ121
8.1.3 法律背景ﾑﾑ123
8.1.4 市场规模ﾑﾑ125

8.2 数据安全市场格局ﾑﾑﾑ127
8.2.1 竞争态势ﾑﾑ127
8.2.2 关键"玩家"ﾑﾑ128
8.2.3 细分领域ﾑﾑ130

8.3 未来趋势ﾑﾑ145
8.3.1 数字安全的未来趋势ﾑﾑ145
8.3.2 数字安全的启示与建议ﾑﾑ147

第9章 数字生态ﾑﾑﾑ150

9.1 产业数字化生态环境ﾑﾑ150
9.1.1 产业数字化政策背景ﾑﾑ151
9.1.2 数字化基础设施建设ﾑﾑ153

9.1.3　数字化技术融合 155
　　　9.1.4　数字化人才培养 157
　　　9.1.5　数字化治理 159
9.2　产业数字化生态实践 160
　　　9.2.1　国家级产业联盟 160
　　　9.2.2　企业和地方政府层面的产业联盟 163
　　　9.2.3　5G 实验室 163
　　　9.2.4　联合创新中心 164
9.3　产业数字化生态建设展望 165

第 10 章　组织变革 167

10.1　在产业数字化背景下对企业组织的要求 167
10.2　组织变革的逻辑 168
　　　10.2.1　组织变革的定义 168
　　　10.2.2　组织变革的必要性 169
　　　10.2.3　组织变革的目标 170
10.3　组织模式变革 170
　　　10.3.1　组织模式变革的四大驱动力 170
　　　10.3.2　组织模式变革的四大趋势 172
10.4　产业数字化转型下的组织模式变革模型 173
10.5　组织变革的阻力与克服方式 176
　　　10.5.1　组织变革的阻力 176
　　　10.5.2　克服组织变革阻力的方式 178
10.6　组织变革的步骤模型 179

第 4 篇　产业数字化转型落地方案 **183**

第 11 章　智能制造 184

11.1　我国智能制造的发展现状、问题 184
　　　11.1.1　智能制造的国际发展历程 184

11.1.2　我国智能制造的发展存在的问题 185
　11.2　智能制造的概念、内涵和体系框架 186
　　　11.2.1　智能制造的概念 186
　　　11.2.2　智能制造的内涵和特征 186
　　　11.2.3　智能制造的体系框架 187
　11.3　智能制造发展的主要方向 188
　　　11.3.1　智能制造的驱动因素 188
　　　11.3.2　大企业共建、小企业共享，产业协同发展与价值提升 189
　　　11.3.3　智能制造转型中的技术升级与应用 190
　11.4　智能制造的转型路径 191
　　　11.4.1　观念上：理念与思维的转变和突破 191
　　　11.4.2　技术上：新技术的快速发展和应用 192
　　　11.4.3　生态上：数实融合、生态协同、产业集群、政产学研用联动 193
　11.5　智能制造的典型案例 194
　　　11.5.1　家电行业：深圳创维5G+8K赋能柔性智能工厂 194
　　　11.5.2　汽车行业：上汽大通C2B模式智能制造标杆工厂 197

第12章　数字政府 199

　12.1　我国数字政府的现状、需求与问题 199
　　　12.1.1　我国数字政府的发展现状 199
　　　12.1.2　我国数字政府的发展需求 200
　　　12.1.3　我国数字政府管理存在的问题 201
　12.2　我国政府数字化转型的主要方向 202
　　　12.2.1　政务平台，统建共用 202
　　　12.2.2　数据资源，价值释放 202
　　　12.2.3　数字履职，高效协同 203
　　　12.2.4　安全保障，提质可控 204
　12.3　数字政府的转型路径 205
　　　12.3.1　理念与思维的转变和突破 205
　　　12.3.2　顶层规划与部署 206
　　　12.3.3　与数字化匹配的组织机构转型 207

12.3.4　业务流程的贯通与协同 208
12.4　数字政府的典型案例 209
　　12.4.1　广东省数字政府发展情况 209
　　12.4.2　浙江省数字政府发展情况 214
　　12.4.3　贵州省数字政府发展情况 218

第13章　数字医疗 220

13.1　数字医疗概述 220
　　13.1.1　数字医疗的概念 220
　　13.1.2　数字医疗的发展历程 221
　　13.1.3　数字医疗的发展现状 223
　　13.1.4　数字医疗的市场规模、市场结构与市场竞争 227
13.2　数字医疗的典型场景与案例 229
　　13.2.1　电子病历 230
　　13.2.2　远程医疗 236
　　13.2.3　全民健康信息平台 241
13.3　数字医疗的发展趋势 246

第14章　智慧交通 248

14.1　智慧交通概述 248
　　14.1.1　智慧交通的发展历程 248
　　14.1.2　智慧交通的发展现状 249
　　14.1.3　智慧交通的发展趋势 252
14.2　智慧交通的典型场景与案例 256
　　14.2.1　交通运行监测调度中心 256
　　14.2.2　智慧高速公路 259
　　14.2.3　自动驾驶示范区 262
　　14.2.4　智慧机场 265

第 1 篇

新质生产力与产业数字化

  在数字化浪潮席卷全球的今天,新质生产力正成为引领产业数字化、推动高质量发展的核心引擎。新质生产力,以其强大的创新能力和高效的产出特性,不仅为产业数字化提供了强大支撑,更为实现高质量发展注入新的活力。随着大数据、云计算、人工智能等新一代信息技术的快速发展,产业数字化已成为不可逆转的趋势。新质生产力在其中发挥着至关重要的作用,它促进了传统产业的转型升级,催生了新兴产业的蓬勃发展,为经济社会发展提供了源源不断的动力。同时,产业数字化也为新质生产力的快速发展提供了广阔空间,两者相互促进,共同推动着经济社会的高质量发展。

第 1 章

新质生产力激活产业新动能

1.1 发展新质生产力是推动高质量发展的内在要求

理解新质生产力，要抓住"新"与"质"两方面。"新"指的是在新技术、新经济、新业态下产生的生产力，"质"指的是以实现科技自立自强的关键性颠覆性技术突破而产生的生产力。新质生产力的特点是创新，关键在质优，本质是先进生产力，其已在实践中形成并展示出对高质量发展的强劲推动力、支撑力。

1.1.1 新质生产力的内涵特征

1. 基本内涵

高质量发展是新时代的硬道理，需要新的生产力理论来指导。新质生产力代表先进生产力的演进方向，是由技术革命性突破、生产要素创新性配置、产业深度转型升级而催生的先进生产力质态。新质生产力以劳动者、劳动资料、劳动对象及其优化组合的跃升为基本内涵，具有强大发展动能，能够引领创造新的社会生产时代。[1]

更高素质的劳动者是新质生产力的第一要素。发展新质生产力，需要能够创造新质生产力的战略人才，他们引领世界科技前沿、创新创造新型生产工具。更高技术含量的劳动资料

---

[1] 相关内容可参考《人民日报》（2024 年 3 月 1 日第 09 版）文章《新质生产力的内涵特征和发展重点》。

是新质生产力的动力源泉。生产工具的科技属性强弱是辨别新质生产力和传统生产力的显著标志。新一代信息技术、先进制造技术、新材料技术等融合应用，孕育出一大批更智能、更高效、更低碳、更安全的新型生产工具，进一步解放了劳动者，削弱了自然条件对生产活动的限制，极大拓展了生产空间，为形成新质生产力提供了物质条件。更广范围的劳动对象是新质生产力的物质基础。得益于科技创新的广度延伸、深度拓展、精度提高和速度加快，劳动对象的种类和形态大大拓展。比如，数据作为新型生产要素成为重要劳动对象，既直接创造社会价值，又通过与其他生产要素的结合、融合进一步放大价值创造效应。

在生产力的形成过程中，劳动者、劳动资料、劳动对象以及科学技术、管理等要素都是不可或缺的。只有当这些生产力要素实现高效协同时，才能爆发出更强大的生产力。在一系列新技术的驱动下，新质生产力引领和推动了生产主体、生产工具、生产对象和生产方式的变革调整。它促进了劳动力、资本、土地、知识、技术、管理、数据等要素的便捷流动、网络共享、系统整合、协作开发和高效利用，从而有效降低了交易成本，大幅提高了资源配置效率和全要素生产率。

2. 主要特征

与传统生产力形成鲜明对比，新质生产力是创新起主导作用，摆脱传统经济增长方式、生产力发展路径的先进生产力，具有高科技、高效能、高质量特征。

一是以创新为第一动力，形成高科技的生产力。科技创新正在深刻重塑生产力的核心要素，催生全新的产业形态和业务模式，推动生产力向更高层次、更前沿的质态发展。新质生产力，作为科技创新主导下的生产力形态，必须以重大科技突破为先导，促进创新链、产业链、资金链和人才链的深度融合，加速将科技创新成果转化为实际的生产力。近年来，我国科技创新能力持续增强，已在载人航天、量子信息、核电技术、大飞机制造等关键领域取得了一系列显著成就，成功跻身创新型国家之列。这为我们加快发展新质生产力奠定了坚实的基础。现在，我们站在新的历史起点上，必须继续深化科技创新，不断推动新质生产力的蓬勃发展，为经济社会的持续繁荣注入强大动力。

二是以战略性新兴产业和未来产业为主要载体，形成高效能的生产力。产业是生产力变革的直观展现，主导产业和支柱产业的连续升级成为推动生产力飞跃的关键力量。战略性新兴产业和未来产业，作为引领产业升级和未来发展的新生力量，拥有更高的效能，其特点包括创新活跃、技术密集、附加值高和前景广阔，为新质生产力的壮大提供了广阔舞台。近年来，我国战略性新兴产业呈现出强劲的发展势头。2022 年，其增加值在国内生产总值中的占比已超过 13%，新能源汽车、锂电池、光伏产品等关键领域更是取得了显著进展，在数字经济等新兴领域形成了明显的领先优势。同时，我国还积极预见并规划未来产业的发展路径，推动技术创新、研发模式、生产方式、业务模式和组织结构等全方位革新，为新质生产力的持续发展奠定了坚实的产业基础。

三是以新供给与新需求高水平动态平衡为落脚点，形成高质量的生产力。供需之间的有效对接是社会经济健康循环的关键标志。社会的供应能力和需求的满足程度都受到生产力发展水平的限制，只有依靠高度发达的生产力，才能达到高水平的供需动态平衡。目前，我国大部分领域已经基本解决了"有无"问题，而"好坏"问题则逐渐凸显出来，这客观上要求建立一个新的平衡，即需求引导供应，供应创造需求。一方面，新的需求对供应的升级提出了更高的标准，它引导和刺激新的供应产生，从而推动生产力的大幅提升。另一方面，基于新质生产力产生的新供应，能够提供更多优质、高性能、高可靠性、高安全性以及高环保性的产品和服务，更好地满足并创造有效的需求。加速发展新质生产力不仅符合高质量发展的要求，而且有助于实现国民经济的健康循环，更好地发挥我国超大规模市场的优势，增强经济增长和社会发展的持续性。

1.1.2 新质生产力推进高质量发展的重点举措

"发展新质生产力是推动高质量发展的内在要求和重要着力点，必须继续做好创新这篇大文章，推动新质生产力加快发展。"习近平总书记在主持中央政治局第十一次集体学习时，就扎实推进高质量发展发表重要讲话。加快发展新质生产力，是新时代新征程解放和发展生产力的客观要求，是推动生产力迭代升级、实现现代化的必然选择。培育壮大新质生产力是一项长期任务和系统工程。我们要坚持系统观念，坚持以实体经济为根基，以科技创新为核心，以产业升级为方向，着力推动劳动者、劳动资料、劳动对象及其优化组合的跃升和质变。

一是正确处理新质生产力发展中的一系列重大关系。首先，要处理好生产力和生产关系之间的关系，通过形成适应新质生产力发展要求的新型生产关系，并充分发挥市场在资源配置中的决定性作用，同时更好地发挥政府的作用，加快构建有利于新质生产力发展的体制机制。其次，要处理好新质生产力各要素之间的关系，以科技创新为支撑引领，全面培育新型劳动者、创造新型生产工具并拓展新的劳动对象，确保新质生产力的各要素能够实现高效协同匹配。此外，处理好自主创新和开放创新之间的关系也至关重要，我们应该坚持自主创新与开放创新相结合，充分利用全球创新资源，在开放的环境中大力推进自主创新，以加快建设具有全球竞争力的开放创新生态。最后，还需处理好新质生产力和传统生产力之间的关系，通过统筹推进二者的发展，及时将科技创新成果应用于具体产业和产业链中，既要培育壮大新兴产业和布局建设未来产业，又要改造提升传统产业，以构建一个完整、先进且安全的现代化产业体系。

二是培育新型劳动者队伍。推动教育、科技、人才的深度融合与发展，构建与新质生产力相适应的新型劳动力大军，充分释放劳动者的创新潜力和主动性。优先发展教育，专注于培育杰出的创新人才，包括战略科学家、顶尖科技领导者以及具备国际竞争力的青年科技才俊。努力构建具有中国特色、达到世界标准的工程师培养体系，通过职业教育与普通教育的融合、产业与教育的结合以及科技与教育的交汇，探索高效的高校与企业联合培养模式，持续为各行各业输送高素质的技术技能人才。实施更为积极、开放和有效的人才战略，探索建立与国际接轨的全球人才引进机制，扩大国家科技计划的对外开放，鼓励在华外资企业和外籍科技人员参与科技项目，为全球人才提供施展才华的广阔舞台。

三是创造和应用更高技术含量的劳动资料。深入推进创新驱动发展战略，紧紧抓住自主创新这一核心，推动劳动资料不断升级换代。国家应发挥重大科技创新的组织者角色，以国家战略需求为指引，有效整合科技创新资源，汇聚各方力量进行原创性、前瞻性的科技研究，打造更多引领新质生产力发展的核心技术。同时，企业要肩负起研发应用新型生产工具的主力军责任，强化创新要素的整合和科技成果的转化应用，构建以龙头企业为主导、高校和科研院所为支撑、各创新主体协同合作的创新体系，加速科技成果转化为实际生产力。此外，促进数字经济与实体经济的深度融合，深入推进产业数字化转型，加强人工智能、大数据、物联网、工业互联网等数字技术的综合应用，大力推广数字化、网络化、智能化的生产工具，加快数字化车间和智能制造示范工厂的建设步伐。

四是拓展更广范围的劳动对象。重点培育和发展战略性新兴产业及未来产业，拓展劳动对象的种类与形态，以此持续开拓生产活动的新领域与新竞争格局，为新质生产力的坚实发展奠定物质基础。应深入推进国家战略性新兴产业集群的建设与发展工程，促进战略性新兴产业之间的融合与集群发展，致力于形成新一代信息技术、人工智能、生物技术、新能源、新材料、高端装备、环保等产业的新增长动力，进一步巩固和提升我国在全球价值链中的技术领先地位和产业竞争力。同时，需要从国家战略的视角对未来产业进行全面布局和规划，在类脑智能、量子信息、基因技术、未来网络、深海空天开发等科技前沿和产业变革领域，实施有针对性的未来产业孵化和加速计划，积极探索与融合多种前沿技术和颠覆性技术路径，为未来生产力的飞跃式发展做好充分准备。

五是推动更高水平的生产力要素协同匹配。为了适应新质生产力的发展需求，必须推动产业组织和形态的变革与创新，持续提高生产要素的整合效率，从而提高全要素生产率。在这一过程中，要着重支持和培育那些产业影响力广泛、国际竞争力突出的龙头企业，以及那些在产业链中具有核心控制力的生态主导型企业。同时，也要扶持并培育一批专业化、精细化、特色化、新颖化的"小巨人"企业和"单项冠军"企业，并鼓励这些龙头骨干企业发挥其产业链引领作用，促进大、中、小企业的协同发展。借助生产要素的自由流动、高效协同和共享利用，应推动生产组织模式向更加平台化、网络化和生态化的方向转型，打造一个广泛参与、资源共享、高效匹配、紧密合作的产业生态圈，进而促进全产业链、供应链的价值协同和创新。特别要重视数据要素的独特作用，使其成为促进产业融合的"催化剂"。通过推动传统业态与数字业态的深度融合，将催生出新的产业链环节、链条和业务形态，从而加速发展智能制造、数字贸易、智慧物流、智慧农业等新兴业态。这样的变革不仅能优化供给结构，提高供给质量，还能更好地满足并创造新的市场需求。

1.2　新质生产力为产业升级注入澎湃动能

当前，数字经济形成了支撑新质生产力蓬勃发展的重要力量，源于丰富的应用场景和海量的数据资源，我国数字经济实现快速发展。新质生产力，特点在"新"，关键在"质"，落脚在"生产力"，即以科技创新推动产业创新，特别是以颠覆性技术和前沿技术催生新产业、新模式、新动能。在数字化、智能化时代，数据、信息、网络作为三大新生产要素，因其自身的强渗透性、多兼容性、超时空性，具备了整合传统生产力的能力，能够从生产要素羽化成由数据生产力、信息生产力和网络生产力构成的新质生产力。

在推动数字经济高质量发展的同时，2024年各省份进一步强调数字经济和实体经济的融合，加"数"的目的是向"实"，通过数实融合，打造新质生产力。习近平总书记指出："科技创新能够催生新产业、新模式、新动能，是发展新质生产力的核心要素。"必须加强科技创新，特别是原创性、颠覆性科技创新，加快实现高水平科技自立自强，打好关键核心技术攻坚战，使原创性、颠覆性科技创新成果竞相涌现，培育发展新质生产力的新动能。要及时将科技创新成果应用到具体产业和产业链上，改造提升传统产业，培育壮大新兴产业，布局建设未来产业,完善现代化产业体系。要围绕发展新质生产力布局产业链,着力提升产业链、供应链的韧性和安全水平,保证产业体系自主可控、安全可靠。要围绕推进新型工业化和加快建设制造强国、质量强国、网络强国、数字中国和农业强国等战略任务,科学布局科技创新、产业创新。要大力发展数字经济,促进数字经济和实体经济深度融合,打造具有国际竞争力的数字产业集群。2014年以来,国务院政府工作报告对产业数字化的重视程度不断升级(如表1.1所示)。政府工作报告着眼于大数据、云计算、物联网、人工智能、5G等数字技术前沿,鼓励数字技术与实体经济深度融合。

表1.1 历年国务院政府工作报告中与产业数字化相关的表述

年 份	相关表述
2014年	设立新兴产业创业创新平台,在新一代移动通信、集成电路、大数据、先进制造、新能源、新材料等方面赶超先进,引领未来产业发展
2015年	制订"互联网+"行动计划,推动移动互联网、云计算、大数据、物联网等与现代制造业结合,促进电子商务、工业互联网和互联网金融健康发展,引导互联网企业拓展国际市场。促进工业化和信息化深度融合,开发利用网络化、数字化、智能化等技术,着力在一些关键领域抢占先机、取得突破
2016年	深入推进"中国制造+互联网",建设若干国家级制造业创新平台,实施一批智能制造示范项目,启动工业强基、绿色制造、高端装备等重大工程,组织实施重大技术改造升级工程
2017年	深入实施《中国制造2025》,加快大数据、云计算、物联网应用,以新技术、新业态、新模式,推动传统产业生产、管理和营销模式变革。把发展智能制造作为主攻方向,推进国家智能制造示范区、制造业创新中心建设
2018年	做大做强新兴产业集群,实施大数据发展行动,加强新一代人工智能研发应用,在医疗、养老、教育、文化等多领域推进"互联网+"。推动集成电路、第五代移动通信、飞机发动机、新能源汽车、新材料等产业发展,实施重大短板装备专项工程,推进智能制造,发展工业互联网平台,创建"中国制造2025"示范区。深入推进"互联网+农业",多渠道增加农民收入,促进农村一二三产业融合发展
2019年	打造工业互联网平台,拓展"智能+",为制造业转型升级赋能。深化大数据、人工智能等研发应用,培育新一代信息技术、高端装备、生物医药、新能源汽车、新材料等新兴产业集群,壮大数字经济。坚持包容审慎监管,支持新业态、新模式的发展,促进平台经济、共享经济健康成长。加快在各行业各领域推进"互联网+"。发展"互联网+教育",促进优质资源共享。发展"互联网+医疗健康",加快建立远程医疗服务体系

续表

年 份	相关表述
2020 年	发展工业互联网，推进智能制造，培育新兴产业集群。电商网购、在线服务等新业态在抗疫中发挥了重要作用，要继续出台支持政策，全面推进"互联网+"，打造数字经济新优势。加强新型基础设施建设，发展新一代信息网络，拓展 5G 应用，建设数据中心
2021 年	坚持把发展经济着力点放在实体经济上，推进产业基础高级化、产业链现代化，保持制造业比重基本稳定，改造提升传统产业，发展壮大战略性新兴产业，促进服务业繁荣发展。加快数字化发展，打造数字经济新优势，协同推进数字产业化和产业数字化转型，加快数字社会建设步伐，提高数字政府建设水平，营造良好数字生态，建设数字中国
2022 年	建设数字信息基础设施，推进 5G 规模化应用，促进产业数字化转型，发展智慧城市、数字乡村。加快发展工业互联网，培育壮大集成电路、人工智能等数字产业，提升关键软硬件技术创新和供给能力
2023 年	促进传统产业改造升级，培育壮大战略性新兴产业，着力补强产业链薄弱环节。加快传统产业和中小企业数字化转型，着力提升高端化、智能化、绿色化水平
2024 年	大力推进现代化产业体系建设，加快发展新质生产力。制定支持数字经济高质量发展政策，积极推进数字产业化、产业数字化，促进数字技术和实体经济深度融合

1.2.1　产业数字化是实现高质量发展的重要方式

对于新质生产力而言，创新驱动是"新"的关键，高质量发展是"质"的要义。面对新一轮科技革命和产业变革与我国经济转型的历史性交汇，我们迎来了实施创新驱动发展战略的宝贵机遇。实施创新驱动发展战略需要新动能。新动能从何而来？习近平总书记将目光瞄准了数字化，鲜明指出，"世界各国都把推进经济数字化作为实现创新发展的重要动能"。[1]

1. 实体经济是国家经济的立身之本，建设现代化产业体系是必然选择[2]

实体经济是一国经济的立身之本、财富之源。拥有坚实发达的实体经济，是我国具备持久竞争力的关键。产业是实体经济的核心，构建现代化产业体系是新发展阶段推动实体经济高质量发展的必由之路。当前，我国的产业体系，特别是工业体系已经相当完备，但现代化水平还有待提高。我国作为全球唯一拥有全部工业门类的国家，制造业总体上仍处于全球价值链的中低端，面临着核心技术受制于人、原始创新能力不足、产业标准话语权较弱等问题。这导致"卡脖子"问题日益突出，限制了国内企业参与国际市场竞争和在全球价值链上获得

---

[1] 相关内容可参考新华社文章《习近平主持中共中央政治局第二次集体学习并讲话》。见"链接 1-1"。
[2] 相关内容可参考光明网上的文章《怎样理解高质量发展？》。见"链接 1-2"。

优势。新冠疫情的爆发，也让我们意识到我国产业链和供应链存在的潜在风险。在高端产业领域，大部分企业仍处于国际产业链的中低端位置，缺乏对整条产业链的控制力和话语权。此外，许多中小企业的数字基础相对薄弱，大多数仍停留在信息化的初级阶段，数字技术的应用并不广泛。同时，缺乏权威的标准，数据互通性差，使得数据难以转化为有价值的资源。[1]

要实现高质量的发展并提升产业的核心竞争力，关键在于提升产业链和供应链的现代化水平。在推进这一过程中，应将焦点放在"现代化"上，切实以实体经济的发展需求为基石。同时，还应强化产业体系的支撑性、引领性、安全性、开放性和可持续性。这样的综合发展策略将有力地推动我国产业链和供应链向更高层次、更高质量的方向发展，为经济的高质量发展奠定坚实的基础。这包括聚焦产业链的短板，开展关键核心技术的攻关，以产业强链为牵引，打造具有国际竞争力的先进制造业产业集群。同时，还需要提升装备制造业的发展水平，积极发展高端技术装备和大型技术设备，拓展高端装备国产化的空间，为实体经济的技术改造和产业转型提供重要的保障。[2]

2. 数字技术赋能实体经济，助力产业质量升级

当前，数字技术正处于创新变革活跃期，其赋能作用在各个领域中日益显现。在关键领域，如高端芯片、基础软件、核心工业软件和智能传感器等，数字技术的创新周期正在不断缩短，其正处于重大变革的阶段，呈现出代际跃迁和群体性突破的趋势。新一代信息技术正在加速与能源、材料、生物和空间技术等领域的交叉融合，引领全领域的技术进步和产业变革。这种变革不仅深刻影响了经济结构，还对要素资源的重组产生了深远影响。

数字技术已经成为实体经济发展的核心驱动力，而推动数字技术与实体经济的深度融合，是数字技术创新应用的重要领域。在制造业中，数字技术的广泛应用催生了全新的智能装备产品和服务，加速了产业链、供应链和价值链的深度融合与协同，这使得上游与下游、生产与消费之间的对接更加高效，供求关系更加平衡，资源配置更加优化，从而显著提高了全要素生产率。运用互联网、大数据、云计算、人工智能和区块链等技术，赋能传统产业，不仅能够提高生产效率，还能够提升产品的品质，这为企业向产业中高端发展提供了广阔的空间。数据显示，从 2012 年至 2021 年，智能制造试点示范项目的生产效率平均提高了 48%，

---

[1] 相关内容可参考《经济日报》（2022 年 8 月 16 日第 10 版）文章《发展现代产业体系需解决矛盾问题》。
[2] 相关内容可参考《经济日报》（2023 年 2 月 22 日第 10 版）文章《夯实实体经济方能行稳致远》。

产品研制周期平均缩短了38%，产品不良品率平均降低了35%。因此，数字技术完全有潜力成为改造和提升传统产业的强大支点。[1]

3. 数字化转型开创经济社会高质量发展新局面[2]

在多年的高速增长和数量扩张之后，中国经济面临着大量结构性问题。企业产能过剩、创新能力不足，部分领域缺乏关键核心技术，以及金融未能有效支持实体经济，都是中国经济面临的重要挑战。此外，过度依赖房地产行业也制约了经济的健康、稳定和可持续发展。

随着经济下行压力的加大，中国经济需要加快新旧动能的转换。数字化的发展为企业提供了大量消费者数据，使得工厂可以根据需求进行定制化生产，提高产品与消费者偏好的契合度，实现精准创新。同时，企业可以调动多方资源进行开放式创新，降低生产成本，提高质量、效率和绿色生产。企业通过融入数字化生态，实现精准营销和供需对接，形成线上线下融合的销售模式，丰富便民惠民商业生态。这使得企业能够快速、低成本地将新产品投入市场，进行"迭代式"创新。

1.2.2 高质量发展为产业数字化提供强劲动力

面向经济主战场，我国不断以高质量的数字科技供给推动产业迈向中高端，以新一代信息技术、人工智能、生物技术、新能源、新材料、高端装备、绿色环保等为代表的战略性新兴产业迅速发展，不断壮大。在我国25个先进制造业集群中，六成以上主导方向是数字经济；截至2022年6月，我国登记在册的数字核心产业企业达509.5万户；海尔、海信、三一等一大批大中型企业，逐步完成从信息化到数字化的升级，努力打造全球智能制造的示范样板。[3]

1. 产业数字化在我国高质量发展时期拥有得天独厚的资源条件

（1）不断赶超的先进数字科技为产业数字化奠定了良好的技术基础

在大数据、云计算、区块链、人工智能等数字科技领域，中国正迅速赶超先进国家。中

---

[1] 相关内容可参考《中国冶金报》（2022年6月21日第03版）文章《近10年智能制造试点示范项目生产效率平均提高48%》。
[2] 相关内容可参考光明网上的文章《数字化赋能企业高质量发展》。见"链接1-3"。
[3] 相关内容可参考中国网信网上的文章《春来潮涌东风劲——习近平总书记指引数字化推动高质量发展述评》。见"链接1-4"。

国庞大的人口和市场规模产生了海量数据资源，大数据产业高度发达，云计算产业市场规模仅次于美国。中国人民银行已率先发行数字货币（DC/EP），该数字货币已在金融交易、城市管理、医疗服务等众多领域得到广泛应用。截至2022年6月，中国5G标准必要专利申请量占全球总量的40%，位居全球第一。从国家科技创新的整体实力看，2022年中国全社会研发支出已突破3万亿元，占GDP比重为2.55%，科技进步贡献率达到60%以上。

（2）较为完善的数字基础设施为产业数字化创造了良好的硬件条件

截至2022年6月，中国的5G基站建设总数达到185.4万个，占全球5G基站数量的60%以上。全国5G移动电话用户数量达到4.55亿户，用户规模占全球比重超过60%。此外，中国还拥有覆盖广泛的千兆光网，具备覆盖4亿户家庭的能力，覆盖比例远超英国、德国等发达国家。在数据中心方面，中国在用数据中心机架总规模超过590万标准机架，服务器规模达到近2000万台。在互联网协议第六版（IPv6）方面，中国活跃用户数占全部网民数的67.5%，已申请的IPv6地址资源位居世界第二，IPv6普及应用达到国际先进水平。在工业互联网领域，中国已培育出超过150家具有一定行业和区域影响力的工业互联网特色平台，连接工业设备超过7900万台。工业互联网在45个国民经济大类中得到应用，产业规模已迈过万亿元大关。这些数字基础设施的完善为产业数字化提供了有力支持，推动了各行业的数字化转型和升级。

（3）超大规模的市场优势为产业数字化打开了广阔的需求市场

中国已形成拥有14亿人口、4亿多中等收入群体、8亿多网民的全球最大最有潜力市场[1]。随着国家向高收入国家行列迈进，国内市场规模持续扩大。截至2023年1月，中国市场主体数量已达1.7亿户，其中全国登记在册的个体工商户超过1.14亿户，约占市场主体总量的三分之二，为近3亿人提供了就业机会。在2022年度《财富》世界500强企业排名中，中国共有145家公司上榜，连续四年位居各国之首。中国市场的潜力和活力不断释放，为国内外企业提供了广阔的发展空间和机遇。同时，中国政府不断完善市场环境和政策体系，推动市场主体创新发展，提升市场整体竞争力和可持续发展能力。

（4）丰富的人才资源为产业数字化提供了高质量的人才储备

近年来，中国的科学家和工程师人数一直维持在较高水平，研发人员规模稳居全球首位。

---

[1] 相关内容可参考中新网上的文章《中国人均国民总收入总体达到中等偏上收入国家水平》。见"链接1-5"。

2019 年，研发人员全时当量达到 480 万人年，占全球研发人员的比重超过 30%。截至 2019 年年底，中国专业技术人才总量达到 7839.8 万人，其中本科及以上学历占比上升至 48%，具有高级职称以上的专业技术人才占比为 11.3%。此外，中国还拥有"百千万人才工程"国家级人选 6500 多人，享受政府特殊津贴人员 18.7 万人，招收培养博士后 28 万人，留学回国人员 423 万人。到 2020 年年底，中国累计有 3588 万人取得各类专业技术人员职业资格证书，建立了一支规模宏大、结构合理、素质优良的专业技术人才队伍。这支专业技术人才队伍是中国科技创新和经济发展的重要支撑力量。他们不仅在科学研究和技术创新方面取得了显著成果，还为各行各业的发展提供了强有力的人才保障。中国政府将继续加大对专业技术人才的培养和引进力度，为国家的长远发展提供更加坚实的人才基础。[1]

2. 推动高质量发展的产业政策调整为产业数字化提供方向指引[2]

党的十八大以来，我国产业发展实现了从规模增长向规模与质量并举发展的历史性转变，产业制造质量不断提升，专利申请数量大规模增加。然而，在转换经济增长动力的过程中，我国产业质量顶层设计有待加强，一些新业态也对产业质量基础设施提出了更高要求。党和国家敏锐地洞察到了数字经济的发展趋势，并采取了包容审慎的原则来支持新业态、新模式的发展。这为数字经济提供了全方位、立体化的政策支持。党的十九大报告强调了推动互联网、大数据、人工智能与实体经济的深度融合，国家有关部门和地方政府也相继出台了一系列扶持政策，加强规划引导和支持，将数字经济置于国民经济发展的优先位置。这些举措为数字经济创造了优越的政策环境。

产业升级离不开国家政策制度的全方位引领。随着中国经济转向高质量发展阶段，产业政策体系也将进行相应的调整。为了推动高质量发展的产业政策体系，可以从以下几个方面实施：培育产业创新融合发展动能、增强产业生态协调发展动力、提升企业运营管理效率能力等。这些措施将有助于促进产业的升级和高质量发展，为中国经济的可持续发展注入新的动力。

（1）培育产业创新融合发展动能

在高质量发展的阶段，必须坚持改革创新，重点针对关键行业和领域，培育多元化的融

---

[1] 相关内容可参考《人民日报》（2021 年 11 月 9 日第 08 版）文章《我国初步建立规模宏大、结构合理、素质优良的专业技术人才队伍——激发人才活力 汇聚强大力量》。
[2] 相关内容可参考 2020 年人民出版社出版的《经济高质量发展理论大纲》（作者：高培勇，刘霞辉，袁富华）。

合发展主体，探索具有特色的融合发展路径，以形成更丰富、更有竞争力的产业业态。随着工业化进入中后期，传统制造业普遍面临着盈利水平下降和产能过剩的困境。因此，产业整合和转型不可避免，迫切需要"加快制造业向高端、智能、绿色、服务方向转型升级，推动新旧动能接续转换"。应鼓励通过技术渗透、产业联动、链条延伸和内部重组等途径，打破原有的产业边界，促进产业交叉融合，培育新业态和新模式。这是一个动态的过程，旨在实现产业间的相互支撑、高效协同和融合互动，最终推动产业提质增效升级。例如，波司登在行业领域中率先探索先进制造业和现代服务业深度融合新模式，坚持"品牌引领+数字化变革"双轮驱动，聚焦智能工厂建设、智慧供应链管理、工业设计服务及品牌营销服务等主要内容，持续推动两业深度融合，实现经营业绩与品牌价值"双提升"。

（2）增强产业生态协调发展动力

在产业数字化的背景下，协同已成为提高系统整合效率的关键。企业创造价值的核心路径已转向创造产业协同效应，通过与更多价值伙伴合作，企业能够创造超出自身能力之外的价值，从而获得更大的发展空间。为了加速培育高新技术行业的国内配套产业链，需要形成完整的产业闭环。同时，需要支持跨行业、跨领域的综合性工业互联网应用和服务平台的建设，以促进产品信息、生产工艺、生产资料、生产能源等资源的横向集成。例如，广州树根互联利用自主可控的工业操作系统根云平台，提供基于平台的工业 App 和工业数据驱动的创新服务。通过与行业龙头企业合作，串联上下游企业，接入 90 万台套设备，赋能产业生态价值共创。这样的跨行业、跨领域合作模式有助于实现资源的优化配置和产业的深度融合，推动整条产业链的升级和发展。

（3）提升企业运营管理效率能力

在创新驱动的新经济模式下，不能再局限于传统的产品经济思维，而是要树立全新的产业发展观念。应该引导传统行业积极融入网络化、智能化和数据化的时代潮流，鼓励企业依托工业互联网平台，打造全面连接的人、机、物、系统的企业经营网络。这样不仅能进一步优化企业生产资源配置，还能显著提高运营管理效率。以广州赛意信息科技股份有限公司为例，该公司通过建立工业互联网云平台等手段，全方位赋能企业数字化转型升级。该公司为近 400 家世界 500 强企业、上市公司或行业龙头企业提供服务，并取得了卓越的业绩。这种跨行业、跨领域的合作模式充分体现了创新驱动的新经济模式的优势，有助于推动整条产业链的升级和发展。

1.3 产业数字化推动经济高质量发展的未来展望

在新发展理念的指导下，高质量发展成为中国经济发展的切入点，是深入理解社会实践规律、认识经济发展趋势、全面实现高质量社会、破解经济发展难题的重要途径。

1.3.1 把握数字化机遇，引领产业优化升级

在产业数字化转型升级的关键时刻，必须紧紧把握数字经济带来的机遇，利用数字资源为传统产业升级注入新动力。这不仅能释放数字经济的倍增效应，推动产业升级，还能壮大优势产业，培育新兴产业，深化科技创新，优化营商环境。在数字新基建、工业互联网发展、智慧城市管理、节能减排优化和消费潜力释放等领域，应抓住机遇，深耕细作，以更快的速度推动产业的高质量发展。

一是建设高质量数字基础设施，强化工业互联网平台赋能。数字基础设施是产业数字化的底座，工业互联网平台则是构建产业云和"互联网+"先进制造业生产体系的核心环节。为了进一步发挥基础设施建设的引领作用，需要加强算力基础设施的建设，推动重点行业高质量数据集的生成。同时，推动传统基础设施的数字化和智能化升级，以适应数字经济和智慧社会的发展需求。基于工业互联网平台，需要加强供需对接和供应链协同，重点推动"5G+工业互联网"的新型基础设施建设。此外，建设工业互联网安全态势感知平台和风险预警平台也是必不可少的，以培育和壮大多层次的工业互联网平台体系，并实现工业级网络体系的优化。

二是补齐数字化关键技术短板，完善数字化创新生态体系。产业数字化是数字技术、生产组织模式、流通销售模式的集群式创新和突破，需要建立创新应用、服务融合、跨界融通的生态体系。要加快个性化定制、智能化制造等新模式与新业态的应用，通过数字化场景建设，以规模化的市场应用拉动产业数字化前沿技术、基础技术和融合应用技术的研发与成果转化。同时，还需要不断完善与数字化转型相适应的管理体制，以建设国家数字经济创新发展试验区为契机，大力推进产业数字化模式创新、制度创新和政策创新。为了为产业数字化提供充足的人才保障，需要加强产教对接，重点培养大数据、人工智能、网络技术、虚拟现实、区块链等领域的紧缺人才。

三是发挥头部企业带动效应，推动中小企业数字化转型。针对重点产业和产业集群，需要支持头部企业打造一批具有示范意义的标杆项目，为行业的数字化发展提供可借鉴的经

验。同时，鼓励头部企业在搭建产业数字化创新中心、制定工业互联网行业标准等方面发挥行业领军作用。数量众多的中小企业的数字化是提升产业链、供应链现代化水平的重要支撑，也是打通生产制造与服务环节之间断点的必经路径。因此，应在条件成熟的产业集群内率先进行数字化试点，通过政府采购服务、平台带动、事后奖补等方式降低中小企业数字化转型的成本，提高数字化应用的普及程度。此外，还应搭建企业数字化公共服务平台，为中小企业提供适合的解决方案，鼓励中小企业实现不同设备间的数据集成和智能控制，逐步走向基于平台的应用变革。[1]

1.3.2 探索数字化应用，驱动企业创新增效

我国企业在未来发展中，一方面要深化信息化与工业化的融合，借助数字化力量推动制造业的转型升级；另一方面要加强创新，以创新引领高质量的发展。数字技术能够将原本分散的设备、企业、市场等紧密地连接起来，不仅促进企业内部的联动发展，还加强企业之间、企业与市场之间的联系和互通，提高企业的创新效率，改变其创新方式和类型，进一步拓展创新空间。数字技术对企业创新的推动作用主要通过以下四种机制实现[2]：

第一，依据对市场潜在需求的精准分析，推出新产品。随着在线支付、社交媒体和可穿戴设备等数字技术的普及，企业能够通过大数据技术对用户的消费数据和行为数据进行更为精准的分析。这些海量数据为企业创新提供了更及时、更丰富、更有效的信息，使企业能够更准确地把握用户需求，并据此推出更具个性化的定制化产品。例如，互联网企业如字节跳动和网易率先通过精准的用户分析成功地推出了定制化创新。随后，越来越多的企业开始重视对用户数据的深入分析和基于这些数据的定制化创新。可以预见，传统工业企业和互联网企业的战略融合，将进一步加速数字技术对实体企业的赋能，将海量的市场数据转化为企业创新的重要动力。

第二，优化内部数字化创新流程。ABCD〔人工智能（A）、区块链（B）、云计算（C）、大数据（D）〕技术可以与企业原有的组织体系深度融合，实现原材料或零部件制造、产品开发与生产、销售和交付等各环节的数字化。这种数字化变革能够激发企业创新流程和组织体系的更新换代，显著提升其创新能力。目前，针对各类复杂产品设计的在线平台已经相当成熟，有效提高了新产品设计的效率。更重要的是，数字三维模型贯穿于复杂产品系统的设

---

[1] 相关内容可参考《光明日报》（2021年9月1日第06版）文章《以产业数字化赋能高质量发展》。
[2] 相关内容可参考光明网-学术频道上的文章《数字化如何驱动企业创新》。见"链接1-6"。

计、生产制造和运维等环节，能够为企业带来全新的价值。例如，飞机发动机、风力发电机和空调等设备的运行数据，为生产商提供了宝贵的性能改进依据，推动了新产品的持续迭代开发，进一步促进了创新流程和产品的不断优化。

第三，赋能外部参与到创新流程中。除了改进内部创新流程，数字技术还可以赋能外部多方参与到创新流程中，使其成为企业创新的重要组成部分。很多企业将基于互联网的用户生成内容（UGC）作为创新的重要来源。例如，阿里云启动优秀建议捕手计划，设立用户体验专区，鼓励用户积极提交建议，让用户参与到产品改进中；小米将用户参与视为最核心的理念，通过小米社区征求用户创意，并且允许用户重新编译定制 MIUI 系统。数字技术打破了企业与用户之间的地理边界，使企业能够在更广泛范围内纳入用户参与创新流程，从而提升创新能力。一些企业还利用数字技术搭建创新平台，专注于产品创新。这些平台由专业团队或合作伙伴提供强大的云端计算能力和智能算法技术能力，吸引全球优秀的创新创意人员利用这一平台进行工作。这不仅可以大幅拓展企业的业务范围，还能赋能更多人员在创新平台上进行产品创新，激发更多创意的涌现。

第四，数字技术与实体产品的深度融合。数字技术与非数字的实体产品进行深度融合，能够催生出颠覆性的创新产品。除了传统的数字型产品，在家电、汽车等领域的产品创新中，数字创新的成分也在大幅度增加，传统家电企业如海尔、美的和方太等，早已开始在其产品中加入数字化的智能模块，蔚来、小鹏、理想等新兴汽车企业更是将自动驾驶技术和智能互联技术作为新产品开发的核心部分。数字技术和非数字技术的协调融合，使得产业之间的界限变得模糊。互联网企业开始跨界进入汽车、家电等传统产业，而传统企业如方太等也与京东等互联网企业联手开发智能产品。

相比于前几次产业革命，中国企业在数字技术的发展和应用方面几乎与国际同行同步。在这一巨大机会窗口期，中国企业应该借助数字化的优势推动自身的创新突破。无论是实体经济拥抱数字技术，还是数字化企业助力实体经济，中国企业都应该利用我国庞大的互联网用户规模和大力发展数字经济的优势，把握创新与数字化融合的机会窗口，探索数字化应用，通过创新范式的转变实现跨越式发展。

1.3.3 迎接数字化挑战，加强数字安全管控

释放数据要素的潜力是推动数字经济高质量发展的核心。数字技术使数据要素的价值得以充分发挥，催生了数据生产力。在农业经济时代，主要将土地作为汇聚资源的要素，而劳

动力是创造价值的关键；在工业经济时代，资本成为汇聚资源的主导要素，而制造技术是创造价值的核心。然而，在数字经济时代，数据已成为新的汇聚资源要素，数字技术与传统的土地、劳动力、资本等要素相结合，构建了基于数据和应用场景驱动的数字经济发展新模式。[1]在这种新模式下，需要对企业网络安全进行重新定位。它不再仅仅局限于合规导向或保障信息化导向，而是转变为业务与竞争力导向。网络安全不仅对企业至关重要，而且能够为数字化转型提供支持，甚至成为部分行业的核心竞争力。然而，这种新的定位为企业网络安全工作带来了前所未有的挑战。挑战主要包括以下几个方面[2]：

一是管理层数字化安全意识薄弱，而网络安全监管愈发严格。部分企业管理层对数字化转型中的网络安全重要性理解不足，仍然将其视为普通的合规事项、IT内部控制事项以及成本中心，导致资源投入不足，网络安全工作难以在全公司范围内有效协作和落地。而近年来，与网络安全相关的法律法规、行业标准日益复杂，监管要求更加严格，执法力度也在加大。由于董事会和关键部门对安全信任不足，安全沟通存在障碍，首席安全官无法实现跨业务部门的合作，导致信息安全被其他业务职能和领域绕过，例如，在推出新产品或服务时给企业带来新的网络安全威胁。网络安全合规已成为企业的难点，越来越多的企业声誉和业务正常开展受到合规问题的影响。再加上大多数企业对网络安全合规的洞察滞后，企业面临着严峻的网络安全工作挑战。

二是新兴技术带来全新的网络安全挑战，"互联网+"时代引发数据安全疑虑。随着5G、区块链、人工智能、物联网、车联网和云计算等新兴技术的引入，企业竞争力得到了提升，但同时也带来了前所未有的安全威胁。这些威胁超出了许多企业的安全知识范畴，使企业在加速数字化转型的过程中面临困境：既要追求创新，又要应对不断涌现的威胁。比如物联网设备由于硬件限制，其安全防护能力有限，且随着零日漏洞的频繁出现，这些设备已成为黑客攻击的重点目标。在享受数字化变革带来的便利时，我们也面临着日益严重的隐私保护和数据安全问题。合规和社会关注已将数据安全与隐私保护从内部管理问题提升为企业社会责任的重大议题，对企业的生存与发展产生了深远影响。比如许多出海的互联网企业在数据安全与隐私保护方面遭受挑战，这就要求企业上下全员都要认识到数据安全与隐私保护的重要性，并建立相应的文化、组织、流程和技术体系，在有效控制风险的同时，充分释放数据的价值。

三是供应链整合引发安全隐患，更灵活的商业模式带来以往未曾考虑到的商业风险。供

---

1 相关内容可参考《江苏经济报》（2021年11月20日第A01版）文章《以数字化转型助力高质量发展》。
2 相关内容可参考2022年人民邮电出版社出版的《产业数字化转型精要——方法与实践》（作者：李洋）。

应链中的协作基于关键信息的共享，如何保障自身的敏感信息得到有效保护和合理使用，以及如何确保合作供应商交付产品的安全性和可控性，已成为企业面临的难题。通过系统与数据的深度整合，供应链的上下游推动了数字化的快速应用和扩展，进一步加速了商业模式的创新。业务与市场活动的数字化、线上化带来了强大的驱动力，同时也带来了在传统模式下难以察觉和应对的业务风险，例如"羊毛党"的出现。对这种商业风险的防控超出了 IT、安全、风控等单一部门的认知范畴，需要不同部门的人员协作，构建覆盖事前、事中、事后，包含流程、标准、技术的全方位业务风险体系。

四是由于网络边界模糊，安全管理面临挑战。随着物联网设备、远程办公、移动互联、各类云场景的普及，以及通过公众号或小程序等渠道拓展用户触点，网络边界变得愈发模糊。这使得在各种场景下，责任边界的划分、管理的精细程度和力度以及措施的制定都变得复杂。在国内环境下，由于企业重视程度不够和资源投入不足，边缘模糊化的风险隐患进一步加大，使得安全管理难度增加。

目前，业界对于数字化安全保障的理论和实践尚属空白，急需进行有针对性的研究和防护，需要确保新的业务模式和技术架构的安全性，包括对新技术和业务系统的安全评估、风险管理和安全控制等。

第 2 篇

产业数字化转型趋势分析

在全球经济持续迈向数字化的今日，产业数字化发展已经成为推动经济增长、提升企业竞争力的核心驱动力。伴随着信息技术的不断进步，尤其是物联网、云计算、大数据、人工智能等技术的融合与创新，传统产业正在经历一场深刻的数字革命。这场革命不仅极大地提高了生产效率，降低了运营成本，还促进了新业务模式的诞生，改变了价值创造的方式。本篇将探讨当前产业数字化的主要发展趋势，分析其背后的动因和可能带来的影响，旨在为决策者提供宏观的视角和战略的思考，以便更好地把握转型机遇，塑造未来竞争的新优势。

第 2 章

产业数字化总体趋势分析

在产业互联网与创新驱动的作用下,数字经济和实体经济不断在深度融合,新基建提质、新兴技术应用、企业生存发展内需、资本逐利,使得各行各业的产业数字化渗透度也在不断加深,产业链接范围逐步扩大,中国现阶段产业数字化已开始进入发展新阶段。

2.1 产业数字化进入发展深水区

作为培育经济增长的新动能、抢抓发展新机遇的重要路径和手段,数字经济发展的活力持续释放,中国数字经济规模有了快速增长。数字产业化与产业数字化作为数字经济的主要细分市场,近年来不断取得新突破,展现出强大的韧性,持续向做强做优做大的发展目标迈进。2022 年,我国数字产业化与产业数字化市场规模合计达到 50.2 万亿元。随着"数字中国"建设的推进,数字技术赋能传统行业,产业数字化在数字经济结构中的比重连年上涨,2023 年将达到 46.3 万亿元(如图 2.1 所示)。

数字产业化是数字经济发展的前导发轫力量。数字产业化向强基础、重创新、筑优势方向转变。2022 年,我国数字产业化规模同比名义增长 10.3%,占 GDP 的比重为 7.6%,占数字经济的比重为 81.7%[1]。近年来,互联网、大数据、人工智能等数字技术更加突出赋能

---

[1] 相关内容可参考中国信息通信研究院发布的《中国数字经济发展研究报告(2023 年)》。

作用，与实体经济融合走深向实。产业数字化对数字经济增长的主引擎作用更加凸显。2022年，产业数字化规模同比名义增长 10.3%，占 GDP 的比重为 33.9%（如图 2.2 所示）。数字产业化与产业数字化占 GDP 的比重持续增长，逐渐成为国民经济重要支柱之一。

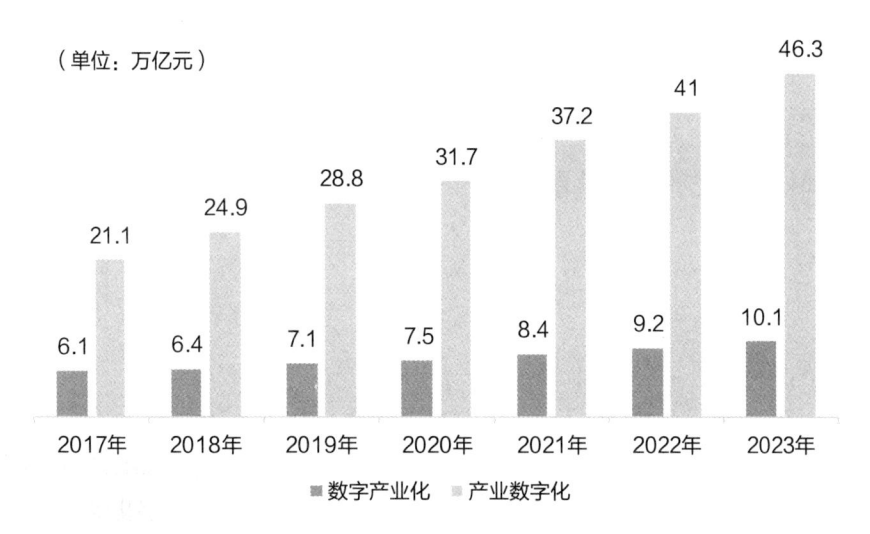

图 2.1　2017—2023 年中国数字产业化与产业数字化规模统计预测

资料来源：中国信息通信研究院，前瞻产业研究院。

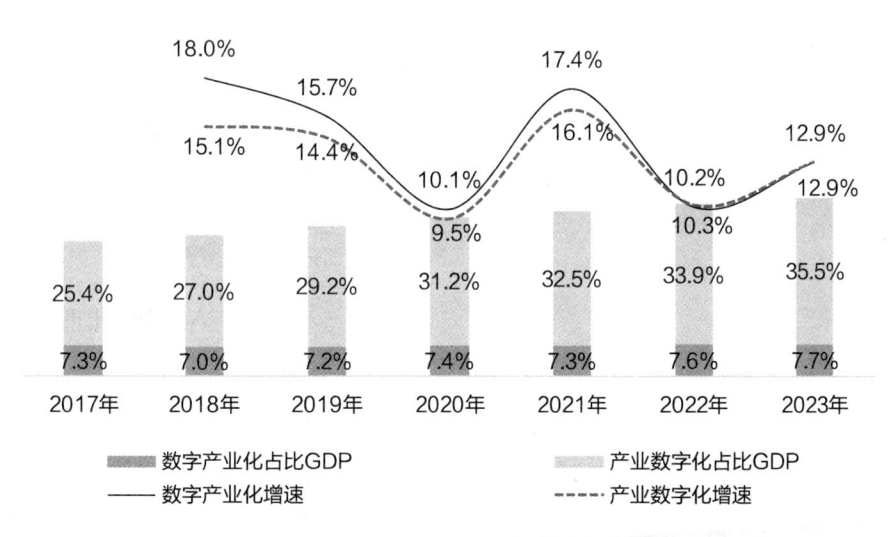

图 2.2　2017—2023 年中国数字产业化与产业数字化占 GDP 的比重及增长情况

资料来源：中国信息通信研究院，前瞻产业研究院。

2.2 新基建提质升级为转型奠定基础

近十年来，我国数字经济取得了举世瞩目的发展成就，其中持续推进的数字基础设施建设实现了跨越式发展，也成为产业数字化转型的重要推动力量。数字基础设施建设一般包括网络通信层、存储计算层和融合应用层，目前我国在网络通信层处于世界领先地位，在存储计算层正逐渐缩小与领先国家的差距，在融合应用层正逐渐完备丰富软硬件供给体系。

在数字基础设施方面，中国已达到世界领先水平。一是信息通信网络建设规模全球领先。截至2023年年底，5G基站总数达337.7万个，IPv6活跃用户数达7.78亿。截至2023年11月，全国互联网宽带接入用户数共计63586.2万户，家庭宽带普及率达到85.8%。二是信息通信服务能力大幅提升。截至2023年年底，我国互联网普及率达到77.5%[1]，相比2012年，宽带网络平均下载速率提高了近40倍，移动网络单位流量平均资费降幅超过95%。三是算力基础设施达到世界领先水平。截至2023年年底，我国在用数据中心机架总规模超过810万标准机架，算力总规模达到了230EFLOPS。四是持续优化新型基础设施能效，目前5G基站的单站能耗比商用初期降低了20%以上，到2022年已培育了153个国家绿色数据中心，全国规划在建的大型以上数据中心平均设计PUE值已经降到了1.3[2]。

在存储计算层，超级计算机、数据中心、云计算、人工智能、大数据、区块链六个方面的同比增幅稳中有升，尤其是超级计算机、云计算及区块链领域。

在融合应用层，物联网的连接量逐年大幅上升，截至2022年，连接量约63亿个。在工业互联网领域，2023年全国跨行业、跨领域的工业互联网平台达50家，平均连接工业设备超218万台、服务企业超23.4万家（如图2.3所示）。

人类社会正加速向数字化转型，如今的新型数字基础设施，就像社会运行所需的水、电、公路一样，成为社会生产、社会生活不可或缺的元素，是数字经济发展与实现产业数字化转型的保障底座，对于推动数字经济的发展和社会进步至关重要。数字经济的快速发展离不开数字基础设施的支持，而数字基础设施的建设也可同步促进信息化水平，推动数字经济的发展。

---

1 相关内容可参考中国互联网络信息中心发布的第53次《中国互联网络发展状况统计报告》。
2 相关内容可参考国务院新闻办公室发布的《新时代的中国绿色发展》白皮书。

融合应用层	物联网 2022年中国物联网连接量约63亿个	工业互联网 2022年中国工业互联网市场规模总量达8647.5亿元，同比增长13.6%，2023年全国跨行业、跨领域的工业互联网平台达50家，平均连接工业设备超218万台、服务企业数量超23.4万家	软件产业 2023年上半年中国软件和信息技术服务业收入达5.5万亿元，同比增长14.2%
存储计算层	超级计算机 世界超算500强中我国拥有超级计算机占比45%	数据中心 2022年数据中心业务较上年同比增长12.7%	云计算 2023年上半年云计算业务收入同比增长达38.1%	人工智能 2022年人工智能产业年增长率为7.8%	大数据 2022年大数据产业规模同比增长15%	区块链 2022年区块链产业规模达48.3亿元，同比增长33.4%
网络通信层	5G标准专利 到2023年我国5G标准必要专利占全球总量的40%	5G基站建设 到2023年5月末5G基站总数达321万个	社会宽带 2023年社会宽带用户总量达到8亿户	家庭宽带 2023年家庭宽带普及率达到85.8%	千兆宽带 到2023年7月我国千兆宽带渗透率突破20%	互联网络 2023年6月我国互联网普及率76.4%

图2.3 我国数字基础设施建设情况

2.3 新技术应用促进产业数智升级

信息技术的发展为产业升级带来了更多的可能性。随着5G、IoT（物联网）、XR（扩展现实）、大数据、云计算、AI（人工智能）等技术的蓬勃发展（如图2.4所示），信息技术深入应用的叠加已深刻改变各产业的运营方式和业务模式。

数字技术	
5G	☐ 具有高传输、低时延、广连接等功能，为IoT等设备连接、数据传输等提供基础，目前已经初步探索5G工厂，未来5G有望成为工业网络的重要组成与补充。
IoT	☐ 主要现状：①各方寻求工业应用与占领市场阶段，协议也未定；②IoT是IT和OT融合新的切入契机。 ☐ 未来主要应用场景：有效覆盖"人-机-料-法-环"的全面监控，实现该场景IT与OT的互联互通，助力生产运维规划。
XR	☐ 主要现状：①在硬件上，除了芯片、传感器，国内外基本没有差距；②在软件上，微软、Meta等公司通过投资并购、研发投入等手段，在交互、定位等方面布局积累早，更为领先。整体上，产品与应用场景的市场竞争格局均未形成，可布局。 ☐ 未来主要应用场景：运维、检测、仿真模拟等。
大数据	☐ 主要现状：①协议尚未统一，数据互通难；②工业机理复杂，工业数据模型难建立，数据治理工作量大且复杂。 ☐ 未来主要应用场景：垂直场景的通用的、适用性强的工业模型得以建立并推广应用。
云计算	☐ 主要现状：主要是数据资产上云，实现云端计算与管理。 ☐ 未来主要应用场景：①核心计算在云端，边缘计算协同，即云端融合；②全域实现安全、隐私计算。
AI	☐ 主要现状：目前靠近客户端的应用（如营销、供应链管理等）相对成熟，但生产端的应用尚处于摸索阶段。 ☐ 未来主要应用场景：①整体上，整个生产系统走向自洽、智能决策；②垂直上，在AI检测等细分场景实现成熟应用。

图2.4 新兴数字技术现状及未来应用场景分析

特别是 2023 年大模型的崛起，将重构不同行业的软件开发模式、交互方式、使用流程和商业模式，无论是研发类、管理类、生产类还是后服务类工业，都将用大模型进行升级再造，最终赋能千行百业，实现在各行业全流程的融合应用落地，拓展特色应用场景，加快"智改数转"，实现提质增效，完成数智化转型。

如今，信息技术将继续深入渗透各个领域，助力产业升级与数字化转型。例如，工业制造行业中的供应链管理、生产过程管理等，智慧医疗行业中的在线诊疗、数字医院等，智慧交通行业中的全息感知、智能红绿灯等，数字政府中的公共服务、市场监管等……不同产业在融合信息技术后，各个环节都在进行产业升级与数字化转型（如图 2.5 所示）。未来，信息技术会更加深入各领域，促进各行各业的产业数字化转型，释放信息技术对经济发展的乘数效应。

行业	主要数智应用			
工业制造	供应链管理	生产自动化	运维平台	生产过程管理
	工艺优化	监控管理	环保监测	安全管理
智慧医疗	在线诊疗	AI药物研发	医疗可穿戴	病理诊断
	电子病历	数字医院	卫生系统	健康系统
智慧交通	全息感知	汽车联网	智慧停车	智能公交
	共享单车	智能红绿灯	电子标识	无感收费
数字金融	数字风控	移动支付	智能投顾	欺诈检测
	信用评估	资产管理	量化交易	客户服务
数字政府	市场监管	公共服务	行政分析	城管控违
	虚拟助手	模型预测	环境评估	政策制定
智慧教育	自适应教学	智慧课堂	智能搜题	智能批改
	个性化学习	智能评估	远程教育	教育研究
智慧物流	仓储管理	智慧监测	智能快递柜	智能出入库
	人员管理	车辆管理	智能运输	智能配送
数字零售	智慧门店	会员管理	导购营销	电子商务
	虚拟现实	增强现实	渠道拓展	跨界融合

图 2.5 产业数字化转型的主要数智应用

2.4 需求驱动客户数字化转型

在数字化浪潮席卷全球的背景下,企业正面临着前所未有的挑战与机遇。数字化转型不再是选择,而是必然。需求驱动的数字化转型,是企业对市场需求变化做出的积极响应,也是企业自身竞争力提升的重要途径。数字化转型不仅是技术的升级,更是企业思维模式的转变。在转型过程中,客户需要以更快的步伐、更深的层次拥抱数字技术,实现业务模式的创新和服务质量的提升。

2.4.1 数字政府理念驱动政府数字化

在数字中国的大背景下,数字政府是政府行业数字化转型的最终表现形式。从国家战略到地方战略,目前的中国正在全力推进数字中国的建设,而政府这个特殊的行业也在适应数字化转型。这种转变实现后将促进政府改革、社会创新发展,是建设数字中国的重要推动力。

在城市发展过程中,难点主要体现在城市治理、市民服务和产业发展三个方面。智慧城市服务平台的价值就在于基于数字城市的发展理念与框架设计(如图 2.6 所示),以城市服务平台为入口的城市数据互联、互通、共享机制,有利于加深政府、市民、企业之间的联系,增强政民互动,提高办事效率,实现资源共享,创新性地解决了城市发展中的阶段性难题。

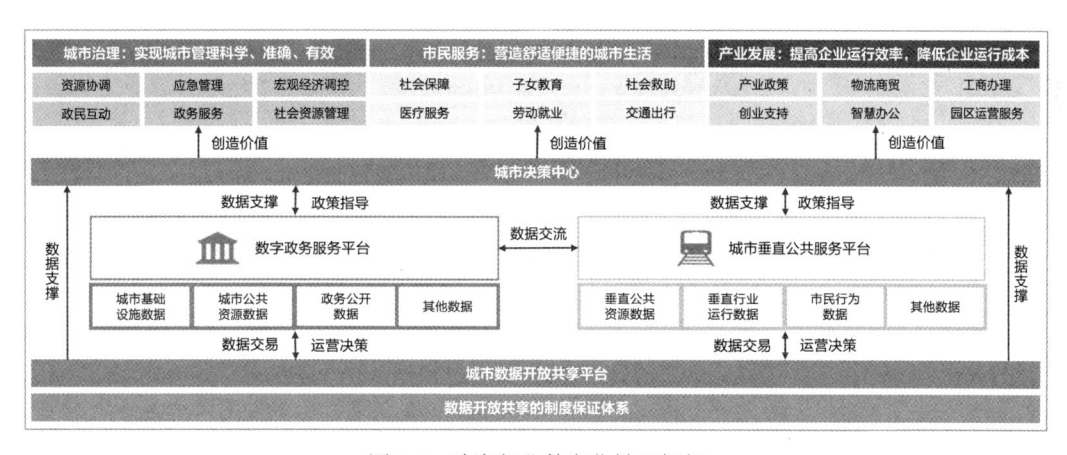

图 2.6 政府行业数字化转型框架

在数字政府推进的过程中,各地政府都已有不同侧重的部署发展规划并推动实施落地,有些应用已取得一定程度的成功,如一网通办、一网统管、一网协同等,大大提高了政府的办事效率,提升了企业与用户的办事体验,并且还在不断优化与改进。

2.4.2 数字经济叠加提效推动大企业数字化

在数字经济成为拉动经济增长的强力引擎、国有经济是数字经济战场的主力军、各领域央企加码布局数字化转型战略的需求下,大企业客户将数字化转型提上议程,让自身资源和技术禀赋与外界保持动态平衡,业务线扩张与内部整合双向需求递进,通过精细化运营与组织效率提升驱动整体业务流程高效运转。同时,基于传统信息化思维建立的独立业务系统的弊病逐渐显露,系统割裂导致的信息流通不畅和跨系统操作不同步,以及内部跨部门沟通存在时滞导致的业务流程进度脱节等问题,制约了大企业客户的业务发展。为了盘活跨系统信息,同时提高组织效率,大企业客户急需以数字化转型为导向,建立以内部通信为核心、集成各业务系统的办公平台。在支撑全国经济与数字经济的外因,以及避免"木桶效应"、统一架构与效率提高的内因双轮驱动下,大企业客户的数字化转型需求旺盛。

据艾瑞咨询估算,未来 5 年中国大企业数字化支出复合增速将达到 12.3%。整体来看,由于大企业数字化转型需求具备相对刚性(如图 2.7 所示),且大型企业自身抗风险能力较强,市场增速整体平稳。大企业数字化需求旺盛、购买力充足,因此,目前国内成熟的数字化服务商普遍以大企业为核心客户。大企业与服务商的供需磨合决定了我国数字化市场的形态。其中大企业数字化战略部署集中在"生产—运输—销售—用户体验管理"链条以及"安全"和"环保"两大概念上。

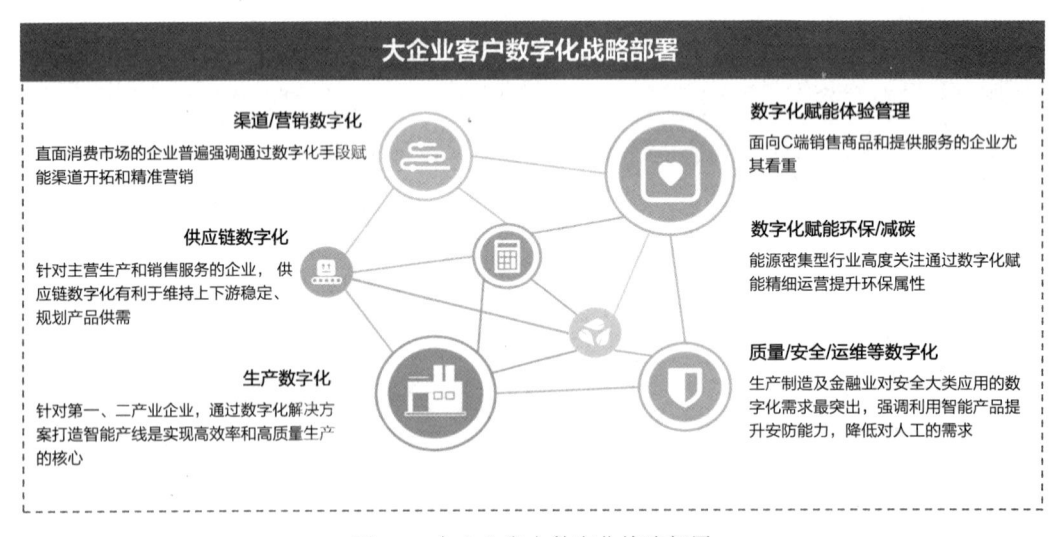

图 2.7 大企业客户数字化战略部署

2.4.3 中小微企业数字化建设进入发展期

中小微企业是国民经济稳定和实现共同富裕的重要因素，我国中小微企业数量占市场主体的比例超过 99%，在市场主体中占据主导地位。我国中小微企业主要分布在第二、三产业，行业分布广泛，多集中于人力、技术密集型行业。但中小微企业对国民经济的贡献呈现"5678"特征：贡献税收超过 50%，GDP 占比超过 60%，发明专利占比超过 70%，吸纳就业超过 80%。中小微企业是国民经济稳定的促进因素，同时也是实现共同富裕的关键因素，因为中小微企业作为国民经济的重要构成，对缩短收入差距、解放与提高生产力、提升经济质量的影响均十分重大。

传统行业中小微企业的线下业务较多且数字化意识较为薄弱，而线下业务难以捕捉用户行为、消费偏好等信息，同时经营成本也较高。随着企业的成长，数字化概念逐渐深入，除提升 IT 基础设施的数据连通性外，还倒逼传统企业发展线上业务。中小微企业从轻量采购起步实现预算管理，在业务方面逐步完成线下业务线上化，线上线下相辅佐，实现一体化管理，促进流量转化，借助数字化转型完成从粗放式运营向精细化运营的过渡、从人为控制向预算管理的转变（如图 2.8 所示）。

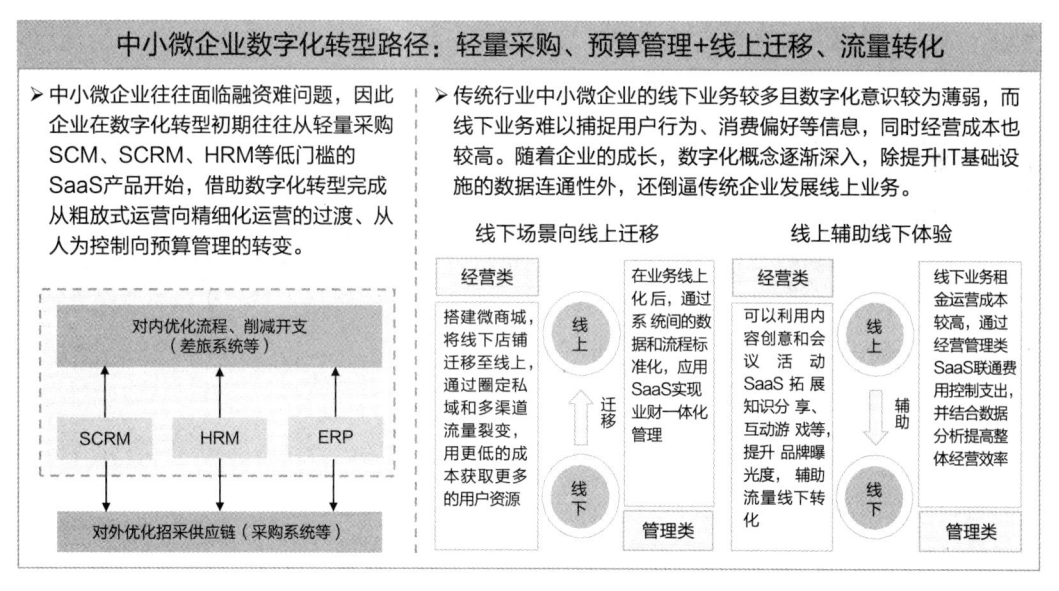

图 2.8 中小微企业数字化转型路径

2.5 资本市场催化产业数字化转型

资本市场可以增强金融供给和实体经济融资需求的适配性，尤其是新兴行业、新兴技术更需要资本市场的培育与投资，通过充分发挥资源配置功能，引导资源要素合理流动，最终加快现代数字化产业体系建设，促进社会经济高质量发展。近些年，资本市场对先进制造、医疗健康、汽车交通、企业服务等行业的投融资热度较高，2022年至2023年上半年资本市场投资金额分别达 4593.51 亿元、1863.03 亿元、1522.9 亿元、1401.85 亿元（如图 2.9 所示）。

2022—2023年上半年资本市场投融资TOP15行业

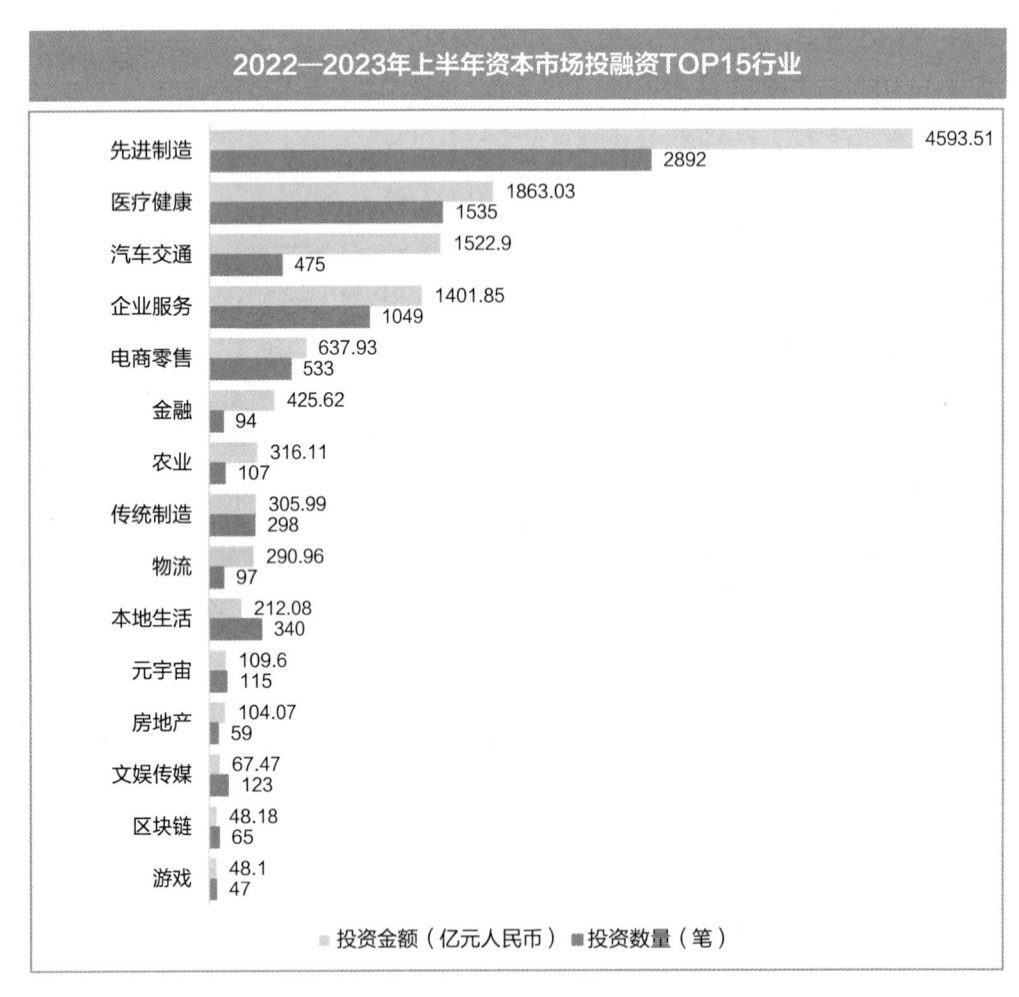

行业	投资金额（亿元人民币）	投资数量（笔）
先进制造	4593.51	2892
医疗健康	1863.03	1535
汽车交通	1522.9	475
企业服务	1401.85	1049
电商零售	637.93	533
金融	425.62	94
农业	316.11	107
传统制造	305.99	298
物流	290.96	97
本地生活	212.08	340
元宇宙	109.6	115
房地产	104.07	59
文娱传媒	67.47	123
区块链	48.18	65
游戏	48.1	47

图 2.9　2022 年至 2023 年上半年资本市场投融资 TOP15 行业

数据来源：天眼查。

资本市场不仅对新兴领域的培育与推动功不可没，而且有效推动了传统产业的数字化转型。根据《中国上市公司数字经济白皮书（2022）》，在调研的726家上市公司中，约有76%的公司已经开始推进数字化转型，而制造企业就达358家。资本市场还有效支持龙头上市企业通过数字化转型整合产业链，而资本市场对数字经济的重视，反过来推动形成数字产业的完整价值投资链，最终实现数字化、科技化和绿色化的协同发展。

第 3 章

产业数字化供给侧趋势分析

我国数字经济发展规模位居世界前列,其中产业数字化是数字经济发展的重要特征,符合从中观产业层面对高质量发展的定义。在产业数字化时代,每一个行业都值得再造,推动产业高端化、智能化、绿色化,优化升级全产业链,培育新兴产业。这种巨大势能,是中国经济跨越增长瓶颈和走向高质量发展的关键所在。因此,加快推进产业数字化,对实现传统产业与数字技术深度融合发展,深化供给侧结构性改革,提高全要素生产率,促进我国产业迈向中高端,推动高质量发展,具有十分重大的意义。

3.1 数字发展突破助力实现由点到面的产业全面数字化

数字技术、数据分析技术、AI 技术等突破性的发展推动了从点到面的革命性数字化转型,从单个环节局部数字化、企业全局可视化到全产业链分析智能化,数字技术将持续指导、赋能企业生产经营活动,放大其生产及服务能力。

3.1.1 点:局部数字化

构建智能体系的第一步是搭建基础数据结构和软件体系,对企业数据进行电子化处理,包括企业经营、决策和管理的方方面面。局部数字化过程如图 3.1 所示。此阶段主要服务于员工，软件便捷、易操作，与业务契合，打通部门、员工间的信息壁垒，减少重复操作，防止内部信息不对称，减轻业务人员的负担。

图 3.1 局部数字化过程

3.1.2 线：全局可视化

全局可视化工具以企业级数据库或本地数据文件为基础，经过自动化整理、提炼，帮助企业提高数据的可读性，效率化产出报表，是当前国内数据智能应用的主体。全局可视化模式如图 3.2 所示。此阶段主要服务于管理者，多维度的信息和数据集成汇总，强调数据的应用价值。

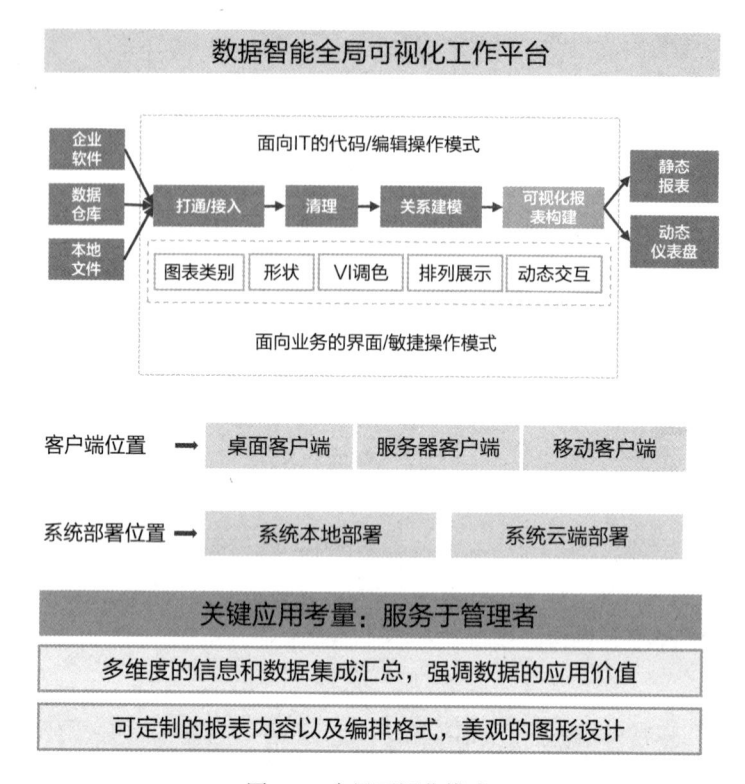

图 3.2　全局可视化模式

3.1.3　面：分析智能化

利用大数据、人工智能等技术进行数据挖掘，帮助企业提高业务推进效率、设置和优化核心 KPI、预测未来经营成果等，进而指导企业生产经营活动。分析智能化过程如图 3.3 所示。此阶段主要服务于企业战略与产业链，数据维度丰富，打通内部数据，企业上下游信息协同，生产能力升级。

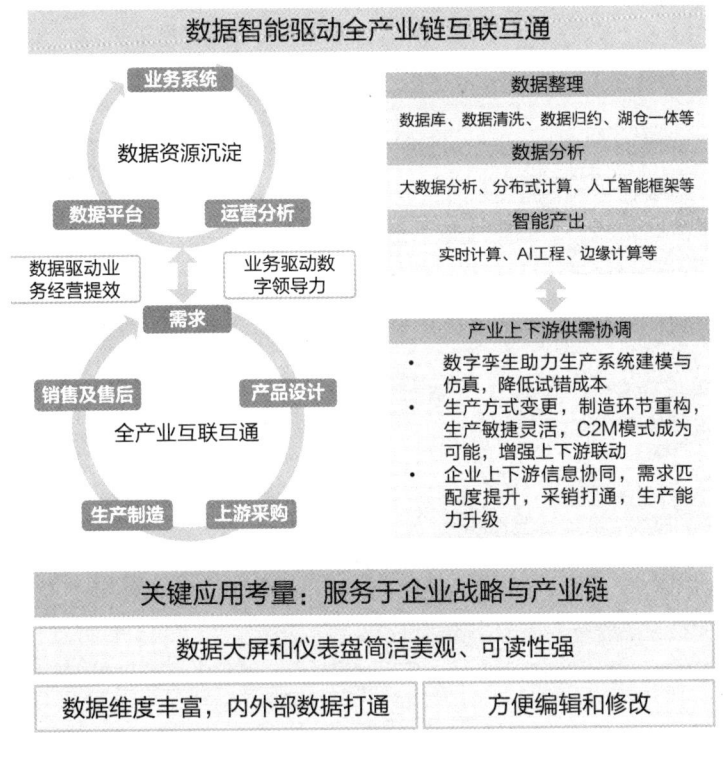

```
┌─────────────────────────────────────────────────┐
│         数据智能驱动全产业链互联互通              │
└─────────────────────────────────────────────────┘

         业务系统                   数据整理
                              数据库、数据清洗、数据归约、湖仓一体等
       数据资源沉淀
                                    数据分析
                              大数据分析、分布式计算、人工智能框架等
    数据平台   运营分析
                                    智能产出
                              实时计算、AI工程、边缘计算等
  数据驱动业  业务驱动数
  务经营提效  字领导力              
                                 产业上下游供需协调
           需求            • 数字孪生助力生产系统建模与
                            仿真,降低试错成本
    销售及售后  产品设计    • 生产方式变更,制造环节重构,
                            生产敏捷灵活,C2M模式成为
         全产业互联互通      可能,增强上下游联动
                          • 企业上下游信息协同,需求匹
    生产制造  上游采购        配度提升,采销打通,生产能
                            力升级

┌─────────────────────────────────────────────────┐
│    关键应用考量:服务于企业战略与产业链           │
├─────────────────────────────────────────────────┤
│       数据大屏和仪表盘简洁美观、可读性强          │
├──────────────────────────┬──────────────────────┤
│ 数据维度丰富,内外部数据打通 │   方便编辑和修改      │
└──────────────────────────┴──────────────────────┘
```

图 3.3 分析智能化过程

3.2 数智技术叠加深入应用促产业数智升级

  2023 年 12 月 11 日至 12 日,在北京举行的中央经济工作会议上,在对 2024 年经济工作做出系统部署时强调:"广泛应用数智技术、绿色技术,加快传统产业转型升级"。随着产业数字化转型升级的进度加快,企业"上云用数赋智"势不可挡,产生了超大"体量"的数据。线上数据量激增、数据流动性加强,导致对数据资源的存储、计算和应用的需求也大幅提升。在这样的趋势下,5G、F5G 全光网络、数据中心等新型基础设施加快建设,正成为支撑数字经济发展的关键底座。

3.2.1 大数据和云计算等数字化关键技术赋能生产、金融与消费

  产业专家认为,5G/6G、物联网、大数据、人工智能、云计算是推动产业数字化最关键的技术。云计算以 5G/6G 和大数据技术为基础,叠加物联网、区块链、人工智能等技术,

实现数字化生产、数字化支付和数字化消费，赋能人类生活的方方面面，如图 3.4 所示。

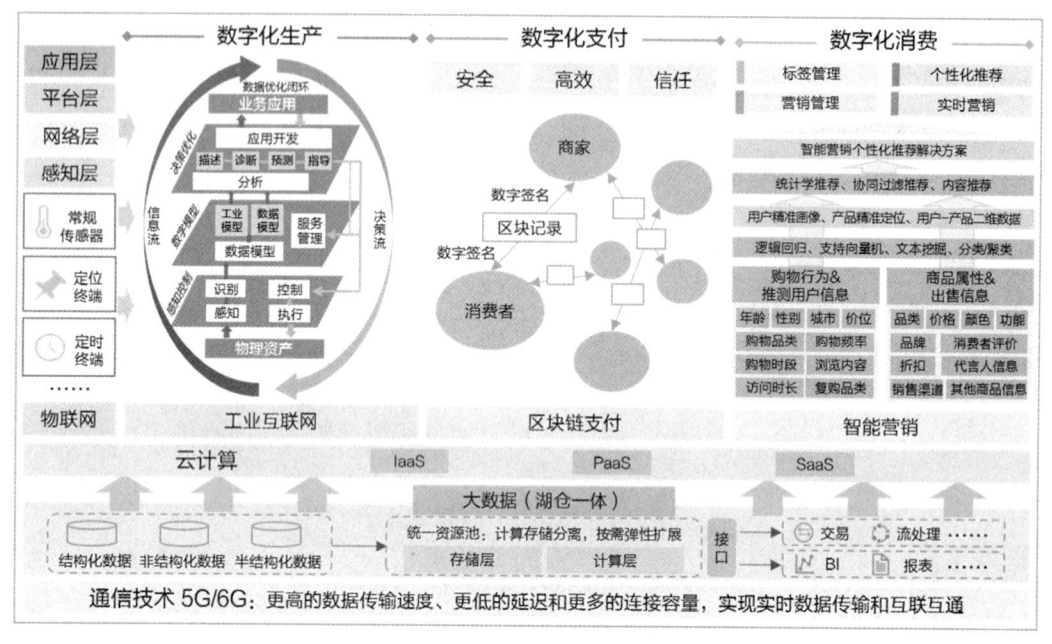

图 3.4　数字化技术赋能生产、金融与消费

3.2.2　物联网多种技术相辅相成，隐私计算+区块链是未来趋势

物联网体系可分为感知层、网络层、平台层和应用层，涉及智能感知、组网传输、云计算等一系列技术。随着物联网设备的连接量和产生的数据量级呈爆发式增长，数据价值挖掘、数据安全流通的市场需求日益急迫，隐私计算融合区块链技术将成为平衡数据安全和数据要素价值释放的重要方案。

区块链技术可以确保物联网数据真实可信。区块链本身具有不可篡改性，数据链上的记录和存证确保了数据源的真实可信，为后续数据分析、数据交易、数据开放共享提供真实可靠的信息源基础。

隐私计算技术可以保护数据主体的隐私安全。在多参与方联合数据分析中，以数据不离开本地、数据明文不暴露的方式，完成多源数据的跨域融合、应用，参与方仅获得数据计算结果，协助企业或部门在保护数据隐私、商业机密的前提下，实现数据开放共享，发挥数据价值。

3.2.3 三大要素助推 AI 产业进步，大模型落地引发 AI 应用变革

数据、算力、算法三大要素是推动人工智能产业发展的关键。预计未来 3 年技术完备程度将大幅提升，为人工智能的发展奠定扎实的基础。目前数据要素发展水平较落后，在未来几年内提升空间最大，数据治理所需的数字工具基本成熟，可以持续地提升人工智能和大数据应用的有效性，降低过程成本和缩短周期。在基础云服务和更先进的数据应用架构的加持下，目前企业获取基础算力的成本正在下降，AI 供应商正在针对部分特殊的算法和应用场景开发 AI 加速设备，有望对算力密集场景提供更多支持。商业智能算法结合行业经验和持续的参数调优，在大多数场景下需要针对客户进行定制开发，近年来产业界堪称技术突破的单个算法创新较为少见。

大模型落地将引领 AI 应用热潮与应用革命，改变数字产业生态。在供给侧，大模型助力 AI 工业化发展进程，提升模型能力，降低开发成本，使得应用开发效率化，增强产品能力。在需求侧，大模型变革人机交互方式，交互体验升级，交互效率飞跃，颠覆产品设计思路。

3.2.4 算力需求加速云计算赋能，PaaS 市场和非公有云市场增速快

在数字经济时代，各行业的数字化转型都需要算力支持，而对算力不断提升和优化的需求则加速了云计算赋能各行业，并催化云计算衍生新范式。未来，PaaS 市场和非公有云市场将成为云计算市场新的增长动力。

从 2016—2025 年中国整体 IaaS 市场和 PaaS 市场的规模及增速（如图 3.5 所示）来看，IaaS 市场的增速放缓，从增长动力转变为市场稳定的坚实支撑，而 PaaS 市场正逐步成为基础云市场的增长动力，在短期内数据库、大数据仍是 PaaS 市场的增长主导，长期来看，AI 有望成为其进一步发展的增量因素。

从 2016—2025 年中国公有云市场和非公有云市场的规模及增速（如图 3.6 所示）来看，公有云市场的增速放缓，公有云服务行业需要积极探寻多条增长路径，以实现行业整体稳定高速增长，而非公有云市场的增长，主要受益于传统行业加速上云。由于业务的复杂性，公有云不能满足其业务特性，非公有云成为传统行业上云的长期需求。

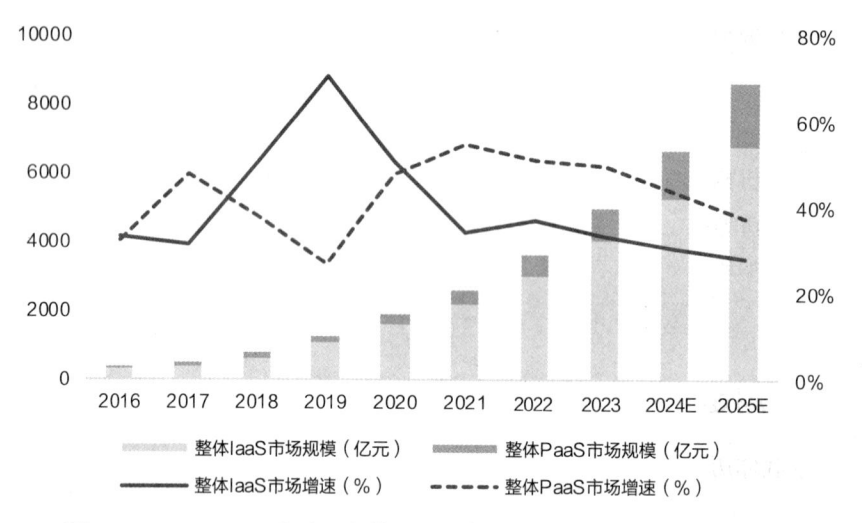

图 3.5 2016—2025 年中国整体 IaaS 市场和 PaaS 市场的规模及增速

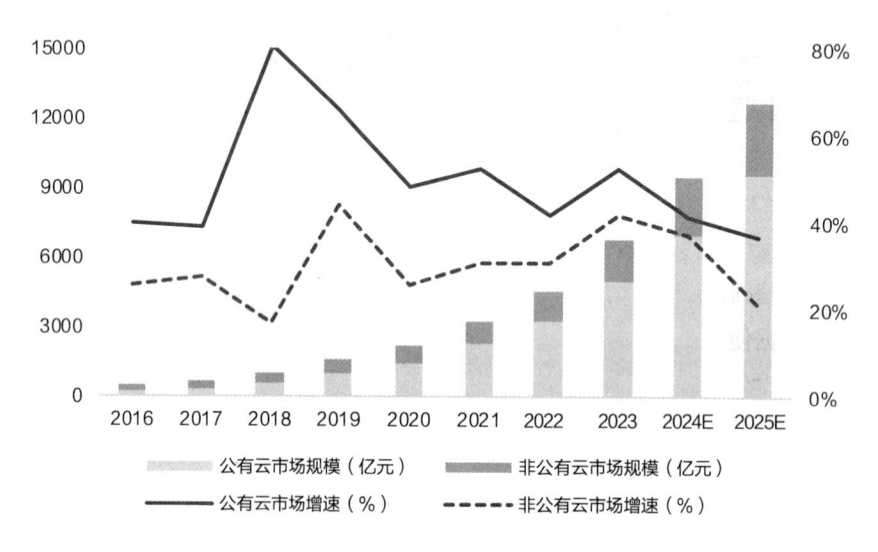

图 3.6 2016—2025 年中国公有云市场和非公有云市场的规模及增速

在数字经济时代，各行业涌现出大量数字化转型需求，算力成为这个时代的重要生产力。在我国算力上下游产业链中，直接为企业提供算力的以云厂商的云计算服务为主，云计算在企业数字化转型中作用重大，并在架构、功能、模式等方面衍生出全新范式。云计算支撑算力服务从以计算为中心向以数据为中心过渡，助推异构算力泛在接入，打破网络与应用边界，促进跨资源协同调度，重构算力服务供需新模式，实现一体化感知、汇聚、调度与计量。云计算帮助企业将数据信息上传至云端，为数据共享互联打下基础，助力形成更广泛的以互联网为基础设施的新经济发展生态。例如，随着越来越多的原生数字制造企业和数字工厂的出现，算力需求快速增长，应用场景边界也在不断拓展，云计算为制造业算力的增长注入活力；云计算助力金融机构缩短了应用部署时间，增强了服务可持续性，金融业的业务系统架构革新、产品服务创新等都在云计算赋能下高效进行；在政务电子化基础上，云计算助力实现部门间软硬件基础架构共享，达成数据互通，提高了政府办公效率，降低了基础设施的建设与运维成本。

3.2.5 数据湖是大数据平台发展方向，助力数据要素释放价值

数据要素载体历经三代演变，进入大数据平台时代，如图 3.7 所示。在数据爆发性增长的时代，数据湖凭借其支持结构化、半结构化和非结构化全量数据处理的优势成为新的发展趋势，助力数据要素全面嵌入企业生产与管理。

1960年代 数据库时代	1990年代 数据仓库时代	2000年代 大数据技术的探索期	2010年代 大数据技术的发展期	2020年代 大数据技术的普及期
计算机开始被广泛应用于数据管理中，能够统一管理和共享数据的数据库管理系统（DBMS）诞生。	为了满足企业数据分析的诉求，数据仓库诞生，实现数据企业级跨域整合。	互联网的发展使数据量快速增长，大数据时代开启，以Hadoop（开源）、Google、Microsoft Cosmos 为代表的分布式技术体系诞生。	数据仓库在性能、成本、数据管理能力等方面不断优化，Google BigQuery、Snowflake等优秀产品面市，数据湖雏形初现。	数据湖开始走向"云湖共生"阶段，数据仓库和数据湖在云的体系下得以打通，湖仓一体的解决方案在业界开始应用。

图 3.7 数据要素载体演变

由于海量数据的爆发性增长，传统大数据架构无法满足多源异构数据处理的要求，云计算成为核心 IT 基础设施，云原生数据湖是未来发展方向。数据湖是数据仓库的演进，它无须结构化处理数据便可进行数据存储，并进行多种类型的分析。数据湖可存储的数据包括结构化数据、半结构化数据、非结构化数据和二进制数据，实现全量数据的集成和融合，打破数据孤岛。而发展前景广阔的数据要素的价值亟待挖掘，云原生数据湖的各部分组件为数字化转型的各个环节提供支持，并实现了数据全生命周期的应用管理。

3.3 软硬一体化的智能生态推动智能终端建设

数字化转型的主要场景和服务架构如图 3.8 所示。产业数字化的第一阶段是触点数字化，即数据采集的硬件数字化，其覆盖面从流程、业务、决策进一步扩展到物理空间，以此架构起横向云计算平台、行业数字化平台等，推动形成数字深度融合的智能终端。

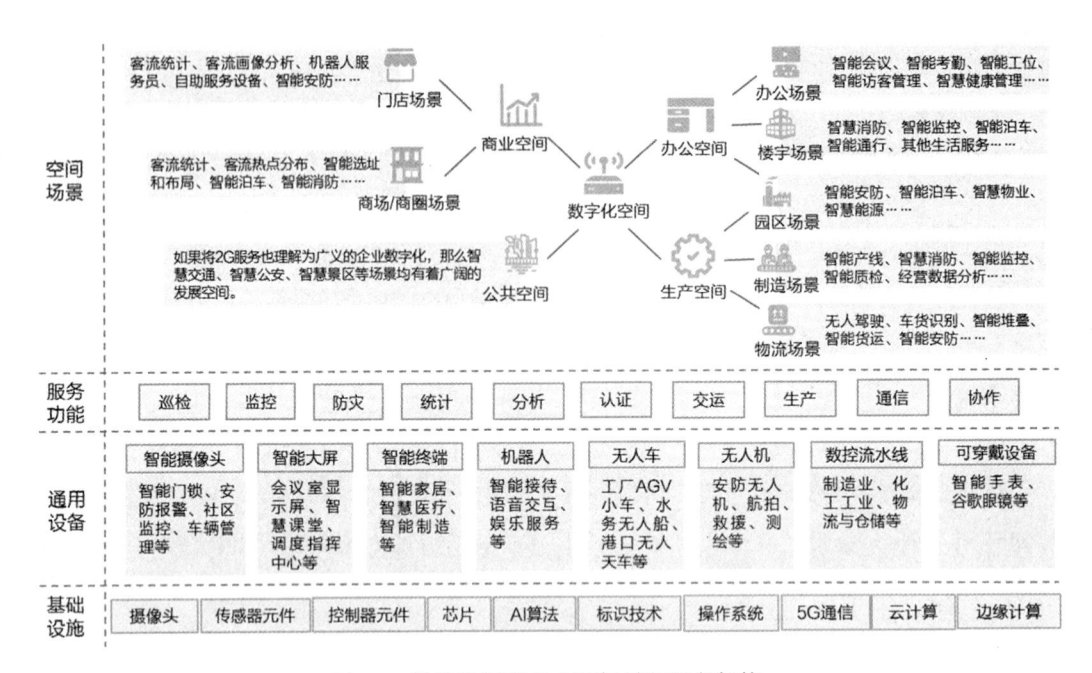

图 3.8 数字化转型的主要场景和服务架构

智能终端建设有五大趋势：一是目前感知类终端数据缺失，数据规格不统一，从而造成终端设备无法互联互通，因此感知类终端需求激增，并朝着感知类型多样化、传输协议标准化、部署安装简单化的方向发展。二是未来终端会承担更重的图像和感知数据处理任务。硬件会采用密集的 MPU、GPU 运算单元。边缘计算与边缘存储技术让计算和数据按需存储在低功耗的边缘设备上，在智能终端中会通过前置算法智能化完成数据的收集、分析与决策。三是产品功能的智能化、丰富性和多样性。特定的产品、行业或应用需求会使硬件和终端更加专业化、定制化。智能化硬件和终端产品可以与其他系统和设备互联互通，实现更高层次的自动化和智能化应用。四是终端形态变化及交互体验变革。虚拟现实（VR）与增强现实（AR）技术推动了头戴式显示器和交互设备的发展。在工业领域，AR 通过将数字指令、实时数据和视觉提示叠加到机器或工作站上来提高工人的生产力和准确性。柔性显示技术的成熟将催生可折叠、可弯曲的硬件产品，改变传统设备的形态和使用方式。五是硬件终端国产化，以及引入低能耗的新材料技术。芯片制造工艺不断更新迭代，CPU、GPU、NPU、IPU 逐渐分离，专用硬件做专业的事。引入低能耗的新材料技术，能耗、绿色考量是重要技术方向，硬件架构需要更高的性能、更低的功耗、更低的延迟，具有可扩展性。

3.4 培育产业平台化发展生态促数实融合新业态

基于大数据、人工智能、移动互联网、云计算等新技术驱动的平台经济发展迅猛,由平台衍生的新业态、新模式正在重塑行业格局,成为数字经济发展的重要方向。新经济智库首席研究员朱克力表示,培育产业平台化发展生态,一是可以着力发挥互联网平台对传统产业的赋能和效益倍增作用,打造形成数字经济新实体;二是可以助力降低数字化转型难度,发展线上线下融合的业务发展模式,提升企业发展活力;三是可以实现产业供需调配和精准对接,推进产业基础高级化和产业链现代化;四是可以充分发挥智能应用的作用,促进生产、流通、服务降本增效。因此,培育产业平台化发展生态对加快推进产业数字化转型具有显著意义。

3.4.1 微服务架构、低代码开发平台助力系统生态拓展

系统平台融合低代码提升开发侧效能,从单体架构走向微服务架构,从传统代码开发走向低代码开发,借助自动化工具和 AI 进一步提升全面性、个性化及易用性,同时助力拓展生态能力圈,促进商业模式多元化发展。

互联网平台产品走向服务简化有四方面影响:一是低代码产品企业之间协作性增强,可共享、利用同一资源,稳固行业生态;二是平台越是标准化,产品组合越是灵活自由,提高业务的灵敏性,增扩行业空间;三是软件的灵活性与可扩展性满足不同行业、不同场景及用户个性化的需求;四是便于后期维护,拉低行业产品整体运维的复杂性,释放行业人才,使其专注于开发应用。

3.4.2 平台架构云-边-端一体化协同成趋势

在产业数字化进程中,系统平台广泛采用云—边—端架构。云中枢主要负责大数据处理、AI 运算和调度功能,边缘端处理场景智能化和具有云协管能力,终端执行具体任务,从而实现数据的统一接入、处理和管理,达到一体化协同。

未来的系统架构更加注重场景、功能的丰富性与平台智能化,包括三方面:一是注重场景、功能的丰富性和多样性。智能化的硬件和终端产品与其他系统和设备进行互联互通,专业化和定制化的智能化能力是关键。二是边缘端处理场景智能化和具有云协管能力。人工智能、大数据分析、云计算、边缘计算等前沿技术将被广泛应用于系统平台和软件产品中。人

工智能将重塑业务场景，实现业务场景的运营模式重塑，其中 IaaS、PaaS、SaaS 每一层的智能化能力都会越来越强。容器化技术和自动化运维工具的发展将提高系统平台的部署与管理效率。三是集约的云化。云的平台能力已经演进到云原生的单体架构。产品将基于云计算架构，提供弹性扩展和高可用的服务，并支持用户便捷地获得服务，极大地降低实施与部署成本。

3.4.3 注重生态的开放性和合作共赢，合作伙伴增强长期创收力

系统平台的市场发展将促进形成更加健康、活跃、开放的生态系统，并与其他系统和产品互联，实现数据和功能的共享。随着对开源文化的推广，越来越多的软件产品正在构建自己的开源生态。通过开源生态，可以吸引更多的开发者参与，从而加速创收。

通过增加生态的单节点数量和节点联系路径可以提升生态的复杂度与稳固性，其价值在于：一是技术两端延伸。合作伙伴可提供底层资源，或者将顶层的不同能力接入开发平台。二是业务渠道拓宽。合作伙伴类型与数量的增加，可以精准提升客流量，进一步推开市场大门。三是行业 know-how 积攒。洞悉行业运作模式，明晰行业痛点的专业合作伙伴可以帮助提升垂直方案的实用性。四是持续收益创造。与合作伙伴共同拓展数字化市场，扩充增值服务类型。

客户反哺生态圈的丰富度与深度，体现在：一是反哺产品的丰富度与专业度。自行开发产品，增加低代码产品的类型，加强垂直型企业实战部署，提升行业解决方案的实用性。二是进一步繁衍产品使用群体。客户使用低代码产品带动上下游企业组织对产品的认知与使用。三是积累数据，增强良性循环。客户类型与数量的积累使得数据分析更加精准，进一步完善产品精准定位。

系统平台着眼于三条路径加速推进应用生态建设：一是打造开发者社区。完善底层系统平台的模型、工具和能力，为独立开发者提供全面技术支持，加速平台数据、知识的沉淀，推广开发者的应用。二是联合专业技术服务商。积极寻求与专业技术服务商的合作，迁移对方成熟的解决方案，实现高价值应用的快速积累。三是深耕垂直行业客户。针对客户的特定需求开发应用，而后将其复制并改造成行业通用应用。

3.5 运营服务优化升级为产业数字化按下加速键

在产业数字化转型全面进入深水区的今天,运营服务对产业数字化的重要性和紧迫性日益凸显。

3.5.1 从重建设、轻运营转变为两者都要抓

建设环节目前相对成熟,成功的建设普遍得到"一把手"的支持并与业务紧密结合;运营环节的重要性愈发凸显,只有良好的运营才能保持用户黏性;生态环节目前处于探索期,未来各厂商会构建自己的生态体系,保证建设和运营持续提高的良性循环。

目前,大型科技公司重建设、轻运营。在建设方面,企业数字化平台建设的成功案例,普遍得到"一把手"的大力支持并拉动企业内各部门充分协同;政府数字化平台建设下沉至三四线城市,一二线城市仍有存量改造机会。在运营方面,标杆项目的运营团队投入打造品牌;领先的互联网等科学技术,远程赋能系统平台运营团队精细化运营。未来,大型科技公司将向运营能力生态厂商转变,与增强运营能力生态厂商合作,补齐短板,拥有强大的建设能力,同时也有较强的运营能力,提供完整服务。而第三方垂直服务企业缺乏建设能力,在运营方面,通过提供与运营相关的垂直服务,提高运营效率和价值。这是各大系统平台持续的需求,例如基于大数据的用户分析、基于 AI 的赋能服务等。未来,第三方垂直服务企业将向垂直行业运营生态厂商转变,与建设类生态厂商合作,参与建设服务,以获得更多的运营业务机会。

在产业数字化进程中,运营服务模式将从重建设、轻运营转变为两者都要抓。目前的情况是重建设、轻运营,然而,只有良好的持续运营才能让最终用户保持对平台的黏性,随着时间的推移,运营会变得越来越重要。未来,运营服务将分为三个阶段:一是提前规划。90%的 IT 建设在 3 年后有一半的功能都不会再使用,所以运营服务的第一步就是要在项目规划阶段,同步制定合理的运营策略,明确运营目标、运营模式、运营团队等关键要素,让 IT 系统与业务实际结合起来,这有助于确保项目在建成后能够顺利进入运营阶段,并实现持续稳定的收益。二是细化服务。包括对场景价值的进一步挖掘、对运营体系的整体构建,运营也会被细化为场景运营、应用运营、数据运营、IT 系统运营等不同的服务维度。三是价值兑现。运营体系在整体运作后,数据运营会变得尤其重要,实现数据治理、数据安全、数据变现,不断挖掘数据价值,反向优化业务流程。

3.5.2 提高交付效率

数据智能和 AI 产品交付的系统化，需要厂商在需求收集、产品设计、应用后运维等环节提供更加标准化、模块化、灵活度高的产品，在低人工投入的条件下，与客户协同进行数据治理与产品部署，加快应用上线流程乃至整个数字化转型的进度。

现阶段，在国内常见的交付模式下，产品二次开发周期长、成本高，企业提供的产品标准化程度低，不易复用，难以形成规模经济。在更理想的交付模式下，供应方在开发阶段对更多的标准化模块和功能进行封装，缩短在交付阶段所需的周期和降低成本，并为企业的后续自主定制提供更大的空间。数据智能和 AI 产品交付的系统化理念在如下 6 个阶段有所更新。

- 需求收集：注重行业理解和前期咨询，与客户高层达成数字化升级的共识。
- 产品设计：通过模块化设计和低代码开发模组，为快速部署和客户自主定制提供空间。
- 数据对接：为客户企业提供符合业务逻辑的数据治理工具和智能标签工具，帮助客户快速梳理数据进入可分析状态。
- 模型调试：通过效率化的算法开发平台，提供便捷的开发环境，帮助客户 IT 人员乃至业务人员自主开发数据分析模型和 AI 模型。
- 测试上线：提供灰度发布、蓝绿测试等敏捷交付功能。
- 实际应用：提供全生命周期的系统监测、使用情况统计，帮助客户自主运维、更新和分析进一步升级需求。

在人工智能领域，阿里云推出的"灵杰"体系即是通过构建由智能数据治理、弹性云原生算力、敏捷开发平台等产品组成的服务矩阵，在总结企业应用 AI 能力各环节的最佳实践的基础上，帮助 AI 开发者更好地将数据、算法和场景结合起来，构建更完整、更复杂的解决方案，解决产业中的实际问题，从而实现 AI 的系统化变革。

3.5.3 运营服务智能化

利用物联网、传感器、人工智能、云计算等技术实现运营服务过程的自动化和智能化管理，实现服务定制化、业务连续性、自适应调整和快速响应的全面优化，提升企业运营的效率与稳定性。

- 服务定制化：针对不同行业和企业的特点，开发和优化适应性强的预测模型，设置警报条件和阈值，定制工作流程。
- 业务连续性：在运营服务智能化后，一旦出现问题，系统就可以自动识别问题并尝试自动修复，从而降低服务中断的影响，实现业务连续性。
- 自适应调整：系统可以根据实时数据和性能指标，自动地调整算法、配置或策略，以确保在不同的情境下都能达到最佳表现。
- 快速响应：智能化的运营服务能够处理和分析大规模的实时数据，还能够借助 AI 的功能快速而准确地回答用户提出的各种问题。

第 4 章

产业数字化行业需求分析

本章主要介绍工业互联网、数字政府、智慧医疗等几个主要的产业数字化行业，并对这些行业的市场需求与发展空间进行分析。

4.1 工业互联网

工业软硬件正由定制化向通用型转变，解耦软硬件以满足多样化需求，提高产品化水平和功能适用性。工业互联网的需求市场分为企业、政府及协会、高校三类，其中企业和高校的潜在空间大。

4.1.1 工业软硬件向通用型转变

当下服务商多采取为工业企业提供定制化的专有产品的服务方式，产品的低可复制性与低可移植性严重制约服务商的服务效率和商业回报。本身具备松耦合架构特点的工业互联网将进一步解耦工业软硬件、解构平台与软件，以满足客户的多样化需求。

一般情况下，工业软硬件一体深度绑定，软件很难调用不同的硬件。一方面，将工业软件进一步解构成功能应用模块、微服务组件，再解构成可重复使用的微服务组件与功能模块池。其中在面向某一行业、企业或场景进行组件与模块的重构时，可促使工业互联网平台与软件服务商积极提升产品化水平，提高功能适用性，降低开发周期和成本，以支撑工业企业向多样化产品生产转变。另一方面，对工业硬件进行解耦，即由专业型向通用型转变，赋能工业企业实现规模经济与范围经济的同步（如图4.1所示）。

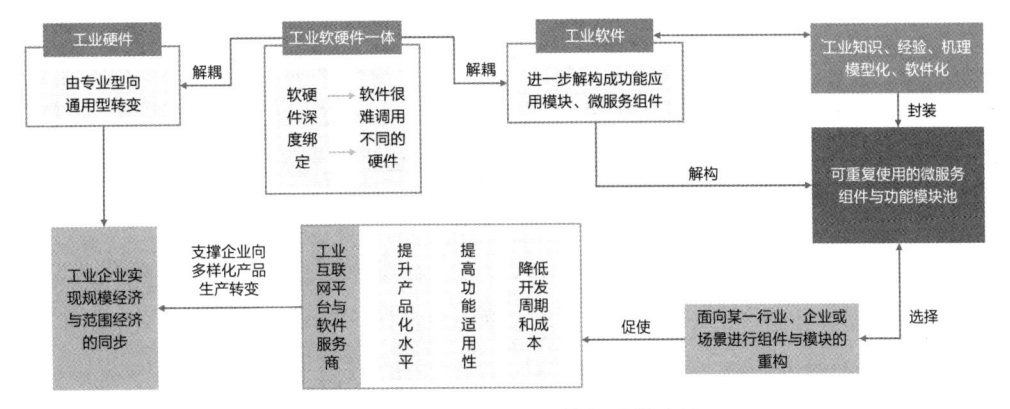

图 4.1　工业互联网的解构与重构路径

4.1.2　三类需求市场及潜在空间

新能源汽车补贴在2009年开始试点时，条件最宽松且补贴最多，到2020年全国推广，要求条件逐渐提高、补贴逐渐降低，直到2022年，新能源汽车补贴取消。目前工业互联网有研发补贴、平台建设/推广补贴、服务厂商项目培育补贴、项目实施补贴，补贴金额以百万元左右为主。与新能源行业类似，工业互联网补贴最终也会走向取消。但无论补贴如何，供给方都需要了解市场、需求与自身。

首先，了解市场。需求市场类型分为三大类：企业类、政府及协会类、高校类。在潜在市场空间方面，企业类和高校类的客户潜在空间最大，政府及协会类的次之。从具体数据来看，在统计期间，在企业类客户中，大型企业和中型企业的潜在需求方数量分别是227个和1140个，招投标占比为45%，平均客单价为490万元；政府及协会类客户的潜在需求方数量是395个，招投标占比为35.6%，平均客单价为300万元；高校类客户的潜在需求方数量是3013个，招投标占比为19.4%，平均客单价为214万元[1]。

其次，了解需求。企业类、政府及协会类的客户对技术要求高，高校类客户更重视整体

---

[1] 统计时间范畴为2022年第三季度—2023年第一季度。潜在需求方数量：①企业类，A股市场2022年营业收入在300亿元以上的为大型企业，营业收入在30亿元~300亿元的为中型企业；②政府及协会类，统计了省、地级市、一线城市、直辖市的区的工信局的数量；③高校类，包含高职类院校。来源：政府采购网、招投标公共服务平台、教育部、同花顺。

解决方案的输出。从具体情况来看，企业类客户的需求以管理层、业务层的需求为主，需要在具有示范作用的同时能兼顾园区平台建设，对标识解析、数据集成、生产与共享、安全等方面要求高，对技术要求高且一般技术指标较为明确，技术：商务：报价≈7：2：1；政府及协会类客户重视供应链的数据能力的建设与应用（如态势感知、优化决策、风险识别）、重视安全、重视行业标准和标杆的构建，对技术要求高且一般技术指标较为明确，技术：商务：报价≈7：2：1；高校类客户强调实训平台的整体建设，侧重于新技术与产业相结合的实训、模拟（本质是为教育服务），技术：商务：报价≈(5~6)：(1~2)：3。

最后，了解自身。作为供给方，需要确认自身的渠道网络是否强劲，标杆案例是否已打造，企业资质是否齐全，产品和服务、解决方案生态是否已构建，客户定位是否明确等。

在市场发展初期，都是以行业内头部企业为主、渠道为王的，技术及解决方案、企业资质、行业服务经验等是供给方市场拓展的重点。对于企业类客户，随着市场发展的成熟与深入，未来势必将以技术及解决方案为先。

4.2 数字政府

政务信息化经历了电子政务、"互联网+政务"和数字政府的发展阶段。数字政府建设强调数据开放共享与平台功能整合，以提升数据效用和市民生活的便捷度。东北、西北等区域的数字政府服务提升空间大，需要加强平台管理、数据开放和政务服务等方面的建设。

4.2.1 推动数据要素融合共享

政务信息化从2002年发展至今，其中，2002—2015年是"电子政务"的发展期：2002年发布了《国家信息化领导小组关于我国电子政务建设指导意见》，国家层面"电子政务"的整体建设思路得到确认；2011年工业和信息化部发布了《国家电子政务"十二五"规划》，指导和推动全国的电子政务建设。2016—2018年是"互联网+政务"的发展期：2016年国务院发布了《国务院关于加快推进"互联网+政务服务"工作的指导意见》，"互联网+政务服务"被明确为深化"放管服"改革的关键环节。2019年至今是"数字政府"的发展期：2019年党的十九届四中全会提出"推进数字政府建设"；2020年发布了《中华人民共和国国民经济和社会发展第十四个五年规划和2035年远景目标纲要》，提出加强数字社会、数字政府的建设，提升公共服务、社会治理等的数字化及智能化水平。

在数字政府建设阶段，在有效保护用户隐私的前提下进行数据开放共享，并进一步模糊各类平台的边界，将各类平台的重复功能进行整合，可以更大化挖掘数据效用，提升市民生活的便捷度，实现数据资产反哺社会。

要大力推动数据要素融合与平台功能整合。政务服务类平台除了保留落户、摇号等政务办理业务，还要进一步融合本地交通、本地旅游、本地文化等的本地特色标签模块；部分地区多码合一，乘车等扫码功能将越来越集中于政务类城市服务平台。各垂直公共服务类平台如交通旅游类平台等，也将逐步整合以契合本地用户高频使用的政务服务场景；市民常用场景如公积金、社保、车牌摇号、生活费用缴纳等，未来也将逐渐出现在交通旅游类平台。

同时，数据开放共享（政—政数据共享、政—企数据共享、公开数据开放）与数据采集存储（采集合法化、采集标准化、采集模式、存储设施、存储模式）也为数据要素融合与平台功能整合奠定基础。

反之，数据要素融合与平台功能整合也将助力数据资产反哺社会。一是政府通过搭建数据基础设施，打通各部门数据，对用户进行多维标签标注，构建市民用户画像等基础信息；二是经过区块链等技术处理后，将数据用于政府管理、企业甚至市民等，形成社会各方的共享数据资产；三是将政府服务平台与各垂直公共服务平台的数据打通、功能整合，使市民生活更加便捷。

4.2.2 国内各地域的发展空间

发展空间包括提升空间和建设空间，其中提升空间包括平台管理、政民互动、普惠度、回应度、美誉度等，建设空间包括数据开放、政务服务、技术支撑、覆盖度等。总体来看，除北京外，其他地区均存在一定的建设空间或提升空间。

具体来看，在数字政务服务平台的提升空间方面，北京、四川和澳门的运营情况良好，提升空间较小；偏东部与南部地区（如山东、江苏、福建、广东、广西、云南）及部分中部地区（如河南、安徽）发展次之，有一定的提升空间；偏西部与北部地区（如新疆、西藏、东北三省）及部分中部地区（如湖北、湖南）发展落后，有较大的提升空间。

在数字政务服务平台的建设空间方面，北京和浙江的运营情况良好，建设空间较小；偏东部与南部地区（如山东、福建、广东）及部分中部地区（如重庆、四川、陕西、山西）发展次之，有一定的建设空间；偏西部与北部地区（如新疆、西藏、青海、东北三省）、部分西南地区（如云南、广西、澳门）及部分中部地区（如河南、湖北、湖南、江西）发展落后，有较大的建设空间。

4.3 智慧医疗

医疗卫生服务体系正逐步向全域、全病、全程发展，数字化转型加速赋能医疗业务效能的提升。未来，智慧医疗将呈现云端化、兼容性、高利用和强协作四大趋势。在线诊疗、医药电商等细分赛道成熟度高，而数字疗法、AI 药物研发等领域仍有较大的发展空间。

4.3.1 建设"三全"医疗卫生服务体系

2023 年，中共中央办公厅、国务院办公厅印发了《关于进一步完善医疗卫生服务体系的意见》，提出到 2035 年，形成与基本实现社会主义现代化相适应，体系完整、分工明确、功能互补、连续协同、运行高效、富有韧性的整合型医疗卫生服务体系，医疗卫生服务的公平性、可及性和优质服务供给能力明显增强，促进人民群众的健康水平显著提升。

近年来，医疗体系数字化转型如火如荼，医疗科技行业也在宏观环境利好的大前提下得以高速发展，未来随着各类技术、应用和服务等各种要素的联动融合，其在医疗健康市场的占比有望实现进一步提升。在技术方面，未来将涌现出更多的新兴技术与医疗场景进行有机结合，支撑全域、全流程、全业务的体系化能力运营，向上"聚合生态"，向下"融合资源"，充分发挥技术红利，全面赋能数字化形态，大幅提升医疗数智化水平，助力医疗卫生服务体系转型战略达成（如图 4.2 所示）。

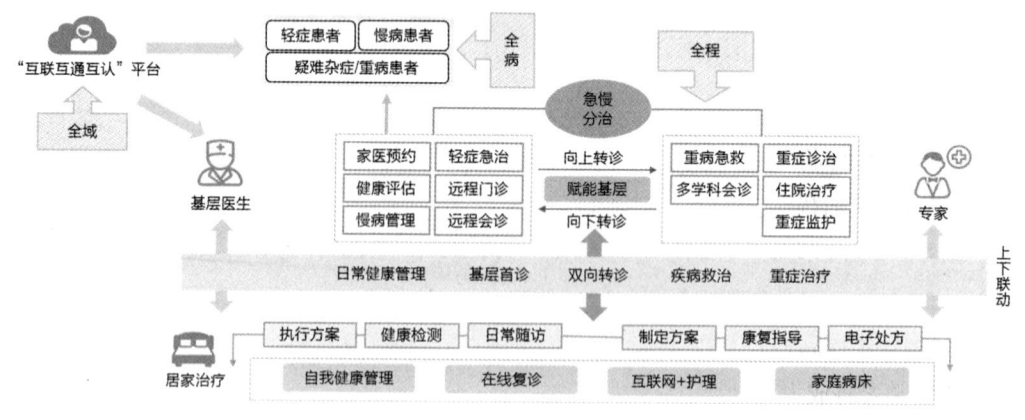

图 4.2 全域、全病、全程发展的医疗卫生服务体系

4.3.2 数字技术与医疗深入结合

各类技术发展至今，经历了初步萌芽期和探索实践期，未来还将经历稳步爬升期和生产成熟期。其中，在初步萌芽期，出现了元宇宙、数字孪生、区块链等技术，以及 AI 制药、DRG 等业务；在探索实践期，产生了大数据、人工智能（AI）、物联网、5G、云计算等技术，以及电子病历、临床决策支持系统（CDSS）、数字化健康管理、医药电商、在线问诊等业务。这些技术的成熟度曲线与业务的效能曲线如图 4.3 所示。

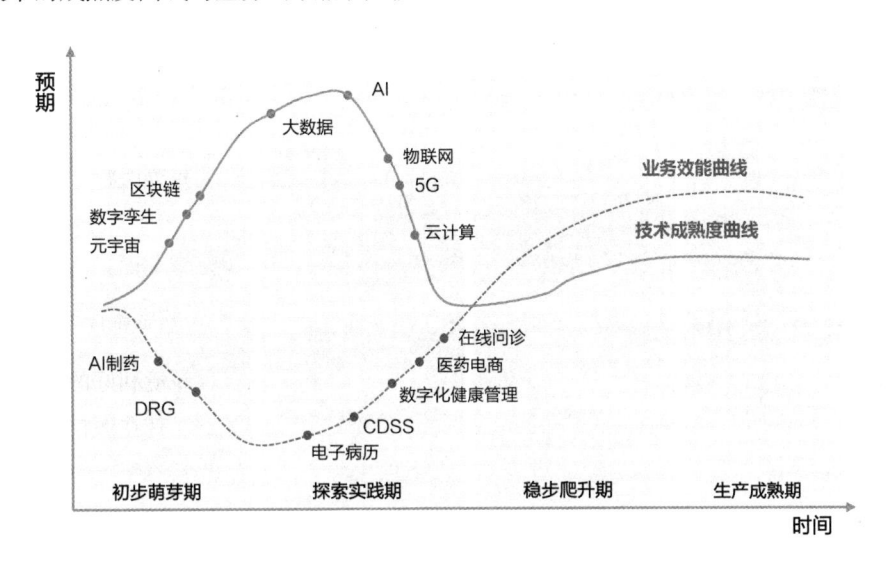

图 4.3 技术的成熟度曲线与业务的效能曲线

未来随着"云数物智移"等数字技术与医疗结合的逐渐深入，云端化管理平台的普及性将得到提高，不同信息化系统的兼容性进一步增强，医疗大数据经分析整合后利用的深度与宽度加大，同时 AI 辅助甚至替代部分人力工作将由可能性转化为必然。

未来智慧医疗将呈现四种趋势：一是云端化，凭借 AI 工具、大数据分析等能力，云端化管理平台将更加智能化、低成本化，加速成为普及化的后台管理系统；二是兼容性，随着市场压力的加大和国家标准的逐步建立，不同 IT 供应商间的系统将朝着相互兼容、互操作性强的方向发展；三是高利用，医疗机构掌握海量数据，未来将利用新技术提升数据分析整合能力，进一步提高整合后数据信息的利用率；四是强协作，伴随着研究与经验积累，未来 AI 和机器学习将成为医疗行业革新的重要因素，新技术与人工结合的方式将更加高效、深入。

4.3.3 各细分赛道及其发展空间

在各医疗科技的主要细分赛道中，在线诊疗、医药电商、数字化健康管理、智慧病案、医保信息化的成熟度较高；数字疗法、区域信息化、AI 药物研发、硬件类产品等仍有较大的发展空间。

另外，大数据解决方案、在线诊疗、医药电商、数字化健康管理的融资热度最高；区域信息化、医院信息化、在线诊疗、智慧病案、医保信息化的政策扶持力度最大；在线诊疗、医药电商的进入壁垒最低；AI 药物研发、医疗机器人的数字化基础最好；医药电商、AI 影像、医疗智能硬件、智慧病案、医保信息化的未来规模化能力最强（如图 4.4 所示）。

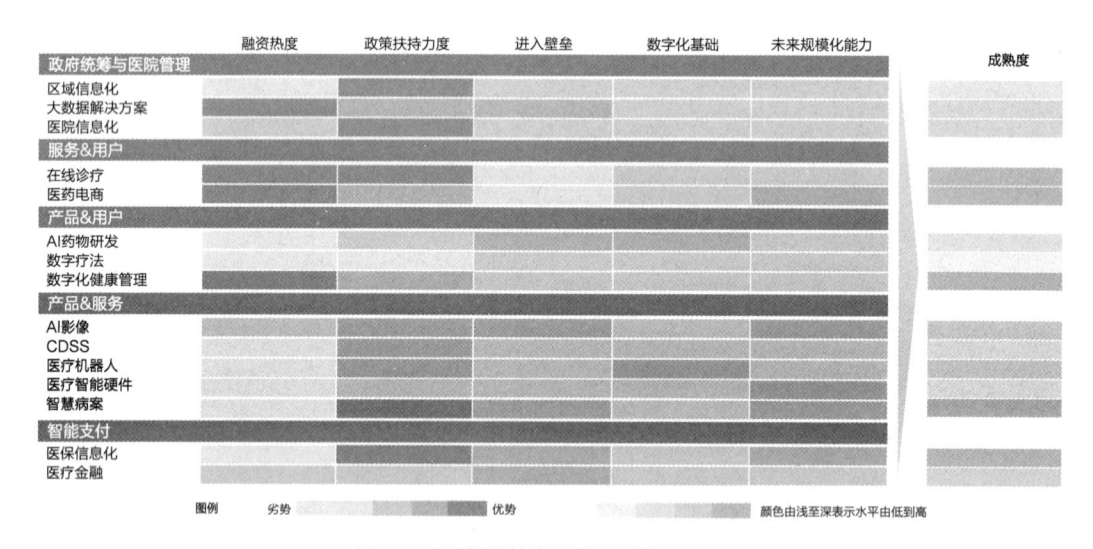

维度	融资热度	政策扶持力度	进入壁垒	数字化基础	未来规模化能力	成熟度
政府统筹与医院管理						
区域信息化						
大数据解决方案						
医院信息化						
服务&用户						
在线诊疗						
医药电商						
产品&用户						
AI药物研发						
数字疗法						
数字化健康管理						
产品&服务						
AI影像						
CDSS						
医疗机器人						
医疗智能硬件						
智慧病案						
智能支付						
医保信息化						
医疗金融						

图例　劣势　　　优势　　　颜色由浅至深表示水平由低到高

图 4.4　医疗科技产业发展成熟度评估

4.4　其他部分行业补充

零售、金融、交通运输与物流等行业是数字化转型的先行者，如电商平台、移动支付等应用已得到广泛推广，发展成熟度高；政府、医疗、教育等行业在数字化层面加大布局，持续提升其智能化水平；在智能制造领域政策和技术创新的促进下，制造业具有高度确定的发展前景（如图 4.5 所示）。

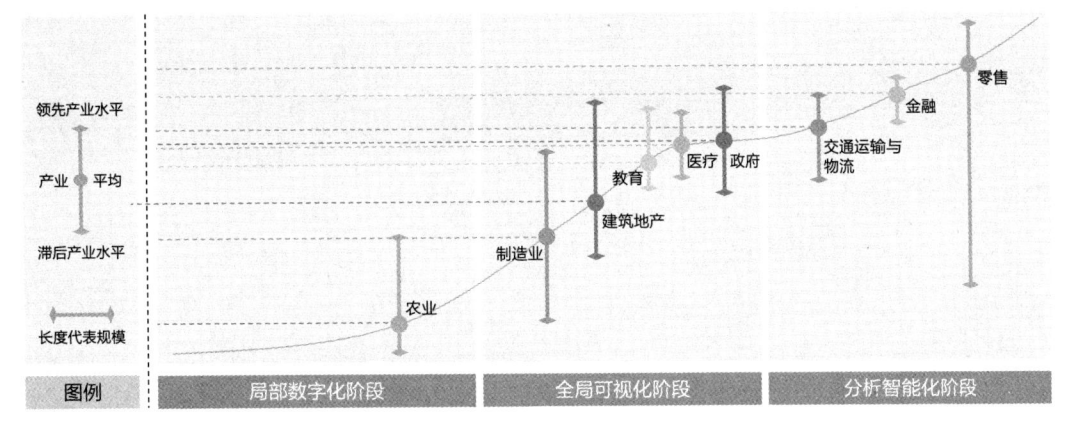

图 4.5 中国部分行业当前产业数字化发展阶段及同业产业发展水平差异

第 3 篇

产业数字化转型核心要素分析

在全球经济数字化浪潮的推动下，产业数字化已经成为企业持续创新和竞争优势构建的关键。这一过程不仅涉及技术的革新，更是一场涵盖战略、组织和文化等多个维度的全面变革；坚固的基础设施是产业数字化的基石，关键技术如云计算、大数据、人工智能等构成转型的动力；数据要素则扮演着血脉的角色，贯穿于整个生态系统；数字安全作为防守机制，提供转型过程中的风险管理和防护；在此基础上，构建一个开放且协同的数字生态对于资源共享和价值最大化至关重要；组织变革则是实现这一切的基础，需要企业进行结构调整、文化重塑和人才培养。

第 5 章

基础设施

5.1 通信网络基础设施

通信网络基础设施是国家新型数字基础设施的重要组成部分。通信网络基础设施的发展能够提供更好的数据传输和存储条件，是国家数字经济发展的基础和支撑。党的十八大以来，我国在网络强国建设道路上加速前进，已建成全世界最大规模的信息通信网络，拥有庞大的用户群体和先进的技术设备，不仅在固定通信、移动通信领域进入全球领先方阵，同时也在卫星通信关键技术方面取得一系列长足进步。

5.1.1 固定宽带

相比移动宽带，固定宽带更具高速性、稳定性、经济性和安全性。固定宽带通常提供更大的带宽，可实现更快的下载和上传速度，为用户带来更流畅的互联网体验；固定宽带通过物理线缆连接用户和互联网，相比移动宽带的无线连接更加稳定，不易受到信号干扰或网络拥塞的影响；固定宽带费用相对较低，用户可通过包年或包月的方式购买套餐，享受更加经济实惠的网络服务；通过网络防火墙和其他安全措施，固定宽带能够很好地保护用户免受网络攻击、计算机病毒和其他恶意软件的侵害。

我国固定互联网宽带的接入用户数和业务收入稳步增长。截至 2023 年 11 月，三家基础电信企业的固定互联网宽带接入用户总数达 6.36 亿户，比上年末净增 4621 万户。同时，如图 5.1 所示，2023 年 1—11 月固定互联网宽带业务收入达 2404 亿元，同比增长 8.5%，占电信业务收入的比重为 15.5%，拉动电信业务收入增长 1.3 个百分点[1]。

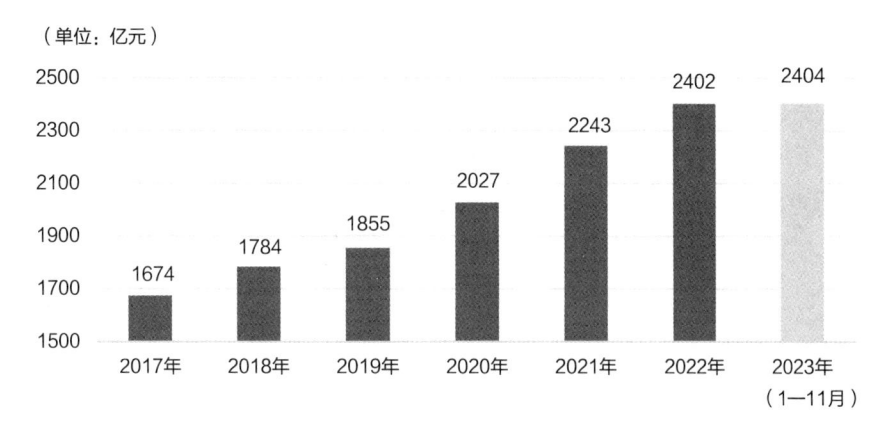

（单位：亿元）

年份	收入
2017年	1674
2018年	1784
2019年	1855
2020年	2027
2021年	2243
2022年	2402
2023年（1—11月）	2404

图 5.1 2017—2023 年我国固定互联网宽带业务收入情况（截至 2023 年 11 月）

资料来源：中华人民共和国工业和信息化部，2023 年 12 月。

固定宽带面临地区发展不平衡、服务价格较高等问题。在城市和发达地区，宽带的接入速度和质量相对较好，而在农村和偏远地区，宽带的覆盖率和质量则相对较低，存在较为严重的数字鸿沟现象。固定宽带的价格通常较高，对于低收入家庭或个人来说可能难以承担，同时也存在一些不合理的收费方式，如宽带速度与价格不成比例等。

固定宽带未来将朝着更加高速化、智能化、无线化的方向发展。随着大带宽应用的普及，用户对高速宽带的需求将持续增长，固定宽带将追求更快的速度和更大的带宽，以满足用户对于高清视频、在线游戏、远程办公等应用的需求。随着智能家居、智能办公和物联网的快速发展，固定宽带将成为连接智能设备和物联网的基础设施。未来，固定宽带将更加智能化，支持更多的智能家居设备、智能办公设备和物联网应用。随着 5G 技术的商用化，固定宽带将与 5G 技术融合，提供更高速、更稳定的无线宽带连接，5G 固定无线接入（FWA）技术将成为一种重要的宽带接入方式，为用户提供无线宽带接入，无须铺设光纤或铜线。

---

[1] 相关内容可参考 2023 年 12 月 20 日中华人民共和国工业和信息化部发布的《2023 年 1—11 月份通信业经济运行情况》。见"链接 5-1"。

5.1.2 移动通信

1. 5G

5G 推动数字经济的发展和智能社会的构建。5G 网络凭借其高可靠、低时延、大带宽等特性，为各种应用程序和在线服务提供了更快速、更稳定的运行环境，提升了用户使用体验。同时，5G 支持更多设备的连接，实现万物互联，推动智慧家庭、智慧城市、智慧校园、智慧工厂等智能化应用场景的发展，助力产业的数字化转型和智能化升级。

2023 年 5G 商用第五年，产业发展驶入快车道。目前，我国全部地级市、县城城区的 5G 网络已完成覆盖，超额完成 5G 基站年度新建目标。如图 5.2 所示，截至 2023 年 11 月，我国已建设开通的 5G 基站数达 328.2 万个，在移动基站总数中占比约 28.5%[1]，其中 2023 年 1—11 月新增 5G 基站数达 97.0 万个，远超 60 万个的年度新增目标[2]。

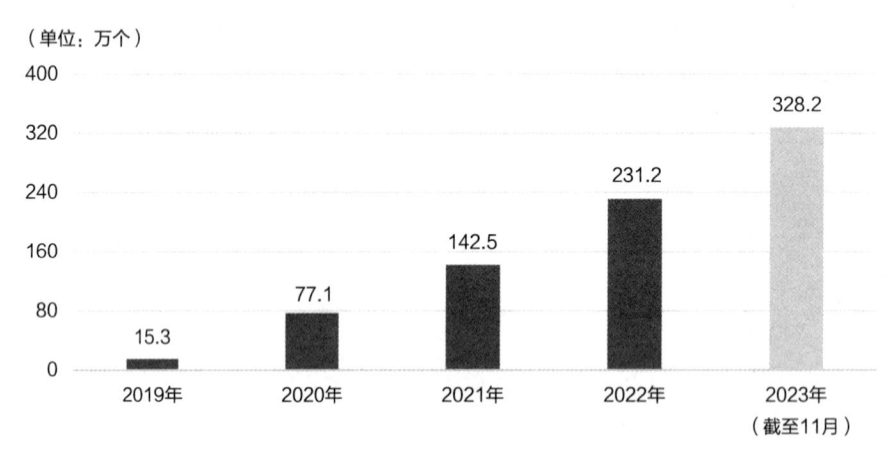

（单位：万个）

2019年	15.3
2020年	77.1
2021年	142.5
2022年	231.2
2023年（截至11月）	328.2

图 5.2　2019—2023 年我国 5G 基站累计建设情况（截至 2023 年 11 月）

资料来源：央视网，工信部，2023 年 12 月。

我国 5G 应用发展面临个人用户感知不强、行业应用动力不足等问题。在个人用户感知方面，用户对 5G 的感知不强，5G 应用内容相对较少，易造成 5G 性价比偏低的印象，制约 5G 对用户的吸引力；在行业应用方面，由于行业需求过于碎片化和多样化，在部分

---

1 相关内容可参考央视网上的文章《工信部：截至 11 月末 5G 基站总数达 328.2 万个，占移动基站总数 28.5%》。见"链接 5-2"。

2 相关内容可参考 2023 年 12 月中国信息通信研究院发布的《中国 5G 发展和经济社会影响白皮书（2023 年）》。

行业中企业应用 5G 的动力不足，且缺乏跨行业、跨领域合作协同，导致信息和经验难以充分共享，与形成全国统一的 5G 应用大市场还有一定的差距。

未来 3~5 年是我国 5G 应用规模化的关键时期。5G 将逐渐成熟化和标准化，形成一定的产业规模和产业链条，同时将被应用到各个领域，如智能制造、智慧教育等，实现强大的规模效应。在这个时期，各种 5G 细分应用场景将不断涌现，输出多批具有代表性的高质量 5G 应用案例，为我国数字化转型提供强有力的支撑。

2. 6G

6G 拓宽移动通信产业边界，创造经济增长新空间。作为下一代移动通信技术，6G 将引领一场前所未有的感知与连接革命，搭建起物理世界与数字世界的桥梁，推动移动通信由人联、物联走向万物智联。在 5G 的基础上，6G 将提供更大的频谱容量，支持更多的数据传输，通感一体化、极致连接、原生可信、空天地一体化等技术特性赋予 6G 拓宽移动通信产业边界的能力，全息通信、数字孪生、虚拟网游等众多新业态将在 6G 时代迎来蓬勃发展。

我国全面启动 6G 前瞻布局。2023 年 1 月，全国工业和信息化工作会议指出，要全面推进 6G 技术的研发，为我国 2023 年加速开展 6G 研发、完善 6G 整体布局定下基调；3 月，工业和信息化部金壮龙部长在两会"部长通道"上指出，未来要发挥我国超大规模市场的优势和产业体系完备的优势，加快 6G 研发；6 月，金部长在第 31 届中国国际信息通信展览会上表示，我国将全面推进 6G 技术的研发，抢占 6G 产业发展的战略制高点。

我国 6G 应用发展面临核心技术相对薄弱、节能降碳遭遇瓶颈等问题。相关专家表示，当前我国 6G 相关核心技术尚不够成熟，需要加快突破毫米波、太赫兹等更高频段的通感一体化传输技术和组网技术。此外，无线算力技术、空天地海一体化的无线信号处理与智简组网技术等也是需要攻克的关键领域；相比 5G，6G 具有更高的频段、更密的蜂窝，6G 基站的能耗将极大超过 5G，在现有网络架构下 6G 尚未实现理想的节能效果，如何"减碳"将成为未来 6G 研究的重点之一。

6G 将于 2030 年前后进入商用阶段。6G 作为 5G 的必然演进方向，受到全球高度重视，预计将在 2025 年启动技术标准化，于 2030 年前后进入商用阶段。随着 6G 潜在技术性能测试的不断深入，6G 关键技术体系将逐步收敛，6G 关键技术研究将从单点技术向端到端整体设计演进，形成以满足商用需求为前提的"高价值"6G 核心技术体系。

5.1.3 卫星通信

相比传统地面通信，卫星通信更具覆盖全面、通信稳定、频率丰富等优势。对于偏远地区或低业务地区，传统地面移动通信面临铺设技术难度大、运营成本高等难题，而卫星通信能够实现通信网络的全面覆盖，突破地形限制，有效弥补地面通信网络覆盖的不足；卫星通信的传输性能相对稳定，当自然灾害严重损毁地面通信基础设施时，它能够确保信息传递的畅通性，提高救援的效率及成功率；卫星通信拥有较为丰富的频率资源，空间自由度使得频率资源的利用更加灵活，更好地满足大容量通信需求。

我国卫星通信市场开启逐步提速进程。我国卫星互联网的发展起步较晚，目前卫星通信网络尚未实现全球覆盖。但随着 2020 年卫星互联网被首次纳入新基建范畴，我国卫星通信市场的发展逐渐开始提速，产业迎来重要发展机遇期。据预测，2025 年我国卫星通信产业市场规模将达到 2327 亿元，2022—2025 年复合增长率超 30%[1]（如图 5.3 所示）。

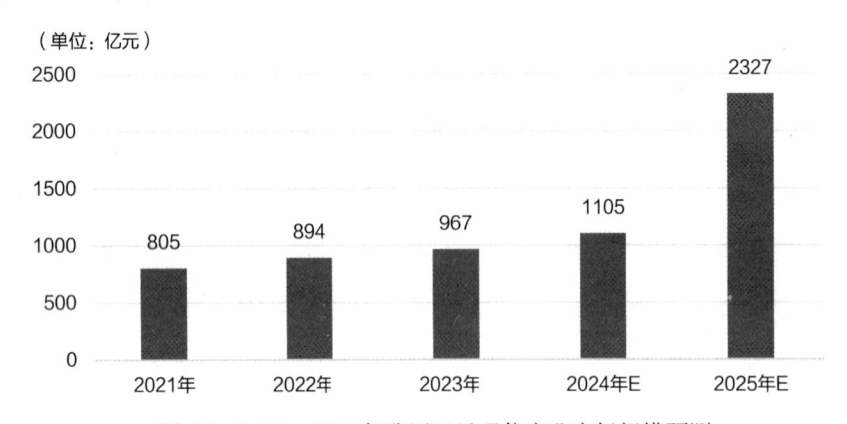

（单位：亿元）

年份	市场规模
2021年	805
2022年	894
2023年	967
2024年E	1105
2025年E	2327

图 5.3　2021—2025 年我国卫星通信产业市场规模预测

资料来源：申万宏源研究，2023 年 2 月。

卫星通信将朝着天地融合、手机直连的方向发展。随着卫星通信技术的不断发展，卫星通信网络将与地面移动通信网络深度融合，形成天地一体、融合发展的立体通信网络，如 IMT-2030（6G）推进组提出卫星互联网将成为地面通信系统的有力补充；"手机直连卫星"有望拓展手机市场的新发展空间，众多手机制造商、卫星技术研发公司纷纷入局，挖掘卫星直连技术在手机通信市场的巨大潜力，如 2023 年 8 月华为推出全球首款支持卫星通话的大众智能手机 Mate 60 Pro，支持用户在地面网络信号中断的情况下拨打、接听卫星电话。

---

1 相关内容可参考申万宏源研究上的文章《观往知来，卫星互联网或迎催化不断》。见"链接 5-3"。

5.2 算力

5.2.1 算力的价值

算力是支撑数字经济发展的重要基础资源。算力能够提供大规模、高效率、可靠稳定的数据存储和计算服务，满足数字经济发展对数据处理的需求，加速数据要素的流通和应用，提升数据价值，为数字经济的各个环节提供强大的计算支撑。算力通过高性能计算、云计算、边缘计算等技术手段，能够实现大规模数据的快速存储和高效处理，为数字经济发展提供强大的数据支撑。根据 IDC、浪潮信息、清华大学全球产业研究院等联合发布的《2021—2022 全球计算力指数评估报告》，计算力指数平均每提高 1 点，数字经济和 GDP 将分别增长 3.5‰ 和 1.8‰[1]。

算力是产业数字化转型的重要基础能力。在产业数字化转型过程中，企业需要利用先进的信息技术如人工智能、大数据等，进行复杂的数据分析和处理，算力作为这些技术的核心支撑，为产业数字化转型提供了强大的数据存储和计算能力，实现数据的集中存储和处理，提高数据处理效率，降低运营成本，推动产业数字化转型。算力还为产业数字化转型提供了强大的应用支撑能力。随着数字化转型的深入推进，各行业需要开发出各种应用系统，满足企业的业务需求。通过使用算力，可以为企业提供更加有效的应用程序，有利于企业更加迅捷地构建和部署新的系统，减少运维和管理的费用，推动行业的数字化变革。

5.2.2 算力的发展现状

1. 算力基础设施现状

算力规模保持快速增长态势。近年来，随着国内一体化算力网络国家枢纽节点的部署和"东数西算"工程的推进，国内算力基础设施建设保持快速发展。2023 年，"东数西算"工程从系统布局进入全面建设阶段，8 个国家算力枢纽节点建设全部开工，新开工的数据中心项目近 70 个[2]。目前算力供给体系初步构建，算力基础设施的综合能力显著提升。基础设施算力规模保持快速增长态势，截至 2023 年 8 月，全国在用数据中心机架总规模超过 760 万标准

---

1 相关内容可参考 IDC、浪潮信息和清华大学全球产业研究院于 2023 年 3 月 17 日联合推出的《2021—2022 全球计算力指数评估报告》。
2 相关内容可参考《瞭望》2024 年第 03 期。

机架，算力规模达到 197EFLOPS，位居全球第二，2023 年年底将达到 231EFLOPS（如图 5.4 所示）。

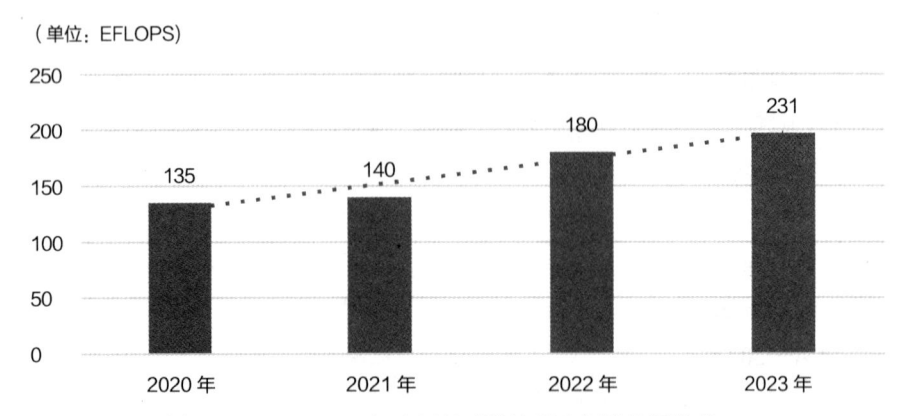

（单位：EFLOPS）

图 5.4　2020—2023 年中国基础设施算力规模发展趋势

数据来源：工业和信息化部，中国信息通信研究院，中商产业研究院。

根据中商产业研究院的报告，2023 年中国算力网络市场规模将超 753 亿元（如图 5.5 所示）。

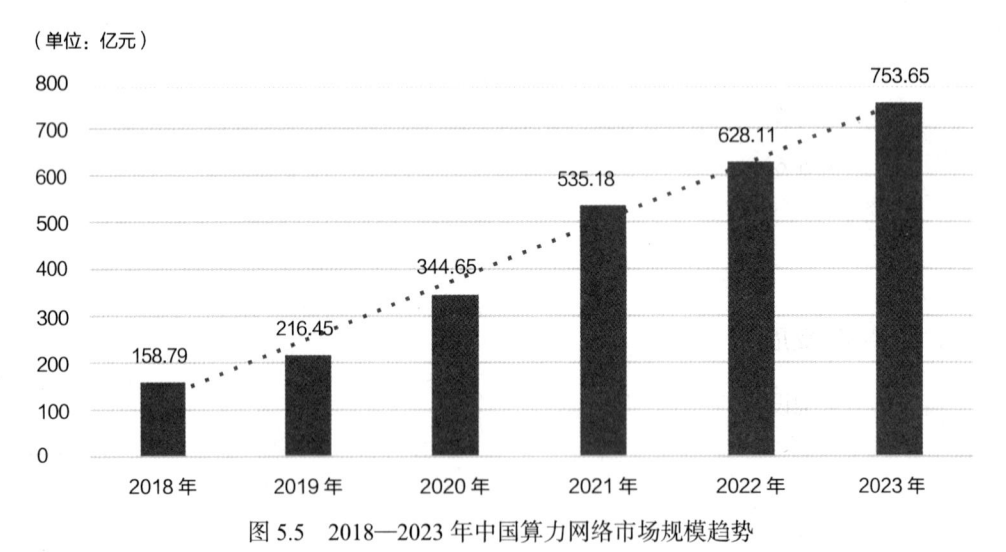

（单位：亿元）

图 5.5　2018—2023 年中国算力网络市场规模趋势

数据来源：工业和信息化部，中国信息通信研究院，中商产业研究院。

2. 算力产业现状

算力产业链涉及的环节较多，行业需求全面提升。目前，我国算力产业链已经初步形成，其中上游产业包括硬件设备商、软件供应商、网络运营商，中游产业包括基础电信企业、第三方数据中心服务商、云计算厂商，下游产业包括互联网企业、工业企业以及政府、金融、电力等行业。随着"东数西算"工程的持续推进，以及其在大规模集成、虚拟现实、自主驾驶等领域的广泛运用，极大地增加了计算能力的消耗，对算力产生巨量需求。以大模型为例，有 1750 亿个参数的 GPT-3，每生成一次 1000 字的回答，所需算力资源就约为 4PFLOP/s。未来随着大模型进入普及应用阶段，访问量与参数量加速上升，其算力需求将呈指数级增长。随着训练和推理需求的提升，AI 芯片及服务器需求将率先放量。从云端推理所需算力的角度测算，2023—2027 年，全球大模型云端推理的峰值算力需求量的年复合增长率为 113%；据广发证券的测算，国内 AI 大模型在训练与推理阶段或产生相当于 1.1 万台~3.8 万台高端 AI 服务器的算力需求。[1]

算力核心产业规模快速增长。截至目前，国内算力产业规模已经超过 2.6 万亿元，这一发展对经济总产出也有着重要的影响，直接带动经济总产出达 2.2 万亿元。工业和信息化部数据显示，到 2023 年上半年，在新建的算力项目中超过半数是智能算力。从市场规模来看，2023 年我国人工智能算力市场规模将达到 664 亿元，同比增长 82.5%。根据工业和信息化部的统计，近五年来，中国的算力产业规模迅猛扩张，其中"东数西算"干线光缆的投入使得中国的算力规模位居世界第二。此外，中国各个省份的光网也都得到了完善，千兆光网用户数超过 6100 万户，这些都为国内算力的发展奠定了良好的基础。自 2018 年以来，中国服务器市场的增长率已经远远超出世界平均水准，年复合增长率更是突破了 14.5%。据 IDC 估算，到 2024 年，中国服务器市场总额有望突破 350 亿美元。

5.2.3 算力发展存在的问题

国内算力基础设施建设的布局和结构不合理，产业生态体系需要完善。目前国内的算力基础设施建设布局不合理，东部地区与中西部地区的算力基础设施建设存在较大的差异。东部地区的经济较为发达，算力基础设施建设的投资和规模都较大，而中西部地区则相对滞后，这种地域性不均衡的现象阻碍了全国算力基础设施的均衡发展。算力基础设施建设结构不合理，数据中心规模占比超过 90%，但是超算中心、智算中心和边缘数据中心的总体规模较小，

---

[1] 相关内容可参考中信建投证券发布的《人工智能行业深度报告：算力大时代，AI 算力产业链全景梳理》。

出现专用算力不足、部分地区通用算力过剩、能耗成本过高的局面，无法满足各类科技行业和产业数字化转型等对多元化、多层次算力的需求。在产业生态体系方面，多样性算力面临挑战，硬件、操作系统、数据库的多样性算力产业体系需要多方共建。算力产业生态体系建设需要政府、企业、研究机构、用户等多方面的合作与协同发展。目前我国算力产业的生态体系建设尚不健全，缺乏有效的合作机制和平台。[1]

国内算力技术创新能力不足，体系化创新思维有待加强。国内计算技术的发展与发达国家相比存在滞后性，尤其是自主研发能力在关键领域的计算产品和技术创新、科研人才培养和研发投入、科技创新能力和科技成果转化效果等方面还存在着较大的不足，这使得我国计算技术创新面临冲击。目前算力的提升面临多方面的挑战，从芯片到算力的转化存在很大的鸿沟，单一技术升级路径已难以匹配算力高质量发展的需求，迫切需要针对不同的应用领域，提升体系化协同、多路径互补的系统创新能力，以体系化思维创新芯片设计思路和优化计算架构，实现分布式算力集约化应用，提高计算效率。

国内算力供需不均衡，算力应用赋能需要强化。尽管国内的算力需求正在逐渐增加，但算力的应用领域仍然很有限，算力应用的广度和深度远远不够，应用场景落地推广难度较大，实际的推广和使用仍然存在困难。互联网行业是计算能力需求最大的领域，占总体算力的50%，其他行业如政府、服务、电信、金融、制造、教育、运输等对算力的需求排在前列。算力对行业数字化转型的支撑赋能作用越来越显著，但是垂直行业的算力需求匹配不够。

5.3 云计算

5.3.1 云计算的价值

云计算能推动产业数字化转型，增强竞争优势。利用云计算技术对传统工业企业进行数字化和智能化改造，有利于推动协同制造和柔性制造。云计算可以提供灵活的计算资源，使得企业能够快速处理大量数据。采用云计算可以提高制造业产业链各个环节的效率，加快实现设计研发智能化、制造装备智能化、生产过程自动化和经营管理网络化。采用云计算可以提高工业企业的自主创新效率，缩短产品升级换代周期，并在整体上提升企业的核心竞争力。据统计，与传统IT架构相比，采用云计算的企业在处理数据和业务流程方面，效率提高30%

---

[1] 相关内容可参考《信息通信技术与政策》（2022年第3期）文章《算力基础设施的现状、趋势和对策建议》。

以上。

云计算能降低企业信息化成本和风险。通过云计算，企业无须购买和维护昂贵的硬件设备，只需按需租用计算资源，大大降低了企业的 IT 成本，使得企业可以将更多的资金投入核心业务中。利用云计算能够获得低成本、专业化、高性能的信息化服务，信息化程度较低或无力承担信息化成本的中小型企业，可以由此提高信息化程度，提升企业竞争力。云计算将使企业信息化模式发生变化，使企业信息化建设的成本和风险大大降低。尤其是对数据安全不敏感的企业和机构，只需按照实际需求和情况定期支付一定的服务费用，就可以不必再负担沉重的 IT 资产费用、折旧费用和运维成本，通过将业务迁移到云端，企业可平均节省 40% 的 IT 成本。据测算，利用云计算的企业和机构，相比传统模式，只需增加一小部分部署成本，就可以减少约 20% 的软件成本、近 80% 的人力成本和超过 90% 的折旧成本。[1]

5.3.2 云计算的现状

1. 市场现状

2022 年国内云计算市场规模达到 4550 亿元，较上年末增长 40.9%。从行业发展前景来看，云计算行业仍然有着巨大的发展空间和潜力，到 2023 年年底，国内云计算市场规模将达到 6829 亿元，复合年均增长率为 21.8%（如图 5.6 所示）。国内云计算市场仍处于快速发展期，预计 2025 年国内云计算市场规模将突破万亿元。

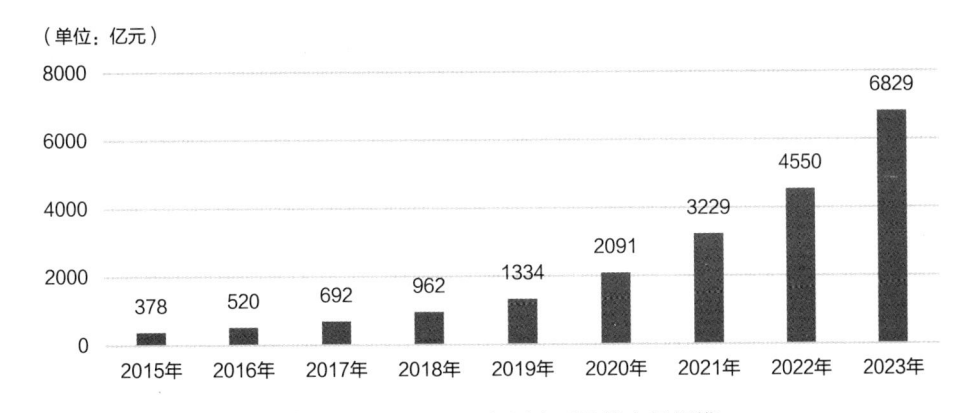

（单位：亿元）

年份	规模
2015年	378
2016年	520
2017年	692
2018年	962
2019年	1334
2020年	2091
2021年	3229
2022年	4550
2023年	6829

图 5.6　2015—2023 年国内云计算市场规模

数据来源：中国信息通信研究院，智研咨询。

---

[1] 相关内容可参考百度文库中的文章《云计算在企业信息化建设中的发展现状与未来趋势》。

2. 市场竞争格局

依据企业市场份额与市场影响力，市场竞争被划分为三级梯队，其中，第一梯队由阿里巴巴、腾讯两大互联网厂商和传统 IT 企业华为组成，该梯队的企业主要提供综合性云服务；第二梯队由天翼云、移动云等传统电信运营商和细分市场领先的云服务商组成；第三梯队包括浪潮云、京东科技、曙光云等[1]。阿里云在公有云、私有云、混合云等各个领域都保持着领先地位，市场份额超过 40%。其他主要竞争者包括运营商云、腾讯云、华为云、百度智能云、京东云等。据中国信息通信研究院调查统计，阿里云、天翼云、移动云、华为云、腾讯云、联通云占据中国公有云 IaaS 市场份额前六；在公有云 PaaS 方面，阿里云、华为云、腾讯云、天翼云、百度云处于领先地位。2023 年上半年，电信运营商云计算市场规模较大，天翼云、移动云、联通云分别营收 459 亿元、422 亿元和 255 亿元，远超行业平均水平。

5.3.3 云计算存在的问题

云计算的硬件技术比较薄弱。目前云计算的硬件技术的自主可控性是薄弱环节，云计算作为数字化的基础设施，其自主可控程度对于设施的持续发展和安全运行至关重要。目前国内云计算领域的自主可控性有进步，但在服务器硬件和网络硬件方面仍存在技术薄弱的问题，影响云计算产业的持续健康发展。

云计算的互操作性是生态构建和创新的障碍。云计算的互操作性关系到云计算生态系统中各个组件协同工作的能力。云计算的互操作性不足是影响构建云计算统一生态、阻碍云计算业务持续发展创新的瓶颈。云计算互操作性的不足，使得在不同的云计算供应商之间实现应用程序的迁移时需要付出很大的成本。[2]

公有云的利用率不高。国内公有云的利用率不高，云计算 CPU 的利用率低。目前国内公有云的利用率为 20%~30%，行业应用种类不够丰富。其主要原因是：对云计算需求量很大的大型国有企业自建私有云；国内企业数字化水平目前还比较低，产业数字化转型有很长的路要走；现阶段，国内公有云上缺少由公共数据以及数据服务牵引的行业应用。

云计算还存在数据安全和隐私的问题。随着技术的发展，许多企业已经开始将业务流程转向云端，无论采用的是公有云还是混合云，由此带来的数据安全问题都日益突出，许多敏

---

1 相关内容可参考 2023 年 12 月 22 日前瞻网上的文章《洞察 2023：中国云计算行业竞争格局及市场份额》。
2 相关内容可参考中国工程院院士郑纬民在"2023 移动云大会"上的讲话。

感信息已经远远超过了企业的防御能力。企业数据在迁移过程中或数据到达云后，全过程存在着数据安全问题。随着各类企业和各种组织对云计算的使用，大量的消费者隐私数据和企业商业数据可能会被黑客入侵。根据 Cybersecurity Insiders 的《2023 年云安全报告》，基于云的安全性的障碍主要与人员和流程相关。网络安全人员缺乏专业知识和培训（53%）仍然是最大的障碍，其次是预算挑战（44%）和数据隐私问题（38%）。合格网络安全人才的持续短缺也是加快云采用的最大障碍（37%），其次是法律和监管合规问题（30%）以及数据安全和泄露风险（29%）。

5.4 数据中心

5.4.1 数据中心的价值

数据中心是存储、管理、处理和分发数据的重要场所，由计算机设备、服务器设备、网络设备、存储设备、安全设备、供电系统、冷却系统等组成。首先，数据中心为各行业企业提供海量数据的高效存储和管理服务，是保障企业业务开展的关键基础。其次，数据中心提供数据计算处理服务，是企业分析业务落地决策的重要支撑。同时，数据中心承载着大量数据的流通分发，是激发数据要素活力的关键节点。2020 年数据中心正式被纳入新基建范畴，作为产业数字化转型的重要基础设施，其支撑着人工智能、大数据、物联网、工业互联网、云计算等新型技术的运转，助推工业、政务、金融、交通等各行业转型升级。

5.4.2 数据中心的发展现状

国家高度重视数据中心建设，相关政策密集出台。自从 2013 年《关于数据中心建设布局的指导意见》颁布以来，从数据中心的培育建设到中期数据中心节能减排的政策要求，以及《全国一体化大数据中心协同创新体系算力枢纽实施方案》提及的布局国家枢纽节点，省内数据中心统筹，国省级联调度，多项政策逐步推进我国数据中心从初期的粗建设到国家层面的统筹布局发展。同时，在数据中心服务形态上，国家政策逐步推动传统数据中心与网络、云计算融合发展，助力打造以算力为核心的新一代数据中心。

随着国家政策的推动以及产业数字化转型的不断深入，数据中心市场规模稳定增长。根据中国信息通信研究院数据，2020—2022 年我国数据中心市场规模从 1174 亿元增长至

1900亿元，近三年复合年均增长率达27.2%[1]（如图5.7所示）。浙商证券研究所预测，我国数据中心市场规模在2022—2025年间将以24.7%的复合年均增长率持续扩大，到2025年突破3600亿元[2]。

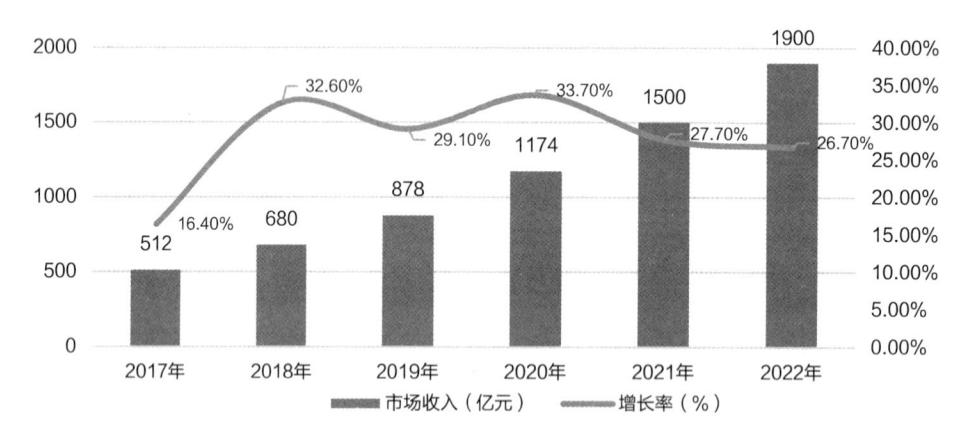

图5.7　2017—2022年我国数据中心市场规模及增长率

数据来源：IDC，中国信息通信研究院云计算与大数据研究所。

我国数据中心市场集中度较高，三大基础电信运营商主导市场，其他第三方数据中心运营商积极入局。基础电信运营商在数据中心的建设上起步较早，其凭借宽带资源以及品牌优势，目前在数据中心市场中占据主要份额。中国信息通信研究院数据显示，2022年中国电信市场规模占19.3%、中国联通市场规模占14.7%、中国移动市场规模占14.4%[3]。第三方数据中心运营商以数据中心为核心业务，通过自建自营以及与电信运营商合建、客户定制、政企合作等模式开展数据中心的建设，其凭借专业能力以及更具灵活性的服务能力不断瓜分数据中心的市场份额，2022年共占据51.7%的市场规模，较2020年提高6个百分点[4]。

大流量、新业态激发数据中心新需求。随着5G、云计算、大数据等新型技术的落地应用，我国数据量快速增长，近三年复合年均增长率超20%，2022年数据总产量达到8.1ZB[5]。

---

1 相关内容可参考安永发布的《中国第三方IDC行业财务数据回顾及未来展望》。见"链接5-4"。
2 相关内容可参考浙商证券研究所发布的《超算、智算及数据中心行业报告：算力中心铸就大模型时代基座》。见"链接5-5"。
3 相关内容可参考中国信息通信研究院云计算与大数据研究所发布的《中国第三方数据中心服务商分析报告（2023年）》。见"链接5-6"。
4 同3。
5 相关内容可参考国家互联网信息办公室发布的《数字中国发展报告（2022年）》。见"链接5-7"。

数据流量的持续增长推动数据中心需求愈加迫切。同时，在 AI 大模型以及元宇宙等新业态的带动下，数据中心面临着更高标准的计算性能、能耗、吞吐量和延迟要求，自动驾驶、工业制造等低时延场景不断催生边缘型数据中心需求。目前公有云企业、互联网行业企业以及传统行业企业构成了我国数据中心的主要需求来源，其中公有云企业和互联网行业企业的需求最多，2022 年两者的需求占比分别为 42.5%和 43%，而传统行业企业对数据中心的需求尚未被全面激发，目前其占比稍低，仅占 14.5%[1]。在传统行业企业中，超八成的需求来自智慧政府、金融科技、工业制造领域。未来随着智慧医疗、自动驾驶等更多新兴应用场景的逐步落地，传统行业企业对数据中心的需求有望被释放，预计未来三年其增速将达到 15%。

5.4.3　数据中心发展存在的问题

我国数据中心机架数量稳步增长，但重建轻用的现象仍然存在。根据工业和信息化部数据，近五年我国数据中心机架供给数量以 30%的速度快速增长，截至 2022 年年底，已部署的机架规模超过 650 万架（以标准机架 2.5kW 统计），提供的算力总规模达到 180EFLOPS，存力总规模超过 1000EB[2]。但在数据中心上架率方面，我国整体的上架率水平尚待提升，根据 CDCC 在 2021 年的统计，全国数据中心平均上架率仅为 50.1%，且地区间的上架率存在差距，其中华东地区的平均上架率最高达到 67.6%，其次为华南以及华北地区，上架率分别为 66.7%和 65.9%[3]，其他地区包括西南、华中、东北以及西北地区的平均上架率均低于全国平均水平，与国家发展改革委要求的集群内数据中心平均上架率超 65%还有一定的差距。

核心区域需求集聚，数据中心供需矛盾较为突出。CDCC 数据统计，2021 年北京及周边、长三角、珠三角、成渝及周边四个片区提供了我国 89%的数据中心供给[4]，在核心区域占据数据中心主要供给的同时，又由于人口集中、数据流量大、产业数字化转型需求强烈，使得其对数据中心的需求更加旺盛。在强需求下，这些核心区域仍面临着数据中心供不应求的问题。2020 年数据显示，北京、上海以及广州和深圳地区分别存在约 8.7 万、9.1 万、10.6 万的需求缺口[5]。

---

1 相关内容可参考科智咨询发布的《2022—2023 年中国 IDC 行业发展研究报告》。见"链接 5-8"。
2 相关内容可参考国家互联网信息办公室发布的《数字中国发展报告（2022 年）》。见"链接 5-7"。
3 相关内容可参考 CDCC 发布的《2021 年中国数据中心市场报告》。见"链接 5-9"。
4 同 3。
5 相关内容可参考前瞻产业研究院发布的《中国数据中心行业市场需求与投资战略规划分析报告》。见"链接 5-10"。

5.4.4 数据中心的发展趋势

数据中心规模化发展，大型及以上数据中心的数量与机架占比持续增长。按照机架规模，数据中心可以被分为超大型数据中心（机架数量≥10000架）、大型数据中心（3000架≤机架数量<10000架）和中小型数据中心（机架数量<3000架）。在国家统筹布局下，我国超大型数据中心和大型数据中心的数量持续提升。工业和信息化部数据披露，截至2022年7月底，我国在用超大型数据中心和大型数据中心的数量较2017年增长了146%，达到497个，同时超大型数据中心和大型数据中心的机架数量在全部数据中心机架数量中的占比也从2017年的50%增长到2022年的81%[1]。

数据中心位置布局向周边、向西部转移。由于一线城市的土地、电力等资源成本较高，国家开始推行"东数西算"战略，对一线城市建设数据中心的各项指标逐步收紧，一线城市的数据中心建设需求逐步向周边城市外溢，整体数据中心布局呈现出"中心向周边""东部向西部"转移的趋势。国家在西部重点打造内蒙古、贵州、甘肃、宁夏枢纽节点，承接存储备份、后台加工、离线分析等对时延要求不高的业务，目标是将机架数量从2020年的约36万架提升至2025年的262万架，在京津冀、长三角、粤港澳大湾区等东部枢纽重点推动数据中心从一线城市向周边转移，通过较短的传输距离，满足超高清视频、工业互联网、金融支付、远程医疗、灾害预警等低时延要求的业务需要。

数据中心建设向智能化、节能化的方向发展。传统的数据中心通常依靠人工管理和维护，存在效率低、资源浪费等问题。而在人工智能和大数据等新技术的带动引领下，数据中心逐步采用智能运维机器人替代人工巡检，实现对机房设备、网络设备、服务器全天候的智能管理和监控。同时基于运行数据以及大数据算法，可以实时调整数据中心的运行状态和资源分配，实现动态负载均衡，提高数据中心的运行效率，获得最佳能效。低碳节能是数据中心建设的另一个重要方向，根据国家发展改革委的政策指导，到2025年，新建的超大型及大型数据中心应具备低于1.3的能源效率水平，而对国家枢纽节点的能效要求则更加严格，需低于1.25[2]。在政策要求下，我国数据中心的能效水平已有改善。CDCC数据显示，2021年我国数据中心的平均PUE从2019年的1.6下降到了1.49[3]。在AI迅猛发展的趋势下，对数据

---

[1] 相关内容可参考同花顺财经上的文章《全国在用超大型、大型数据中心已达497个》。见"链接5-11"。
[2] 相关内容可参考国家发展改革委、中央网信办、工业和信息化部、国家能源局联合研究制定的《贯彻落实碳达峰碳中和目标要求 推动数据中心和5G等新型基础设施绿色高质量发展实施方案》。见"链接5-12"。
[3] 相关内容可参考CDCC发布的《2021年中国数据中心市场报告》。见"链接5-13"。

中心的功率要求不断提高，液冷的高功率散热能力或成为数据中心的刚需。基于液冷的强冷却力，可以实现数据中心的超高密度制冷，PUE 最低可以降至 1.04。赛迪顾问预测，2025 年我国数据中心的液冷渗透率将达到 20%[1]。目前三大电信运营商及多家数据中心企业都已布局液冷技术，例如，2020 年中国电信在 5GBBU 站点就启动了液冷试点应用，经过长期测试，在满负载率条件下，数据中心的 PUE 可以降至约 1.15，制冷节能效果良好[2]。

---

[1] 相关内容可参考银河通信发布的《AI 引领，算力随行，元年大势所趋》。见"链接 5-14"。
[2] 相关内容可参考中国移动、中国电信、中国联通联合发布的《电信运营商液冷技术白皮书》。见"链接 5-15"。

第 6 章

关键技术

"十四五"时期是我国战略性新兴产业发展的关键时期,越来越多的高新技术进入大规模产业化、商业化应用阶段,成为驱动产业变革和带动经济社会发展的重要力量。我国将加快大数据、人工智能、先进通信、集成电路、超高清显示等技术的创新和应用,全面提升信息技术产业核心竞争力。

6.1 人工智能技术

近年来,人工智能发展迅速,成为引领新一代科技革命和产业变革的战略性技术。人工智能是国家战略的重要组成部分,是未来国际竞争的焦点和经济发展的新引擎。党的二十大报告指出,推动战略性新兴产业融合集群发展,构建人工智能等一批新的增长引擎,加快发展数字经济,促进数字经济和实体经济深度融合,打造具有国际竞争力的数字产业集群。在新科技革命和产业变革的大背景下,推动人工智能等与各产业深度融合,是释放数字化叠加倍增效应、加快战略性新兴产业发展、构筑综合竞争优势的必然选择。

6.1.1 人工智能产业发展的三起两落

人工智能概念在 1956 年的达特茅斯(Dartmouth)会议上首次被提出。但由于计算机算力严重匮乏,人工智能研究陷入低谷。20 世纪 80 年代,随着计算机硬件技术的进步,专家系统等人工智能技术重新活跃起来。1997年,"深蓝"超级计算机击败国际象棋冠军卡斯帕罗夫,人工智能技术再度引发广泛关注。随后几年,人工智能再度陷入"冬眠"期。由于算法与数据的限制,人工智能难以推动实际应用。21世纪,计算机硬件技术飞速发展,随着GPU运算能力的提高、大规模数据的积累以及深度学习等机器学习算法的成功应用,人工智能技术迎来新一波热潮。

2016年,AlphaGo击败韩国围棋大师李世石,这标志着人工智能进入从模拟人类智能向人工通用智能发展的新阶段。机器开始超越人类在某一局部认知能力范畴的表现,人工智能技术发展势头强劲。目前,在视觉识别、语言理解和机器翻译等领域,人工智能技术的表现已达到或超过人类的水平[1]。但在常识推理、社会感知等方面还存在差距,人工智能只具备局部的通用能力,距离人工通用智能的目标还有较长的路要走。

总体来说,人工智能的新一轮浪潮正在全球范围内兴起,无人驾驶汽车、机器人、智能医疗等应用无处不在,人工智能技术正在加速渗透到生产制造、商业服务和个人生活的各个角落。

6.1.2 人工智能的发展现状

算力、算法、数据和治理被认为是推动人工智能发展的四大关键要素。当前,在这四大要素的共同促进下,人工智能产业生态不断完善,技术水平日益提高,应用范围也在持续扩大,人工智能产业发展潜力巨大。

(1)算力:高性能的AI芯片与智能中心加速模型训练,算力与算法并进

算力实现的核心是CPU、GPU、FPGA、ASIC等各类计算芯片,并由计算机、服务器、高性能计算集群和各类智能终端等承载,海量数据处理和各种数字化应用都离不开算力的加工和计算[2]。算力可分为基础算力、智能算力和超算算力三部分,分别提供基础通用计算、人工智能计算和科学工程计算。其中,基础算力主要是基于CPU芯片的服务器所提供的计算能力,智能算力主要是基于GPU、FPGA、ASIC等芯片的加速计算平台提供人工智能训

---

1 相关内容可参考斯坦福大学发布的《2023年人工智能指数报告》。
2 相关内容可参考2023年清华大学出版社出版的《算力网络详解 卷3:算网大数据》(作者:罗峰、张东飞、高智芳)。

练和推理的计算能力[1]。

算力需求呈指数级增长，大模型参数量呈指数级增长。随着海量数据的持续积累、人工智能算力多样化与算法的突破，大模型参数量实现了千亿级突破。与此同时，算力需求也呈指数级增长，预计到 2025 年全球算力规模将达到 3300EFLOPS，到 2030 年将超过 20ZFLOPS[2]。全球主要国家和地区均加快算力布局，经中国信息通信研究院测算，美国、中国、欧洲、日本在全球算力规模中的份额分别为 34%、33%、17%和 4%[3]。中国智能算力规模持续扩大，根据工业和信息化部数据，我国基础设施算力规模达到 180EFLOPS，位居全球第二。据 IDC 预测，到 2026 年，我国智能算力规模将进入每秒十万亿亿次浮点计算（ZFLOPS）级别，达到 1271.4EFLOPS。

全球人工智能芯片搭载率将持续提高，低能耗是大势所趋。算力是实现 AI 产业化的核心力量，AI 产业技术不断提升，产业商业化应用加速落地，推动全球人工智能芯片市场高速增长。IDC 预测，2025 年全球人工智能芯片市场规模将达 726 亿美元[4]。人工智能算力规模的快速增长将刺激更大的人工智能芯片需求，预计未来 Chiplet、存算一体等技术将推动 AI 芯片的性能持续升级，满足更大参数规模的模型更快的训练和推理需求。

（2）算法：大模型的通用性持续增强，其正成为新型数字化基础设施

基于深度学习的人工智能技术，从早期的"标注数据监督学习"的任务特定模型，到"无标注数据预训练+标注数据微调"的预训练模型，再到如今的"大规模无标注数据预训练+指令微调+人类对齐"的大模型，经历了从小数据到大数据、从小模型到大模型、从专用到通用的发展历程，人工智能技术正逐步进入大模型时代。2022 年年底，OpenAI 发布的语言大模型 ChatGPT 引发了社会的广泛关注。在"大模型+大数据+大算力"的加持下，ChatGPT 能够通过自然语言交互完成多种任务，具备多场景、多用途、跨学科的任务处理能力。以 ChatGPT 为代表的大模型技术，可以在经济、法律、社会等众多领域发挥重要作用。大模型被认为很可能像 PC 时代的操作系统一样，成为未来人工智能领域的关键基础设施，引发了大模型的发展热潮。

---

1 相关内容可参考《通信世界》2021 年第 3 期的文章《"算力网络"能否撑起中国移动的未来？》。
2 相关内容可参考中国信息通信研究院发布的《中国算力发展指数白皮书（2023 年）》。
3 同 2。
4 相关内容可参考 IDC 与浪潮信息联合发布的《2022—2023 中国人工智能计算力发展评估报告》。

大模型服务平台为用户提供了多种获取大模型能力的途径。OpenAI API 作为较早地面向公众开放的大模型服务平台，用户可以通过 API 访问不同的 GPT 模型来完成下游任务。此后，OpenAI 基于 GPT-4 等大模型能力面向消费者用户开放 GPTs 构建功能，并以此为基础打造 GPTs Store，或将像消费互联网时代的 App Store 一样引发新一轮互联网变革。Claude 系列模型是由 Anthropic 开发的闭源语言大模型，目前包含 Claude 和 Claude-Instant 两种模型可供选择。该系列模型通过无监督预训练、基于人类反馈的强化学习和 Constitutional AI 技术（包含监督训练和强化学习）进行训练，旨在改进模型的有用性、诚实性和无害性。Claude 最高支持 100K token 的上下文，而 Claude-2 更是拓展到 200K 词元的上下文。"文心一言"是基于百度文心大模型的知识增强语言大模型，提供 App、网页版、API 等多种形式的开放服务。百度还搭建了千帆大模型平台，提供底层算力、模型服务、数据标注、应用开发等全套模型即服务能力，极大地拓展了大模型的能力边界。讯飞星火认知大模型具有开放式知识问答、多轮对话、逻辑推理和数学能力，并且具有较强的对代码和多模态的理解能力。讯飞和华为还联合重磅发布了国内首款支持大模型训练私有化的全国产化产品"星火一体机"，可支持企业快速实现讯飞星火大模型的私有化部署、场景赋能和专属大模型训练优化。

大模型的通用性使其被认为可以成为未来人工智能应用中的关键基础设施，就像 PC 时代的操作系统一样，赋能百业，加速推进国民经济的高质量发展。向上，大模型可以带动上游软硬件计算平台的革新，形成高性能软硬件与大模型的协同发展，构建"大模型+软硬件+数据资源"的上游发展生态；向下，通过大模型可以打造"大模型+应用场景"的下游应用生态，加速全产业的智能化升级，在经济、社会和安全等领域的智能化升级中形成关键支撑。

（3）数据：人工智能发展的突破得益于高质量数据的发展

大型语言模型的最新进展依赖更高质量、更丰富的训练数据集，如与 GPT-2 相比，GPT-3 对模型架构只进行了微小的修改，但花费了大量精力收集更大的高质量数据集进行训练。ChatGPT 与 GPT-3 的模型架构类似，并使用 RLHF（基于人类反馈的强化学习）来生成用于微调的高质量标记数据。基于此，人工智能领域的权威学者吴承恩发起了"以数据为中心的 AI"运动，即在模型相对固定的前提下，通过提高数据的质量和数量来提升整个模型的训练效果。提高数据集质量的方法主要有添加数据标记、清洗和转换数据、缩减数据、增加数据多样性、持续监测和维护数据等。因此，未来数据成本在大模型开发成本中的占比或将提高，主要包括数据的采集、清洗、标注等成本。

数据存量的增长速度远远低于数据集规模的增长速度，合成数据或将弥补未来数据的不足。如果当前的趋势继续下去，那么数据集最终将由于数据耗尽而停止增长。在语言模型方面，语言数据的质量有好坏，互联网用户生成的语言数据的质量往往低于书籍、科学论文等更专业的语言数据，通过高质量数据训练出来的模型性能更好。有研究者预测，高质量的语言数据将于2026年耗尽，视觉数据将于2030—2060年耗尽[1]。合成数据是计算机模拟或算法生成的带有注释的信息，可以替代真实数据。它可以用于模拟实际情况，补充真实数据的不足，提高数据的质量和数量，以及降低数据采集和数据处理的成本。OpenAI在GPT-4的技术文档中重点提到了合成数据的应用，可见其对该领域的重视。根据Gartner的预测，2024年用于训练大模型的数据中有60%是合成数据，到2030年大模型使用的绝大部分数据都将由人工智能合成。

政府也出台了相关政策支持鼓励数据交易与数据要素流通，数据应用产业生态也日趋完善，如中共中央、国务院印发了《数字中国建设整体布局规划》，数据要素是数字中国建设战略中的关键一环。目前，各大科技公司已经积累了大量的用户数据与特定业务数据，这为人工智能模型和算法的训练提供了丰富的数据样本。与此同时，医疗、交通等传统行业的数据也开始逐步开放，数据资源与算法技术之间的深度融合正在加速推动人工智能的发展与应用。

（4）治理：大模型的安全与风险成为全球性议题，各国加快制定并推出人工智能的监管与治理政策及相应措施

2018年，世界经济论坛提出敏捷治理概念，讨论如何应对第四次工业革命中的政策制定问题，敏捷治理理念开始受到广泛关注。敏捷治理是"一套具有柔韧性、流动性、灵活性、适应性的行动或方法，是一种自适应、以人为本以及具有包容性和可持续性的决策过程"。一方面，敏捷治理体现为快速感知能力。强调对时间的高度灵敏度，需要时刻准备应对快速发展中的变化，主动接受变化并在变化中学习。能够快速感知到内外部环境的变化，预测内外部面临的风险问题。另一方面，敏捷治理强调参与主体应具有广泛性。治理主体不再局限于政府，而是需要与开发者、部署者、用户等利益相关者密切互动，建立机制持续性监测和讨论政策内容，保持长期可持续性。

从治理原则来看，采取原则指引为主、灵活政策为辅的策略。敏捷治理强调在治理原则的指导下，使用灵活的政策工具作为补充，依据情况及时调整大模型的治理方向和落地举措。

---

[1] Villalobos P, Sevilla J, Heim L, et al. Will we run out of data? An analysis of the limits of scaling datasets in Machine Learning[M]. arXiv, 2022.

在治理关系上，监管者和市场主体之间存在重要的相互依赖关系。双方在信任的基础上深入密切交流，监管者可以更好地了解技术趋势和产业发展走向，准备评估相关风险并制定合理措施。

从治理工具来看，治理措施要"下手快"并允许包容试错空间。"下手快"可以减少企业的沉默成本，减少技术路径和商业模式的转变损失。包容试错意味着鼓励企业积极创新，对于风险程度较低的问题，支持企业自行整改消除风险。

在治理模式的选择上，灵活感知、动态调适的敏捷治理更契合大模型的发展需求。大模型具有突破性、变革性、高风险性等特点，传统监管模式面临着 AI 自主演化控制难、迭代快速跟进难、黑箱遮蔽追责难等问题，一劳永逸的事前监管模式已经难以应对不断推陈出新的人工智能发展需求。开展科技伦理敏捷治理试点工作，采用的是边发展、边治理、边摸索、边修正的动态治理方式，对于平衡安全和创新，在实践中不断提炼和打磨大模型治理方案具有重要意义。

欧盟、英国、美国均在不同层面引入敏捷治理以规制大模型风险。美国出台法案细化基于风险的敏捷治理具体实施路径。2023 年 5 月，美国提出建立数字平台委员会相关法案，指出应采用基于风险的敏捷方法，并建立规制技术风险的新机构。法案认为，新机构应效仿企业的敏捷治理做法，制定行为守则，并以透明、反应迅速的方法执行相关标准。法案还为敏捷治理提出了具体实施路径，例如，为准则制定过程设定时间表，确定并量化需要解决的问题，建立多利益相关方专家小组，专家小组对政策实施效果进行持续追踪，找出新问题并循环整个过程。

英国实行灵活的"按比例监管"以提升其在人工智能领域的竞争优势。2023 年 3 月，英国发布了《促进创新的人工智能监管方式》白皮书，明确监管目标为"提供清晰的、有利于创新的监管环境"，强调"按比例监管"的灵活监管方式，力图推动英国成为"世界上建立基础人工智能企业的最佳地点之一"。

欧盟总体基调严苛，但仍体现出敏捷治理思路。例如，《人工智能法案》第 56b 条款指出，人工智能办公室应对基础模型进行监测，并与开发者、部署者就其合规性进行定期对话，讨论行业自我治理的最佳做法；定期更新将基础模型界定为大型训练模型的判定标准，记录并监测大模型运行的实例。再如，在该法案的第 5 章"支持创新的措施"中，提出人工智能监管沙箱制度，要求建立受控环境，在一定时间内推动人工智能系统的开发、测试和验证。

我国采取包容审慎、分类分级监管的敏捷治理模式。中共中央办公厅、国务院办公厅印发了《关于加强科技伦理治理的意见》，提出敏捷治理理念，要求加强科技伦理风险预警与跟踪研判，及时动态调整治理方式和伦理规范，快速、灵活应对科技创新带来的伦理挑战。国家网信办等七部门出台了《生成式人工智能服务管理暂行办法》，坚持发展和安全并重、促进创新和依法治理相结合的原则，采取有效措施鼓励大模型创新发展，对大模型服务实行包容审慎和分类分级监管。

相反，加拿大立法进程中的非敏捷做法遭到外界批判。加拿大国际治理创新中心的评论文章《加拿大人工智能立法草案需要重新修订》批评道：加拿大正在制定的《人工智能与数据法案》敏捷性不足，敏捷监管应该是不断迭代和数据驱动的，有明确的程序来评估政策影响并做出调整，但该草案并不具备这些要素。

总体来看，作为一种新型治理思路，敏捷治理具备全面性、适应性和灵活性特征，契合大模型的治理需求。如何有效落地敏捷治理理念，是当前需要探索的重要任务。

6.1.3 人工智能行业的应用情况及未来发展趋势

（1）面向消费者用户：办公、搜索、视觉内容创作等领域成为生成式 AI 商业落地的必然领域

在办公领域，AI 虚拟助手被广泛应用于会议室预定、日程管理、云端文件搜索等，提高了工作效率。国际知名咨询机构麦肯锡 2023 年 4 月的调研数据显示，79%的受访者至少接触过 GenAI，22%的受访者在工作中频繁使用生成式 AI 工具[1]。微软与 Amazon 的 AI 虚拟助手每月被激活超过 10 亿次，用户规模快速扩大。

在搜索领域，Google、百度利用 AI 实现语义分析、个性化推荐与检索，提高了搜索精确性。全球 80%以上的搜索查询流量在 Google、百度与 Bing 等搜索引擎。AI 搜索通过 AI 理解用户意图、高效召回内容、生成全而准的内容，有效解决了传统搜索痛点。检索增强生成（RAG）技术是目前 AI 搜索的核心技术之一，包括信息检索和答案生成两部分，即在数据库中检索与用户问题相关的内容，形成总结输入大模型，并由大模型输出最终答案，且答案具备索引功能，能够对外部信息来源进行标记。通过 RAG 技术，一方面，可以规避大模型"胡说八道"、信息不准确无法溯源、时效性不足的问题；另一方面，输出结果比传统搜

---

[1] 相关内容可参考麦肯锡发布的《2023 年 AI 现状：生成式 AI 的爆发之年》。

索引擎的信息浓度更高。

在视觉内容创作领域，零度视图、风图等工具通过 AI 实现一键扩散、自动卡通、智能拍摄等功能，简化了创作流程，未经训练的用户也可以轻松创作出高质量的视觉内容。这既降低了视觉内容创作的门槛，激发了人们的创意，也催生了新的内容生产业态与商业模式，市场前景广阔。

展望未来，人工智能将进一步扩展与深化到教育、娱乐、金融等更广泛的领域，并产生更加广泛而深远的社会影响。据麦肯锡预测，以大模型技术为核心的生成式人工智能将为全球经济带来约 7 万亿美元的价值，并将 AI 的总体经济效益提高 50% 左右，有望为中国市场贡献约 2 万亿美元，将近全球总量的 1/3[1]。人工智能应用正在加速重塑人类的生产与生活方式，创造无限的想象空间，这必将带来新的挑战与机遇。

（2）面向企业与政府用户：工业、医疗、交通等领域应用潜力巨大

在工业领域，美国通用电气公司利用机器视觉提高发动机生产效率达 30%，达到 99.99% 的精度；第四范式利用机器学习算法帮助华为 Cloud Fabric 实现网络运维的自动化，降低人工成本近 80%。全球 70% 的企业计划在未来 3~5 年投入人工智能，智能制造市场规模在 2025 年将达 4 万亿美元。

在医疗领域，纪念斯隆-凯特琳癌症中心（Memorial Sloan Kettering Cancer Center）训练的 Watson 肿瘤解决方案（Watson for Oncology）为印度一家医院提供信息支持，推动诊疗中 13.6% 病例的临床决策发生改变。研究人员表示，对这些病例的治疗方案进行调整的原因包括：Watson 提供了支持新治疗方案（55%）、更加个性化的替代方案（30%）的最新证据，或者它从基因型、表型数据以及不断发展的临床经验中获得了新的洞见（15%）[2]。中国 80% 以上的三甲医院在使用智能医疗产品，预计到 2030 年中国 AI 医疗市场规模将达到 200 亿美元，年复合增长率超过 40%。

在交通领域，特斯拉全线车型已标配 Autopilot 高级驾驶辅助系统与自动泊车功能，预计未来 10 年内将实现全面自动驾驶。高德地图已与 30 多个城市开展智能交通合作，通过 AI 管理交通信号灯，行车延误时间减少 20% 以上。中国智能交通系统市场规模已从 2019 年的 1057 亿元增长至 2023 年的 2252 亿元。

---

1 相关内容可参考麦肯锡发布的《生成式人工智能的经济潜力：下一波生产力浪潮》。
2 相关内容可参考丁香园上的文章《IBM Watson Health 展示 22 项新科研成果 助力癌症治疗》。

未来，人工智能将渗透到生产与社会的各个方面，重塑人类的生产与生活方式。在产业层面，机器视觉、语音识别、机器学习等技术已经成为实现产业变革与数字化转型的关键手段；在企业层面，各大科技公司纷纷加大人工智能的技术研发与应用投入。

（3）面向未来：以大模型为中心的生态加速构建，生产、生活真正实现人机协同

大模型将成为人工智能发展的新型底座与支撑，各行各业纷纷投入研发自己的专用大模型。大模型需要海量数据与强大算力，相关技术、产业与应用也在加速构建，生态系统效应显著。

智能助手将成为人人必备的工具，人与机器之间的协同成为主流。人工智能不再是孤立的工具，而是人类认知与生产、生活的有机组成部分，两者之间的界限也将变得模糊。

6.2 数字孪生/元宇宙技术

6.2.1 元宇宙的内涵

元宇宙是由虚拟现实（VR）、增强现实（AR）、人工智能（AI）和区块链等数字技术相互融合而成的虚拟数字世界。

元宇宙具有虚实融合、沉浸式体验、去中心化、虚拟生命、新的经济形态、维度升级六大特点。

- 虚实融合：依赖虚拟现实和增强现实技术，用户可以在数字空间中与现实生活无缝切换。
- 沉浸式体验：用户能够在虚拟世界中产生真实感。
- 去中心化：区块链技术使得数据与内容的存储、管理和交换不再依赖单一的中心机构，而是由网络中的各个节点共同维护和管理。去中心化的特点保障了数据的安全性和公正性，赋予了用户更多的自主权和控制权。
- 元宇宙赋予数字角色虚拟生命：人工智能技术使得虚拟角色能够表现出智能和情感，拥有类似于真实生命的行为和反应。这些虚拟生命体可以是虚拟助手、虚拟宠物，甚至是以人类为原型的虚拟人物。
- 元宇宙孕育新的经济形态：虚拟货币和数字资产的流通将成为元宇宙中的主要经济交换方式，用户可以通过参与虚拟世界的活动、创造和交易数字内容来获得价值与

收益。
- 元宇宙提供维度升级的机会：从游戏、社交、工作到教育、医疗，元宇宙为用户提供多个领域的不受限的展示和发展平台。

随着新技术的发展和应用的不断创新，元宇宙的内涵将持续拓宽。利用物联网、5G/6G 通信网络、Wi-Fi 6、IPv6 等通信设施，现实世界的技术发展为元宇宙构建了平台支撑；云计算、人工智能、区块链等数字技术的发展及数据中心、智算中心等算力基础设施共同创造元宇宙虚拟空间，实现虚实融合的再创造。

6.2.2 元宇宙产业概况

2021 年是元宇宙"元年"，当年 3 月某公司在上市招股说明书中提及元宇宙，上市当日股价大涨 54%，元宇宙概念爆火；随后美国某知名社交企业更名为元宇宙的英文前缀"Meta"，全力进军元宇宙。目前元宇宙产业发展处于起步阶段，一是相关技术仍在发展中，基础协议未形成；二是行业尚处于发展初期，应用场景、效果尚未显现，仍处于想象阶段，市场上各种声音嘈杂。我国积极推进元宇宙等数字经济产业建设，工业和信息化部及政协委员多次提及工业元宇宙先行，并发布了《金融科技发展规划（2022—2025 年）》《"十四五"数字经济发展规划》，明确支持对虚拟现实等技术的应用，各地方陆续出台相关行业指导，推动地方元宇宙产业发展。

元宇宙产业链包括：

- 上游：通信基础设施、算力基础设施和新技术基础设施，负责数据的传输、存储、计算、分析及生成决策。目前上游的芯片算力和工作平台持续发展，支持元宇宙产业的进步。例如，2023 年 9 月某芯片巨头企业发布两款计算平台，分别支持 MR、VR、智能眼镜等设备，多家头部芯片企业先后发布高计算芯片。
- 中游：终端入口（硬件）、时空生成（软件）、虚拟社会架构、交互体验、产业平台。当前 AR/VR/XR 市场百花齐放，MR 市场集中度较高，未来空间大。在 CES 2024 上，包括国内外众多品牌均发布了 AR/VR/XR 整机产品，相关参展厂商超过 350 家。MR 参与者主要为大型科技公司、硬件设备制造商和内容提供商，集中度较高。根据 IDC 数据，2026 年中国 AR/VR 市场支出规模将超 120 亿美元。[1]

---

1 相关内容可参考 IDC 发布的《全球增强现实与虚拟现实支出指南》。见"链接 6-1"。

- 下游：消费端和生产端的应用服务，包括数字孪生、数字虚拟人、元宇宙内容营销等。

6.2.3 元宇宙的典型应用

目前元宇宙产业发展刚刚经过 IT 互联网大企业主导的概念刺激需求阶段，进入政府与传统行业企业主导的应用场景示范阶段。数字孪生、数字虚拟人技术较为成熟，已在文化遗产保护、医疗健康、城市管理、汽车制造、文娱、营销等典型行业和场景中得到应用。其他元宇宙技术仍处于初级阶段，在游戏、医疗、教育等场景中出现示范性应用。

（1）数字孪生

数字孪生的概念为元宇宙整体的搭建提供了依据。基于数字孪生，将物理世界完整映射至虚拟空间进行实验和生产已成现实。据中国信息通信研究院预测，2025 年全球数字孪生市场空间将达到 305 亿美元，2022—2025 年复合年均增长率达 35.7%，其中智慧工业、智慧城市、自动驾驶测试、智慧医疗将成为快速增长的应用行业。[1]

在智慧工业行业，数字孪生可完成对工厂的生产、能耗、设备、流程的管理工作，实现提质增效、降本创收；在智慧城市行业，数字孪生可实现顶层设计虚实互映，更加便捷地监测、管理城市；在自动驾驶测试行业，数字孪生可将真实的道路、车辆数据上传至平台，实现自动驾驶算法的测试。

（2）数字虚拟人

数字虚拟人指通过计算机图形学（CG）、图形渲染、AI、语音生成等技术创造的以数字形式存在的虚拟人物，是构成元宇宙的基础元素，元宇宙的用户、元宇宙中的服务者均需要数字虚拟人分身。同时，对数字虚拟人的应用，可以在影视、娱乐、服务等行业实现降本增效。IDC 预测，到 2026 年，中国 AI 数字虚拟人市场规模将达 102.4 亿元[2]。

随着技术和元宇宙产业的发展，数字虚拟人的应用领域不断拓宽。在文娱领域，数字虚拟人可当数字替身、数字角色、虚拟偶像等；在营销领域，数字虚拟人可当虚拟主播、虚拟代言人；在服务领域，数字虚拟人可作为虚拟客服、虚拟讲解员；在医疗领域，数字虚拟人

---

[1] 相关内容可参考艾瑞咨询 2023 年发布的《中国数字孪生行业研究报告》。

[2] 相关内容可参考 IDC 发布的《中国 AI 数字人市场现状与机会分析：构建 AI 数字人队伍成为新浪潮》。见"链接 6-2"。

可作为虚拟医生，在各方面取代人类劳动力。

（3）元宇宙内容营销

在营销上，元宇宙将改变品牌与消费者的关系。在元宇宙中，数字替身代替实体人进行高沉浸式体验，用户成为品牌内容的一部分，参与内容生产设计。78%的品牌赞同未来将利用元宇宙进行品牌营销,元宇宙技术的发展将促进营销形式多样化，看好元宇宙营销需求规模。

目前，与元宇宙相关的设备、内容、场景均已成为品牌营销的一环。通过元宇宙游戏、虚拟空间、NFT（非同质化通证）、虚拟现实设备，品牌推广形式不断创新，消费者体验得到提升，用户与品牌之间的距离得以拉近。

游戏+XR 终端，提升用户参与体验。例如，玩家可以在某元宇宙场景中经营自己的时尚品牌店，商店经营+角色扮演+自由探索，让用户获得沉浸式体验。

社交虚拟空间成为品牌营销的新阵地。社交虚拟空间是人人都可参与创造、随时进入，且复制现实世界社交行为的空间，品牌可在其中摆脱现实的时间、地点、物料等的束缚，开展客户互动等营销活动。例如，在某元宇宙场景中召开某品牌汽车发布会，搭建体验店供人参观探索。

NFT 成为品牌营销新宠。NFT 因为其稀缺性以及背后包含的特殊权益，为品牌打造一种新的会员模式和盈利机会，使其拥有独特价值，成为品牌新的创收来源和用户运营工具。例如，多个运动品牌、茶饮品牌已先后发布 NFT 数字藏品，且销售效果良好。

6.3　区块链技术

区块链（Blockchain）是一种由多方共同维护，利用块-链式数据结构验证与存储数据、利用分布式节点共识算法新增和更新数据、利用密码学保证数据传输和访问安全、利用智能合约编程和操作数据的分布式账本技术（Distributed Ledger Technology）[1]。

---

[1] 相关内容可参考中国区块链技术和产业发展论坛发布的《中国区块链技术和应用发展白皮书（2016）》。见"链接6-3"。

6.3.1 技术特点

典型的区块链是块-链式结构的，区块是存储交易信息的基本单元，被哈希算法赋予唯一标识（即哈希值）。当新的交易产生时，新的区块被创建，并将基于区块头中存储的父区块（即上一区块）的哈希值，被链接到正确的唯一父区块，由此形成各区块按时间顺序有序连接的链式数据结构。每当有新区块产生时，都将基于共识机制筛选出在新区块写入数据的记录节点，剩余的其他节点负责共同验证、存储、维护区块数据。

区块链具有去中心化、难以篡改的鲜明特点。"去中心化"体现为区块链技术并不依赖第三方管理机构或硬件设施[1]，系统中不会存在由单一机构或个人控制全局数据的情况，同时系统的整体运作不会被单个节点停止运作所影响。"难以篡改"体现为区块链中的数据由全体节点共同存储、维护，只有征得 50% 以上的节点同意，才能修改区块链中的信息，而节点通常由不同的主体掌握。

6.3.2 技术架构

中国信息通信研究院把区块链技术架构总结划分为 9 个部分[2]，如图 6.1 所示。其中，基础设施层为区块链系统提供计算资源、网络资源和存储资源，包括 GPU 芯片、硬盘、网卡等；基础组件层为在区块链网络中记录、验证以及传播信息提供支撑；账本层负责实现完整、真实地存储区块链系统中的信息，该层会把通过数据合法性校验的新区块链接到已有链上；共识层封装着用于保障各节点数据一致性的共识算法，基于共识机制实现各节点账本的同步；智能合约层主要负责以代码的形式展现区块链系统的业务逻辑，能够实现条件触发并自动执行智能合约中的既定规则；接口层通过封装功能模块来支撑应用层的简洁调用；应用层主要负责把各种区块链应用及服务提供给用户；系统管理层的主要功能是管理节点和权限；操作运维层主要负责支撑系统的日常运维需求。

---

[1] 相关内容可参考《科研信息化技术与应用》2017 年第 8 卷第 2 期的文章《关于区块链原理及应用的综述》。
[2] 相关内容可参考中国信息通信研究院发布的《区块链白皮书（2018 年）》。见"链接 6-4"。

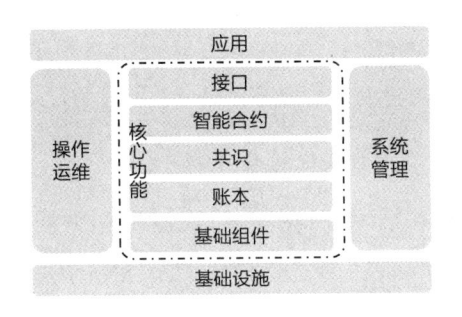

图 6.1　区块链的技术架构

资料来源：中国信息通信研究院，2018 年 8 月。

6.3.3　应用情况

区块链技术可被广泛应用于政务数据互通、供应链金融、商品溯源、数字资产保护等领域，应用发展势头迅猛，带动整体市场规模持续扩大。IDC（国际数据公司）指出，2021 年中国在区块链方面的支出金额达 10.57 亿美元，预计到 2026 年中国区块链整体市场规模将达到 42.79 亿美元，年复合增长率为 32.3%[1]。近年来，随着国家开始加快布局基于区块链的 Web 3.0，预计区块链的应用范围将持续拓展，市场规模会进一步扩大。

区块链为生产要素的高效、安全流通提供技术保障，对有效对接各行业的供给侧与需求侧起到促进作用，甚至推动了对数字经济模式的创新性探索。《区块链白皮书（2022 年）》指出，围绕区块链技术体系，我国正在形成两大应用模式[2]。其一，区块链助力实体经济数字化，通过持续推进开展关于区块链创新应用的试点工作，区块链技术正逐渐渗透到经济社会各个领域的数字化转型升级中，有效帮助优化流程、创新业务场景。其二，区块链赋能数字原生应用，构建以区块链为主体的信任科技体系，在可信底座之上去开拓更加丰富的数字原生应用，重构数据共享与协作机制，重塑数字产业生态。

（1）区块链+政务，实现政务服务数字化

各地正加速推进政务数据上链，以区块链技术为信任底座推动政务数据跨部门、跨区域流通与共享，基于区块链的可追溯性实现对政务数据的全生命周期管理，致力于为群众提供"减材料、减环节、提效率"的政务服务。以全国首个全省统一的"区块链+政务服务"基础

---

[1] 相关内容可参考 IDC 上的文章《中国区块链市场预测更新，2021—2026》。见"链接 6-5"。
[2] 相关内容可参考中国信息通信研究院发布的《区块链白皮书（2022 年）》。见"链接 6-6"。

平台——"赣服通"为例，依托支付宝蚂蚁区块链技术推动电子证照上链，实现116个省级事项可不见面审批、56项全省性服务可无证办理。

（2）区块链+农业，助推农业现代化建设

区块链技术正被广泛应用于与"三农"（农业、农村、农民）相关的领域，包括农产品质量安全溯源、农村金融保险、农业资源监测等方面，助力农业高质量发展，成为乡村振兴新动力。以京东"智臻链"为例，对跑步鸡进行一物一码全流程溯源管理，实现对跑步鸡从养殖到餐桌全生命周期数据的记录，通过建立消费者信任赋予农产品附加价值，进而带动农民增收。

（3）区块链+数字原生，数字藏品持续走热

区块链技术构筑起数字世界的信任体系，基于区块链技术的NFT（非同质化通证）正快速发展。NFT指用于表示数字资产的唯一加密货币令牌[1]，能够帮助解决数字资产的确权问题，推动数字资产可信传递，助力数字原生经济向好发展。NFT行业应用在我国的"本土化"是数字藏品，国内厂商纷纷布局数字藏品赛道，建设数字藏品发行平台。例如，腾讯基于"至信链"发布国内首个NFT交易App"幻核"；蚂蚁集团基于"蚂蚁链"打造数字藏品平台"鲸探"，支持购买、收藏、分享数字藏品。

6.3.4 发展趋势

（1）应用脱虚向实，持续赋能实体经济

区块链正不断渗透到需要可信技术支撑的应用领域，已在政务、金融、制造等领域成功打造典型应用案例。通过在打造可信协作体系、促进数据可信流通与共享方面的价值实现，区块链将持续在推动产业数字化转型升级方面发挥作用。

（2）与隐私计算等多技术融合，构筑数字世界的信任科技体系

世界重心正从物理世界转向数字世界，经济活动正由线下转到线上，但数字世界缺乏原生信任机制，需要构建起以区块链技术为主体、融合隐私计算等技术的信任科技体系，支撑数字世界进行可信的数字经济活动。

---

[1] 相关内容可参考头豹研究院发布的《2021年中国NFT平台研究报告》。见"链接6-7"。

6.4 量子技术

6.4.1 量子信息的内涵

量子信息技术是 21 世纪最前沿的技术之一，量子计算作为一种利用量子力学规律进行计算的新技术，可以突破传统计算机的算力极限，在现有计算能力的基础上实现质的飞跃。量子信息技术主要包括量子计算、量子通信和量子精密测量，是量子科技的重要组成部分，在提升计算困难问题运算处理能力、加强信息安全保护能力、提高传感测量精度等方面都具备超越经典信息技术的潜力，也是培育未来产业、构建新质生产力、推动高质量发展的重要方向之一。它们的出现开启了计算机、通信与测量技术全新的机遇与发展空间，未来有望在前沿科学、信息通信和数字经济等诸多领域引发颠覆性技术创新和变革性应用。

量子计算以量子比特为基本单元，利用量子叠加和干涉等原理实现并行计算，能够在某些计算困难问题上提供指数级加速，是未来计算能力跨越式发展的重要方向[1]。目前已有离子阱、超导体和光学量子计算等多种体系在实验上展现出量子计算的速度优势。量子通信利用量子纠缠实现信息的安全传输，目前光子通道技术较为成熟。量子精密测量利用量子效应实现超精密测量，在惯性导航、磁共振等领域有较为广泛的应用。

目前，量子信息技术已从仅有学术界关注和前沿技术探索，发展到产业界共同参与的工程应用研究和未来产业培育。量子信息三大领域的前沿科研与工程研发技术的成熟度持续提升，成果不断涌现，应用探索也在加速发展，逐步进入科技攻关、工程研发、应用创新、产业培育一体化推进发展的进程中。

6.4.2 国内外量子信息技术的研究及应用现状

各国政府与企业都将量子信息技术视为支撑未来产业和国家安全发展的关键战略技术。截至 2023 年 10 月，全球已有 29 个国家与地区制定和发布了量子信息领域的发展战略规划或法案，根据公开信息不完全统计，投资总额超过 280 亿美元。欧盟早在 20 世纪 90 年代就开始布局量子技术的研发工作，致力于促进量子信息领域的战略部署和区域合作，2016年发布了《量子宣言（草案）》，2018 年启动了量子技术旗舰计划，旨在促进欧洲量子产业发展，加强量子研究成果的商业应用；2016 年，中国发布了《国家量子信息科技发展战略

---

[1] 相关内容可参考中国信息通信研究院发布的《量子信息技术发展与应用研究报告（2023 年）》。

规划》；2019年，特朗普签署了《国家量子创新法》，确定量子信息技术为美国关键技术发展方向。这些政策不仅在基础研究上给予大力支持，也加快了产业化与商业化的进程。

国家公共研究资金、大型科技企业投资和社会资本投融资是支持与推动量子信息技术研究和应用发展的三大支柱。IBM、谷歌、Intel和微软等科技巨头在量子计算领域的持续投资布局[1]，已成为推动样机研发和应用探索的重要力量，但具体的投资规划和金额规模难见公开信息披露。全球各国在量子信息技术领域的研究投入持续增加。根据相关报告，2020年全球在量子计算领域的资本投资达到了65亿美元。国际上，多个国家与地区都成立了量子信息技术联盟组织，例如中国电子学会下属的量子CT联盟、欧盟的Quantum Flagship、美国的QuIC等，这些联盟组织推动基础研究的进步和关键技术的产业化。无论是在政策、资金还是研究等方面，全球在量子信息技术领域均形成了广泛布局与深入部署。

近年来，我国非常重视量子信息技术的发展，在"十四五"规划中明确提出组建国家实验室和实施重大科技项目等举措。在"十三五"期间，我国在量子信息技术领域的投入超过100亿元人民币，这些投入广泛覆盖基础研究、关键技术研发与产业化应用。无论是在学术研究还是专利申请方面，中国都位居全球前列。根据Nature Index数据，中国在量子计算和量子通信领域的论文发表量居全球第一。根据World Intellectual Property Organization的统计，中国在量子信息技术领域的专利申请数量居全球第二。这些数据展现出中国在该领域研究水平的提高及产业化进程的加速。

信息技术发展势头强劲，必将成为支撑未来产业变革和国家安全的战略高地，推动人工智能、通信、计算机等技术变革，改变人类的生活与工作方式。作为量子信息技术大国，中国应持续加大投入，整合全球创新资源，加速产业化进程，争取在该领域取得更大的突破与进步。

量子信息技术必将在未来产生广泛而深远的影响，催生无数新的产业机会与商业模式。它将成为今后几十年科技进步和经济发展的一场深刻变革。当前我们必须增强紧迫感与责任感，聚焦关键技术突破、加速产业化脚步、引导产业生态健康发展，才能在新的科技革命与产业变革中获得主导地位。量子时代已经来临，我们必须做好全面准备，迎接它带来的深远变革。

---

1 相关内容可参考《电力与能源》2021年第6期的文章《量子科技发展演进脉络与各国竞争态势分析》。

6.4.3 量子信息技术的发展趋势及应用前景

量子计算：量子计算作为量子信息技术的代表，在计算能力上有巨大优势，但是大规模通用量子计算机的实现还面临诸多技术难题，商业化还需要一定的时间。量子计算在材料模拟、机器学习等领域表现出较大的优势，未来将在这些领域得到广泛应用。目前，量子计算还处于实验室研究阶段，相关技术也不成熟，但是一旦大型通用量子计算机实现了，其计算能力就将远超今日的超级计算机。量子计算将催生新的算法体系与应用模式，在人工智能、材料科学等领域产生深远影响，开创人工智能新的发展里程。

量子通信：目前，量子通信产业链初步形成，量子光纤通信产品商业化进程最为成熟，未来将在 5G 通信网络和数据中心之间实现广泛应用。量子通信以其无条件安全的特性，适用于金融、政务等细分领域，具有很大的应用潜力。

量子精密测量：量子精密测量是指利用量子效应实现高灵敏度和高精度的测量，在生物医疗、环境监测等领域有较为广泛的应用，未来可被应用在航空航天、国防等领域。量子信息技术的发展需要三大应用领域并行、融合发展，尤其是量子计算与量子通信的结合，将产生比单一技术更加深远的影响。量子信息技术必将成为支撑第三次科技革命和产业变革的关键驱动力，推动传统产业数字化转型，创造新的产业机遇与商业模式。我们必须准备好迎接量子时代带来的深刻变革与理念突破。

展望未来，量子信息技术将与人工智能、生物技术等新兴技术融合，在生命科学、新材料研发与太空探索等领域发挥更大的作用。量子未来已来，变化与机遇并存，新兴技术和未来产业的培育需要政府战略规划政策的正确引导，以及公共研发资金积极投入、学术界科研攻关突破、产业界技术创新推动、行业应用商业转化等多方要素的共同支持，让我们以积极正面的态度迎接这场科技变革。

6.5 物联网技术

6.5.1 技术内涵

物联网是通过信息感知设备感知和采集信息，通过网络进行传输和处理，然后实现人与物或物与物之间的连接和交互的网络。其基本特征是全面感知、智能识别和处理、可靠传输和信息通信。物联网能够感知和连接全球范围内的各种物体与设备，实现信息的实时传递和共享。物联网更加注重业务和应用，当前物联网技术正在快速发展，被广泛应用于工业、农业、医疗、交通、消防、环境监测、照明控制等领域。

物联网关键技术主要包括：

- 感知识别技术：RFID、二维码、摄像头、传感器等，实现对物品、环境的感知。
- 信息传输技术：4G/5G 等无线网络技术、短距离无线传输技术，实现对信息的高效可靠传输。
- 数据存储技术：大数据、云计算等技术，实现对海量数据的存储和管理。
- 信息处理技术：图形处理、语音处理、图像处理等技术，实现对信息的分析处理。
- 安全技术：数据加密、访问控制等技术，保证物联网系统安全可靠。

6.5.2 应用情况

物联网主要通过无线射频识别（RFID）、红外技术、二维码等信息感知技术，实现对对象和物品的自动识别与信息交换。目前物联网已经在多个领域得到广泛而深入的应用，大大提高了信息化和自动化水平，可谓应用前景广阔。

（1）物流仓储领域

在物流仓储领域，通过 RFID 技术能够实现对入库物品的自动识别和定位，可精确得知库存物品的数量、流向等信息。工作人员只需使用 RFID 读/写设备，就能自动完成对物品的收发管理，大大提高了物流仓储的效率。此外，使用 RFID 系统还可以设置安全门禁，在出入口对物品进行全自动监控，防止物品丢失和发放错误。

（2）零售商业领域

在零售商业领域，通过在商品上附加 RFID 电子标签，商店可以实现商品防盗和货架自动补货等功能，顾客可以使用 RFID 读/写设备对商品条形码进行自助扫描付款。结合移动支付等手段，通过 RFID 可以实现"无人商店"的新零售模式。此外，商家也可以设置电子商品标签，消费者使用手机扫描标签上的二维码，即可获取商品的详细信息。

（3）交通与物流领域

在交通与物流领域，RFID 标签可被用于车辆识别和自动收费。在集装箱和货物上也可以使用 RFID 标签，实现对货物流向的实时监控。这将大幅提高货物处理效率，降低错误发生率。例如，在高速公路上可设置 RFID 电子收费系统，使车辆无须停车就可以自动缴费通过。

（4）医疗卫生领域

在医疗卫生领域，将 RFID 与生物传感技术相结合，可实时监测患者的生命体征，医务人员也可以快速准确地识别患者信息，避免治疗错误。使用 RFID 标签可以对手术器械等进行精确统计和定位，加强管理。血袋的 RFID 识别也可以防止出现输血用错血型的情况。

（5）智能生产领域

在智能工厂中，在生产线上布置传感器和 RFID 读/写设备，可实时读取产品信息，并反馈至生产控制系统。这样可以准确把握产品流程和质量状况，提高生产效率和产品合格率，实现精益生产。

（6）智慧城市领域

在城市管理中，通过 RFID 可实现对公共设施、公交工具的监测和管理，使用二维码可实现轨道交通刷码乘车等应用。此外，二维码还可以包含文化旅游、公共服务等信息，使用智能手机扫一扫就可以获取相关信息。

（7）可穿戴设备应用

可穿戴设备可内置 RFID 读/写芯片，配合二维码或 NFC 标签，实现身份识别、信息收发等功能。例如，门禁系统可读取到用户可穿戴设备发出的身份信息，进行门禁控制。

（8）家居控制

通过在家电产品上配置 RFID 标签或 NFC 芯片，智能家居系统就可以识别产品信息并进行精准控制。用户也可以使用手机等进行 Scan 控制或发出控制指令。

6.5.3 发展趋势

物联网作为信息技术与传统产业深度融合的产物，正处于快速发展阶段，显示出巨大的应用潜力。物联网发展的主要趋势有以下几种。

（1）连接范围不断扩大

物联网的核心在于实现万物互联。从电话、计算机到日常生活中的一切物品，都将通过 RFID、传感器等技术实现连接，连接范围将不断扩大至社会生活的方方面面。到 2025 年，预计全球将有超过 1000 亿台联网设备。

（2）智能化水平持续提高

通过云计算和人工智能可以对物联网的数据进行深度分析，使物联网系统的智能化水平不断提高。智能化不仅体现在数据分析上，还体现在设备自主控制和优化方面，实现对环境的感知反馈。

（3）网络转向以 5G 为基础

5G 网络具有高速率、大容量、低时延等特点，可以为物联网提供实时、可靠的网络支撑。到 2025 年，预计 60% 以上的物联网连接将通过 5G 实现。5G 将推动工业互联网、车联网等应用的普及。

（4）边缘计算框架构建

由于云计算的时延难以满足物联网的实时性要求，边缘计算概念应运而生。通过在网络边缘部署计算资源和存储资源，边缘计算可以为物联网提供实时分析和响应。

（5）行业应用不断丰富

从工业制造到医疗健康，再到公共服务，各行各业都在深入探索物联网技术的应用。应用场景的多样性将推动物联网实现由点到面的溢出式发展。

（6）安全性日益受到重视

随着物联网规模的不断扩大，网络安全问题愈发凸显。保护设备和数据安全将是物联网健康发展的重要保障。区块链、信任计算等技术将得到应用。

（7）标准化工作活跃

标准化工作是推动不同系统互联互通的关键。一系列物联网标准将陆续出台，促进技术和应用的协同。ISO、IEC、ITU 等组织正在推进物联网相关标准化。

（8）商业模式持续创新

基于物联网的新型商业模式层出不穷，依托网络差异化性能，可以对设备管理、AI 大数据等核心能力进行封装并集成到模组、终端上，实现软件硬件化；也可以对物联网芯片及操作系统，通过 SDK 方式实现硬件芯片化。软硬解耦后，可以对物联网进行按需运营和管理，演绎出更多的产业生态和商业模式。随着物联网技术的迅猛发展，它将以全新的姿态深刻重塑世界，对经济社会全面数字化转型产生深远影响。

第 7 章

数据要素

随着互联网和信息技术的快速发展，大数据时代的到来使得数据的规模不断扩大、多样性大幅增加，对数据的处理与分析变得更加复杂和关键，数据越来越成为一种重要的生产要素。当前，随着人工智能技术的不断进步，数据要素的应用领域和方式不断扩展，市场规模持续放大，战略地位正不断提升。

7.1 数据要素发展概述

从 2019 年 10 月党的十九届四中全会第一次将数据纳入生产要素范畴，到 2020 年 3 月中共中央、国务院联合发布了《关于构建更加完善的要素市场化配置体制机制的意见》，明确将数据作为继土地、劳动力、资本、技术之后的第五大生产要素，我们对数据要素的理解正逐步深化，数据要素的市场规模在不断扩大，数据要素的发展环境正不断完善。

7.1.1 对数据要素的理解

作为生产要素的一员，数据要素被以多样、创新的方式投入生产、治理和民生环节，从而发挥更大的价值。数据要素的价值实现，可以被概括为三次价值叠加释放发挥效应[1]。

---

1 相关内容可参考中国信息通信研究院发布的《数据要素白皮书（2022 年）》。

一次价值是业务贯通：基于原始数据的整合，数据流动提升业务效率，具体包括数据采集、数据加工、数据归集三个核心环节。例如，在数字政府的建设中提高了政府管理与服务的效率，还为"一网通办""一网统管""一网协同"等创新实践打下了数据基础。

二次价值是数智决策：通过数据建模，深入挖掘业务间的关系和规律，使各领域的决策更加精准，具体包括数据分析和数据治理两个核心环节。例如，政府部门利用"城市大脑"进行可视化调度运营；金融机构利用数据模型评估贷款风险。

三次价值是流通赋能：通过数据交易和授权，数据要素被从政府、企业等聚合平台释放出来，在实际生产业务需求和场景中发挥价值，为产业注入活力，具体包括数据共享和数据交易两个核心环节。例如，国内已涌现出多个工商、司法、企业信息聚合平台，在这些平台上能全方位查询社会主体的历史和现状动态变化、股权和业务外部关联等信息，并在数据交易所进行 API 数据的共享交易。

7.1.2 数据要素发展环境

综合分析当前数据要素的发展环境，其正面临良好的契机，具体包括三个方面。

1. 政策环境

顺应数据在社会经济高质量发展中价值程度日益高企的现状，党和政府在政策面稳步构筑了数字要素发展的顶层设计，数据要素领域的政策发展呈现出逐步深化、递进的趋势。其总体可分为三个阶段。

（1）起步阶段：2014—2016 年

这个阶段以原始数据交易为主，主要对数据进行收集和整合，较少进行预处理或深度的信息挖掘分析，在数据交易过程中缺乏统一规范，成交量小和成交额不高，价值难以得到充分释放。

（2）探索阶段：2017—2020 年

这个阶段的数据作为新型生产要素并开始发挥价值，数据要素市场的顶层设计和规则开始制定，如贵州等先行先试地区积极探索数据交易流通模式。

（3）落地阶段：2021 年以后

各地围绕数据流通交易等关键环节，政府主导的公共数据授权运营开始兴起，数据交易规模快速提升，并且积极探索数据出海、跨境流通等前沿发展方向。其中，2023年12月发布的《数据知识产权市场化定价指南》更具体地涉及了数据交易管理、数据交易平台和市场主体的培育，制定数据资产评估、登记结算等市场运营体系，进一步提高数据交易效率。

2. 组织环境

为了能够更有效地推动数据要素产业的发展，我国在国家和地方层面先后成立了独立的数据管理部门，推动数据要素规范、有序发展。

在国家层面，成立国家数据局。2023年3月，中共中央、国务院印发了《党和国家机构改革方案》，组建国家数据局，10月25日国家数据局正式挂牌成立。它整合了原中央网信办、发改委所承担的职能，负责协调推进数据基础制度建设，统筹数据资源的整合共享和开发利用，统筹推进数字中国、数字经济、数字社会的规划和建设等。

在地方层面，2018年深化党和国家机构改革为各地组建省级大数据局提供了难得机遇，成立各类大数据机构。以省级层面为例，全国31个省（自治区、直辖市）共设立了24个大数据管理机构，负责统筹当地数据要素资源的聚合与应用，开展数字治理，促进数字经济的发展。从设立方式上看，它们有的是省政府直属机构，有的是归口于发改委、营商局等部门；有的是机关编制单位，有的是事业单位编制；有的是独立部门，有的是与其他部门合署办公等。具体如表7.1所示。

表7.1 我国已挂牌的省级大数据管理部门概况

省（自治区、直辖市）	部门名称	成立时间	上级部门	单位性质
北京	北京市大数据管理局（北京市经济和信息化局加挂）	2018年11月	北京市人民政府	机关
安徽	安徽省数据资源管理局（安徽省政务服务管理局加挂）	2018年12月	安徽省人民政府	机关
重庆	重庆市大数据应用发展管理局	2018年11月	重庆市人民政府	机关
福建	福建省大数据管理局（福建省数字福建建设领导小组办公室加挂）	2018年11月	福建省发展和改革委员会	机关
甘肃	甘肃大数据管理局（甘肃省政府办公厅加挂）	2021年12月	甘肃省人民政府	机关
广东	广东省政务服务数据管理局	2018年10月	广东省人民政府办公厅	机关

续表

省（自治区、直辖市）	部门名称	成立时间	上级部门	单位性质
广西	广西壮族自治区大数据发展局	2018年11月	广西壮族自治区人民政府	机关
贵州	贵州省大数据发展管理局	2017年2月	贵州省人民政府	机关
海南	海南省大数据管理局	2019年5月	海南省人民政府	事业单位
河南	河南省行政审批和政务信息管理局（2022年4月，由河南省大数据管理局更名而来）	2018年11月	河南省人民政府办公厅	机关
黑龙江	黑龙江省政务大数据中心	2019年5月	黑龙江省营商环境建设监督局	事业单位
湖北	湖北省大数据管理局（省政府办公厅的省政务管理办公室加挂）	2019年8月	湖北省人民政府办公厅	机关
吉林	吉林省政务服务和数字化建设管理局	2018年10月	吉林省人民政府	机关
江苏	江苏省大数据管理中心	2018年6月	江苏省政务服务管理办公室	事业单位
江西	江西省大数据中心（江西省信息中心加挂）	2018年1月	江西省发展和改革委员会	事业单位
辽宁	辽宁省大数据管理局（辽宁省营商环境建设局加挂）	2021年5月	辽宁省人民政府	机关
内蒙古	内蒙古自治区大数据中心	2021年2月	内蒙古自治区人民政府	事业单位
山东	山东省大数据局	2018年10月	山东省人民政府	机关
陕西	陕西省政务大数据局（陕西省政府办公厅加挂）	2021年7月	陕西省人民政府	机关
上海	上海市大数据中心	2018年4月	上海市人民政府办公厅	事业单位
四川	四川省大数据中心	2019年7月	四川省人民政府	事业单位
天津	天津市大数据管理中心	2019年12月	中共天津市委网信办	事业单位
西藏	西藏自治区大数据管理局	2022年10月	西藏自治区经济和信息化厅	事业单位
浙江	浙江省大数据发展管理局	2018年10月	浙江省人民政府办公厅	机关

备注：河北、湖南、宁夏、青海、山西、新疆、云南等未成立大数据机构。

未来，各地数据局的职能和名称将与国家数据局保持一致，这意味着省级层面的大数据管理机构将出现一个承上启下的管理部门，其在省域内发挥着顶层设计、总体布局统筹协调和整体推进的作用，有利于建立起标准统一、上下协同、运行高效的数字治理组织体系，加快建设集约化、一体化的数字政府。例如，2024 年 1 月江苏数据局作为首个省级数据局已正式挂牌，与国家数据局上下保持一致。

3. 流通环境

为了推动数据要素的价值最大化，近年来政府层面主导设立公共数据平台、数据交易所，不断加速推动数据要素的流通。

公共数据平台：包括提供"一网通办"的政务服务平台，以及开放数据接口的数据开放平台。这是政府以自我数据要素应用成果与数据要素开放为产业提供示范效果。目前，我国有 31 个省级单位已经全部提供政务服务平台和 23 个数据开放平台，具体如表 7.2 所示。

表 7.2 我国各省级单位的政务服务平台与数据开放平台

省（自治区、直辖市）	政务服务平台	数据开放平台
北京	北京市政务服务网	北京市公共数据开放平台
安徽	皖事通办	安徽省公共数据开放平台
重庆	重庆政务服务网	重庆市公共数据开放系统
福建	福建省政务服务网	福建省公共数据资源统一开放平台
甘肃	甘肃政务服务网	—
广东	广东省政务服务网	"开放广东"，全省政府数据统一开放平台
广西	广西数字政务一体化平台	广西壮族自治区公共数据开放平台
贵州	贵州政务服务网	贵州省政府数据开放平台
海南	海南政务服务网	海南省政府数据统一开放平台
河北	河北政务服务网	河北省公共数据开放网
河南	河南政务服务网	河南省公共数据开放平台
黑龙江	黑龙江政务服务网	—
湖北	湖北政务服务网	—
湖南	湖南政务服务网	湖南政务大数据公众门户
吉林	吉林省网上办事大厅（吉事办）	—
江苏	江苏政务服务网	江苏省公共数据开放平台
江西	江西政务服务网	江西省公共数据开放平台
辽宁	辽宁政务服务网	辽宁省公共数据开放平台
内蒙古	内蒙古政务服务网	内蒙古自治区公共信息资源开放平台

续表

省（自治区、直辖市）	政务服务平台	数据开放平台
宁夏	宁夏政务服务网	宁夏公共数据开放平台
青海	青海政务服务网	—
山东	"爱山东"政务服务网	山东公共数据开放网
山西	山西政务服务网	—
陕西	陕西政务服务网	陕西省公共数据开放平台
上海	上海一网通办	上海市公共数据开放平台
四川	四川政务服务网	四川公共数据开放网
天津	天津网上办事大厅	天津市信息资源统一开放平台
西藏	西藏政务服务网	—
新疆	新疆政务服务网	—
云南	云南政务服务网	数据云南
浙江	浙江政务服务网	浙江·数据开放

数据交易所：我国从 2014 年开始探索构建类似于证券交易所模式的大数据交易所，全国已成立或拟成立的数据交易所（中心）超 57 家，具体如表 7.3 所示。

表 7.3　我国数据交易所的建设现状

时间	成立的数据交易所
2014 年	中关村数海大数据交易平台、北京大数据交易服务平台、香港大数据交易所
2015 年	交通大数据交易平台、河北大数据交易中心、杭州钱塘汇大数据交易中心、河北京津冀大数据交易中心、华东江苏大数据交易平台、华中大数据交易平台、重庆大数据交易市场、西咸新区大数据交易所、武汉东湖大数据交易中心、武汉长江大数据交易中心
2016 年	亚欧大数据交易中心、丝路辉煌大数据交易中心、深圳南方大数据交易中心、浙江大数据交易中心、钱塘大数据交易中心、广州数据交易平台、上海数据交易中心、哈尔滨数据交易中心
2017 年	河南平原大数据交易中心、山东省先行大数据交易中心、山东省新动能大数据交易中心、潍坊大数据交易中心、青岛大数据交易中心、中原大数据交易平台
2018 年	东北亚大数据交易服务中心
2019 年	山东数据交易平台
2020 年	中关村医药健康大数据交易平台、山西数据交易服务平台、北部湾大数据交易中心、安徽大数据交易中心（筹）、北方大数据交易中心（筹）、湖北大数据交易平台（筹）、粤港澳大湾区数据平台（筹）

续表

时间	成立的数据交易所
2021年	上海数据交易所、华南数据交易公司、北京国际大数据交易所、合肥数据要素流通平台、贵州省数据流通交易中心、西部数据交易中心、德阳数据交易中心、长三角数据要素流通服务平台、海南数据产品超市、川渝大数据交易平台（筹）、内蒙古数据交易中心（筹）、广东省数据交易中心（筹）
2022年	湖南大数据交易中心、福建大数据交易所、无锡大数据交易平台、青岛海洋数据交易平台、郑州数据交易中心、深圳数据交易所、广州数据交易所
2023年	杭州数据交易所

相关交易所的发展经历了两个时期。

- 全国数据交易所建设爆发期（2015—2017年）：贵阳大数据交易所挂牌运营，标志着我国场内数据交易开始出现，20家数据交易所相继成立，拉开了全国数据交易所建设的第一波爆发期。
- 新型数据交易所建设阶段（2020年至今）：北京、上海、深圳、广州四大一线城市的数据交易所陆续成立，开启新的数据交易模式探索，构建更加完善的数据交易生态链，向全生命周期的服务平台转型。例如，北京构建数据交易平台IDEX系统实现数字交易合约，上海上线新一代智能数据交易系统允许部分场外交付，广州开启全国首个线上数据交易平台，深圳构建新型数据可用不可见、可计算、可追溯的数据交易信息化平台，率先开启数据商分级分类。

7.1.3 数据要素市场规模

1. 数字经济成为核心动能

2022年我国数字经济总规模达到50.2万亿元[1]，占GDP的比重达到41.5%，其中数字产业化与产业数字化近年来呈现稳定的"二八化"特征；而根据中国社会科学院预估至"十四五"末期，我国数字经济占GDP的比重将达到50.0%[2]。具体如图7.1和图7.2所示。

---

1 相关内容可参考中国信息通信研究院发布的《中国数字经济发展研究报告（2023年）》。
2 相关内容可参考中国社会科学院发布的《经济蓝皮书（2022年）》。

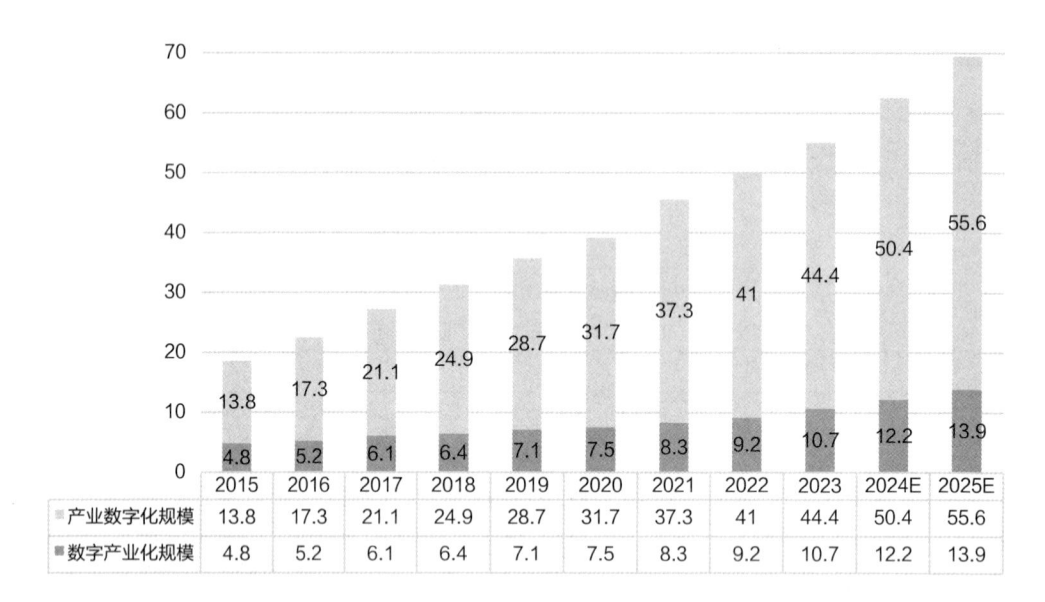

图 7.1　2015—2025 年中国数字经济规模（万亿元）

	2015	2016	2017	2018	2019	2020	2021	2022	2023	2024E	2025E
产业数字化规模	13.8	17.3	21.1	24.9	28.7	31.7	37.3	41	44.4	50.4	55.6
数字产业化规模	4.8	5.2	6.1	6.4	7.1	7.5	8.3	9.2	10.7	12.2	13.9

数据来源：①2015—2022 年数据，中国信息通信研究院《中国数字经济发展研究报告（2023 年）》；②2022—2025 年数据，根据中国社会科学院《经济蓝皮书（2022 年）》中预估 2025 年数字经济占 GDP 的比重将达到 50.0%，进行测算。

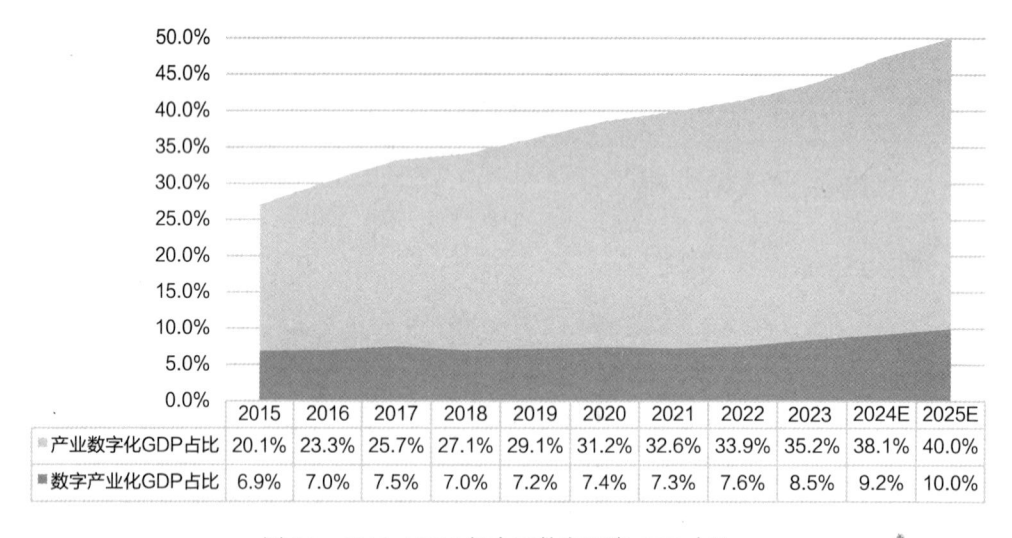

图 7.2　2015—2025 年中国数字经济 GDP 占比

	2015	2016	2017	2018	2019	2020	2021	2022	2023	2024E	2025E
产业数字化GDP占比	20.1%	23.3%	25.7%	27.1%	29.1%	31.2%	32.6%	33.9%	35.2%	38.1%	40.0%
数字产业化GDP占比	6.9%	7.0%	7.5%	7.0%	7.2%	7.4%	7.3%	7.6%	8.5%	9.2%	10.0%

数据来源：①2015—2022 年数据，中国信息通信研究院《中国数字经济发展研究报告（2023 年）》；②2022—2025 年数据，根据中国社会科学院《经济蓝皮书（2022 年）》中预估 2025 年数字经济占 GDP 的比重将达到 50.0%，进行测算。

2. 市场规模快速上升

伴随着数字经济规模的不断扩大、数据要素产业政策的不断推出、数据要素的开放平台与交易所的不断上线，我国数据要素市场规模将快速上升。2021 年，我国数据要素市场规模达 815 亿元[1]，预计在"十四五"期间市场规模复合增速将超过 25%，并在"十四五"末期达到或接近 2000 亿元的规模（如图 7.3 所示）。

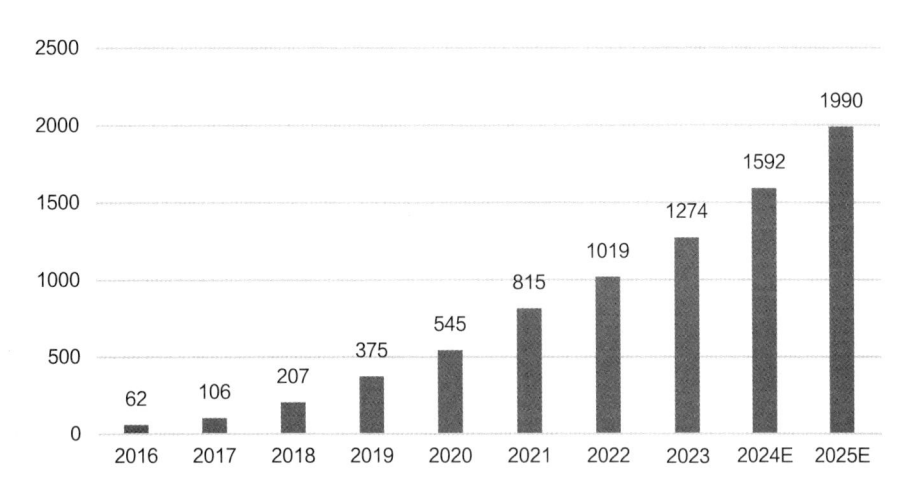

图 7.3　2016—2025 年中国数据要素市场规模（亿元）

数据来源：《中国数据要素市场发展报告（2021—2022）》，2022 年 11 月。

3. 项目建设向县域下沉

从县域数据要素的建设来看，2022 年县域[2]数据要素项目总规模达 192.9 亿元，占全国数据要素项目市场份额的 30%。2023 年上半年县域数据要素项目[3]规模达 96.1 亿元，同比增长 34.2%，占全国份额的 33%，提升 4 个百分点，数据要素项目建设向县域下沉（如图 7.4 所示）。预计在"十四五"末期县域数据要素项目规模将超过 400 亿元，复合增速超过 30%，占全国份额超过 4 成，是数据要素市场项目建设的重要增长极（如图 7.5 所示）。

---

[1] 相关内容可参考国家工业信息安全发展研究中心联合北京大学光华管理学院、苏州工业园区管理委员会、上海数据交易所共同编写的《中国数据要素市场发展报告（2021—2022）》。
[2] 县域项目判断：①采购方属于区/县级市/县一级的行政单位；②项目名称包含区县地名。
[3] 数据要素项目判断：①项目名称包含"数据"关键词，代表该项目将围绕与数据要素相关的内容进行建设，如数据中心、数据库、数据采集等；②采购方名称包含"数据"关键词，代表这是与数据要素相关的政府监管单位直接采购的项目，如数据管理局、政务大数据中心等。

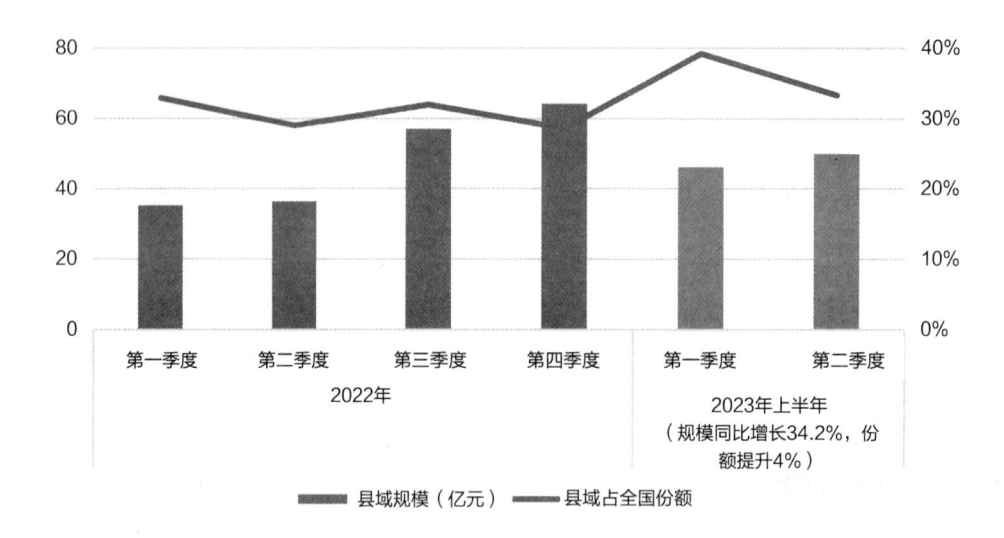

图 7.4 县域数据要素项目规模发展及市场份额

数据来源：政府采购、公共资源交易项目。

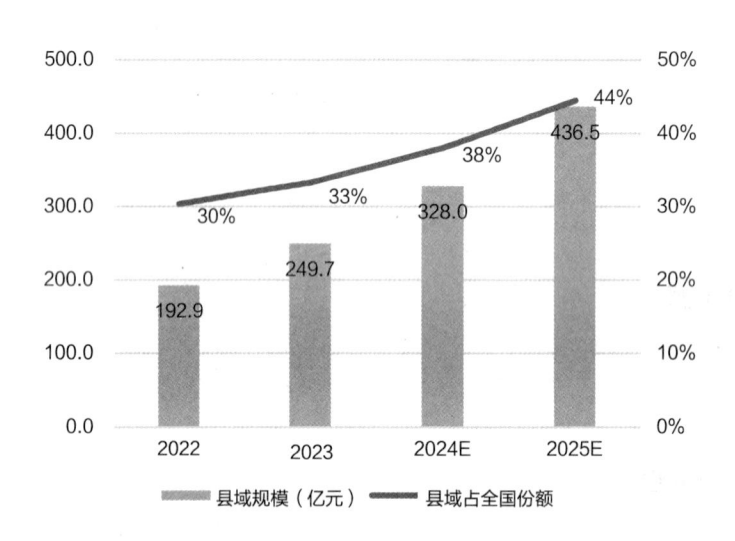

图 7.5 县域数据要素项目规模发展预测[1]

数据来源：政府采购、公共资源交易项目。

---

1 预计在"十四五"期间全国数据要素项目规模复合增速将超过25%。将25%的全国增速作为基准增长速度，通过测算公开产数市场数据要素项目规模在季度间的环比增速和往期增长对比情况，预测下一个季度的数据要素项目规模。

7.2 数据要素产业分析

伴随着大数据时代的到来,全球数据爆发式增长,数据资源快速累积。数据要素作为一种新的生产要素,已成为各国新的经济发展动力,推动数据要素产业快速发展已成为一种新的政策趋势。

7.2.1 数据要素产业链

围绕数据要素的全生命周期,数据要素产业链可被划分为数据要素源、数据要素处理和数据要素应用,涵盖数据供应、数据服务和数据需求应用三大环节,如图 7.6 所示。

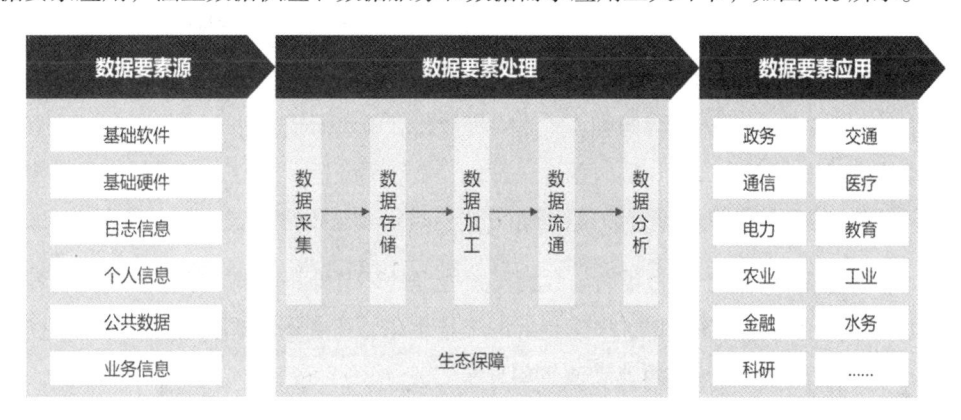

图 7.6 我国数据要素产业链结构

1. 数据要素源

数据要素源主要包含用于数据操作和数据信息传输的电子设备制造行业,以及作为数据载体的基础软件研发等产业,由硬件设备和软件服务产业链构成。

2. 数据要素处理

数据要素处理涵盖数据采集、数据存储、数据加工、数据流通、数据分析、生态保障这六个环节,是整条产业链的关键一环,为最终的数据产品提供相关服务内容。

第一,数据采集。数据采集是数据要素市场的基石,通过对不同类型的数据进行采集,为数据要素全产业链提供输入。具体包括:①对政府、企业的数据进行内部整合;②通过爬虫技术、埋点检测技术、用户调研等对互联网上的海量公开数据进行外部采集。

第二，数据存储。在完成数据采集后，需要对有价值的数据进行存储，一般数据权属人会根据数据的敏感度、时效性等选择不同的存储方案。例如，以三大电信运营商等为代表的厂商，会提供公有云服务，或者私有云及混合云的解决方案。

第三，数据加工。数据加工是指对企业采集和存储的数据进行筛选与处理，提高数据的可用性，为数据资源的挖掘和分析奠定基础。其主要包括数据清洗、数据标注、数据审核以及数据融合处理等方式。

第四，数据流通。根据价值实现方式的不同，数据流通分为数据开放共享与数据交易两种类型。具体包括：政府数据的内部共享、政府数据的对外开放、企业数据的对外开放，以及数据买卖双方就数据所有权或使用权进行的交易、通过大数据交易平台进行的交易。

第五，数据分析。数据分析是指最大化地开发数据的功能，发挥数据的作用。基于数据分析主体的不同，数据分析分为两类：一是内部分析，即政府或企业通过数据分析工具，对离线数据或在线数据进行分析，从而辅助决策；二是外部分析，主要是咨询和研究机构通过抓取公开数据、调用开放数据平台的数据等方式，对行业进行分析，并形成数据产品。

第六，生态保障。除上述直接面向数据要素处理的环节外，还需要数据要素市场各方主体为数据交易流通提供有效保障，构建良好的市场生态。其主要包括数据资产评估、登记结算、交易撮合、争议仲裁及跨境流动监管等环节。

3. 数据要素应用

2023年12月31日，国家数据局等17部门联合印发了《"数据要素×"三年行动计划（2024—2026年）》，推动数据在不同场景中发挥乘数效应，促进我国数据基础资源优势转化为经济发展新优势。

十二大重点领域包括智能制造、智慧农业、商贸流通、交通运输、金融服务、科技创新、文化旅游、医疗健康、应急管理、气象服务、智慧城市、绿色低碳。到2026年年底，将打造300个以上示范性强、显示度高、带动性广的典型应用场景。在试点中，推动解决在数据要素开发利用中所面临的供给不足、流通不畅、应用效益不明显等问题，探索研究数据资源持有权、数据加工使用权、数据产品经营权等分置的落地举措，凝练形成一批可复制、可推广的解决方案和典型模式。

以海南、上海、贵阳三大数据交易所上线的数据产品为例，截至2023年12月，涉及金融服务、智慧城市、商贸流通的数据产品突破 5000 个，是当前交易所的重点产品服务领域，如图 7.7 所示。

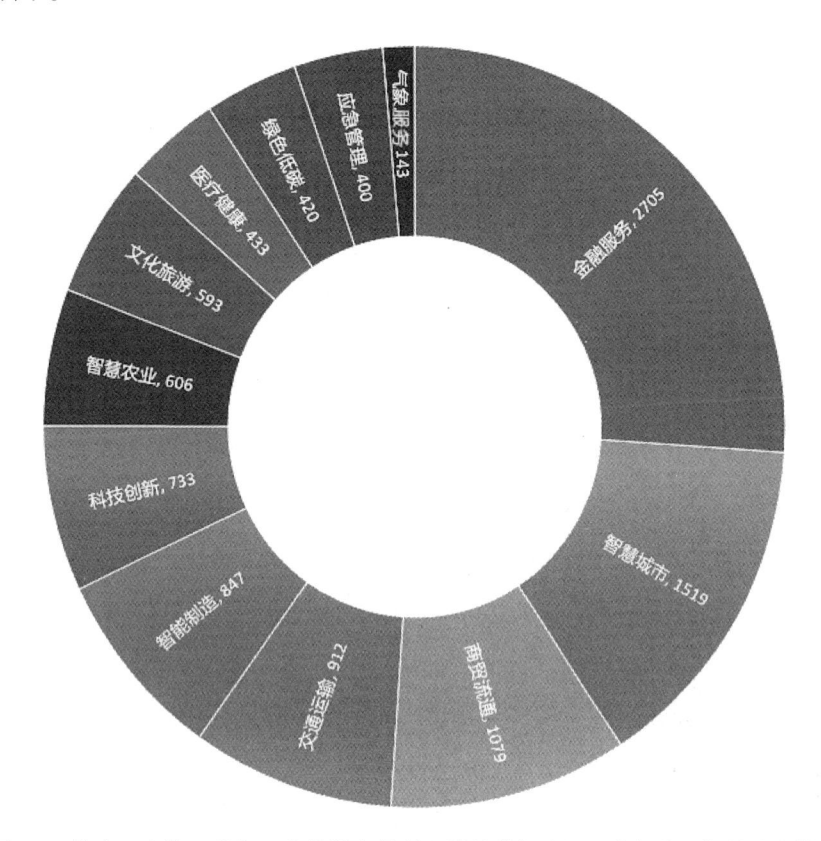

图 7.7 海南、上海、贵阳三大数据交易所上线的数据产品（个）应用场景分布情况

数据来源：三大数据交易所公示的数据产品清单。

随着全球人工智能技术的飞速发展和行业大模型的持续推出，交通运输、金融服务、科技创新、文化旅游等数据要素应用场景，将率先结合 AI 大模型技术推动行业发展。例如，基于交通时空数据衍生的人工智能平台和工具，将助力交通运输效率的提高；基于个人信用、家庭、股市等数据，融合 AI 算法对金融市场、信贷评估、风险核查等进行多维度数据挖掘，支撑金融领域的反欺诈、反洗钱能力。

7.2.2 运营商参与生态建设

运营商作为数据要素产业链中的重要参与者，依托云、网、算力优势，基于企业自身的数据资源禀赋，横跨数据供应和数据服务两大环节，多方位参与数据要素市场的建设，推动我国数据要素市场化配置，强化数据要素赋能数字中国建设。

1. 数据供应

运营商数据具有连续性强、涵盖生活方方面面、具备多样性和全面性等特点，是当前数据交易市场上最具价值的数据。其不仅包含基础网络数据，还包含海量的、长期的运营数据，从终端到接入网、从传输到核心网、从业务平台到互联网各个环节，能够整合并对外输出海量的用户数据、业务数据、网络数据和位置信息等数据资源，促进政务、企业和个人数据的融通汇聚。在海南、上海、贵阳三大数据交易所中，运营商数据产品占比超过20%，是当前交易所数据产品的供应主力军，如图7.8所示。

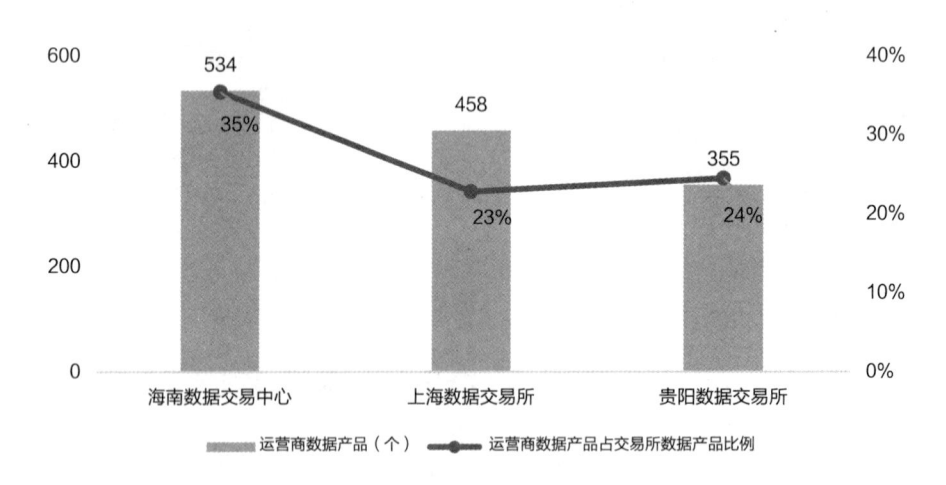

图7.8　运营商在三大数据交易所上线的数据产品数量及比例

数据来源：三大数据交易所公示的数据产品清单。

在云网安全基础服务保障和合法合规的前提下，运营商能够从网络、用户、业务等不同层次梳理和整合数据资产，围绕智慧城市、数字乡村等重点应用场景，创新开发利用，挖掘数据资产的商业价值，推动其数据产品化和服务化发展，进一步释放数据的规模化效益。

2. 数据服务

数据服务产品是数据交易所的交易单元，运营商在自身数据的基础上叠加三方数据，打造数据服务产品，面向全行业提供数据应用服务。在海南、上海、贵阳三大数据交易所中，截至2023年12月，运营商提供数据服务应用最多的是金融服务、智慧城市类产品，包含基础数据 API 服务、人口大数据、风控反诈、商业选址等衍生内容，如图 7.9 所示。

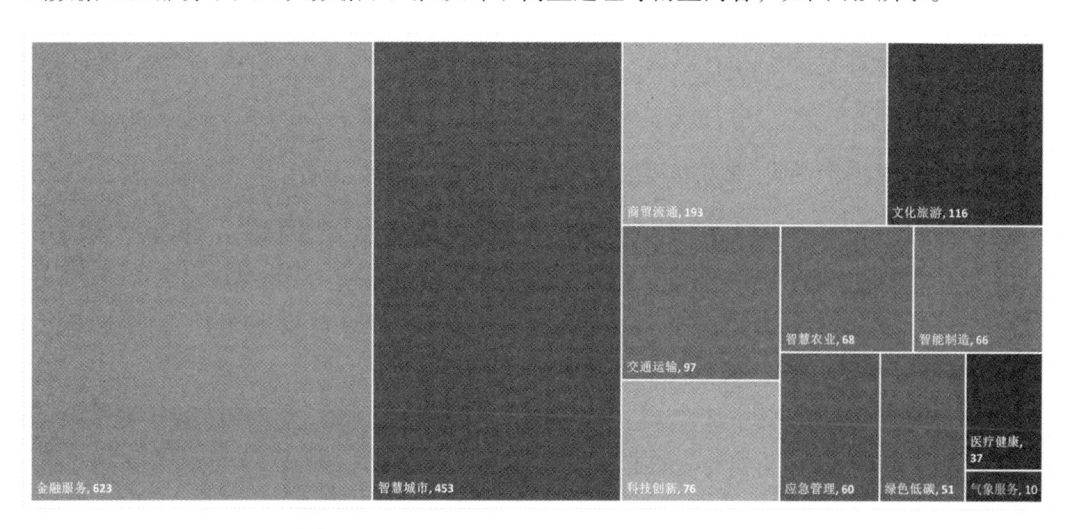

图 7.9　运营商在三大数据交易所上线的数据产品（个）应用场景分布

数据来源：三大数据交易所公示的数据产品清单。

从运营商在数据要素市场的实践及研究来看，数据交易涉及公共利益和政府战略实施，对通信网络、数字技术和业务集成、互联互通的标准制定和建设需求强烈，通信运营商是首选的数据平台提供和运营服务商。我国运营商作为数字中国建设的"国家队"，依托自身的云网、算力、大数据等技术能力，在数据处理各环节为数据产品化提供全价值链的数字化能力及运营服务，比如通过区块链、边缘计算等数字技术为数字资产化提供可信流通底座，并且通过数字政府建设，积极参与地方大数据平台的建设和运营，在多层次的数据交易体系和全国统一市场的搭建中承担关键角色。

7.3　数据要素产业趋势

从发展趋势上看，数据要素监管的法律法规与组织架构正全面落地，"三权分置"的产权制度正逐步实现，定价模式与交易模式正逐步走向成熟。

7.3.1　数据监管治理

党的十八大以来，党和政府持续加强网信安全的治理工作，其中针对数据要素的监管治理是核心工作，具体包括形成体系化的法律法规建设，同时构建推动数据监管治理的专业化组织体系。

1. 法律法规

近年来，在贯彻落实《中华人民共和国网络安全法》等法律法规的基础上，我国加强了制定完善的相关标准规范、法律法规和战略规划等工作，主要包括：

- 在战略规划和法律法规制定上，发布了《国家网络空间安全战略》，颁布了《关键信息基础设施安全保护条例》《中华人民共和国数据安全法》《中华人民共和国个人信息保护法》等一系列法律法规。此外，还出台了《汽车数据安全管理若干规定（试行）》等面向特定行业的文件。
- 在网络安全风险防范能力上，建立了网络安全审查制度和云计算服务安全评估制度，并发布了《云计算服务安全评估办法》和《网络安全审查办法》等，有效防范和化解了供应链网络安全风险。实施了《国家网络安全事件应急预案》，有效提升了网络安全应急响应和事件处置能力。此外，还出台了《数据出境安全评估办法》，提升了我国的数据出境安全管理水平。
- 在网络安全国家标准体系上，通过发布《关于加强国家网络安全标准化工作的若干意见》等文件，实现了网络安全国家标准的统一技术归口管理，积极推动由我国主导和参与制定的国际标准的发布，完成了超过 340 项网络安全国家标准的发布。

在地方层面，积极推动数据安全政策在多个地区的先行先试。例如，上海、深圳、贵州等地正专注于数据的开放共享、数据交易、数据权属等重点问题，并积极探索制定相关法律法规。

在行业层面，数字化程度较高的金融、医疗、通信等行业对数据安全管理高度重视，通过积极制定行业数据安全管理制度、标准等，为企业数字化转型提供服务。此外，网信、公安、工信等相关部门也针对一些重点领域，比如 App 违法违规收集使用个人信息、摄像头偷窥等，持续加大执法监督力度，以此保障数据安全。

2. 组织体系

在国家数据局成立后，在全国范围内，针对数据监管进入了新的时期。具体而言：

第一，解决数据分散治理问题。国家数据局的组建，在中央和地方层面均形成了统一的数据监管与利用的部门，有利于统筹推进数据要素市场的顶层规划设计、交易机制探索和治理规则构建，促进国家与地方两级监管体系对接并构建上下联动机制，从而加速实现数据治理的一体化统筹和纵向一体化，逐步解决当前存在的监管空白和重复监管等问题，引导各地区、各领域以统一的标准和规范推进数据要素市场建设。

第二，构建政府监管+数据交易平台自律监管双轮驱动模式。基于现有政策和产业发展趋势，未来在数据市场上，除了政府部门，数据交易平台也可作为数据流通的中心，成为数据要素监管体系的核心环节。具体而言，政府作为行政监管主体，建立监管执法标准化和规范化体系，强化反垄断和反不正当竞争，有效防止数据垄断、恶意竞争等行为，保障数据交易市场规范、有序发展；数据交易平台可以在数据交易主体准入、数据来源合法性审查以及交易规则等方面进行监管，在一定程度上承担自律监管和协同监管的职能。

第三，网信部门、安全职能部门、行业部门、数据局分工开展数据监管的协调责任。一是网信部门，其主要职责是全面监管数据安全。从法律层面来看，《中华人民共和国数据安全法》和《中华人民共和国个人信息保护法》都明确规定了网信部门负责数据安全和相关监管工作。在实践中，相关监管要协调公安部门、国家安全部门以及工信、教育、交通等多个行业主管部门的资源，这需要较高级别的政府部门来牵头协调任务。二是安全职能部门，如公安部门、国家安全部门、应急管理部门等，主要负责执法工作，处理危害社会经济的数据安全问题。三是行业部门，主要负责垂直领域的市场监管工作，以确保数据的合规应用。四是数据局，其主要职责是制定监管体系，并牵头推进数据市场化应用。

7.3.2 数据确权授权

2022年12月发布的《中共中央 国务院关于构建数据基础制度更好发挥数据要素作用的意见》提出了"数据资源持有权、数据加工使用权、数据产品经营权'三权分置'的数据产权制度"这一思路，这在全球范围内还是首次。该制度的核心是在安全和发展之间找到平衡，同时在保护数据权益和促进数据流通使用之间取得平衡，形成具有中国特色的数据产权制度。

1. 实现有效数据保护

在对数据资源持有权、数据加工使用权、数据产品经营权这三种数据权属进行确权后，可以有效发挥其作用，产生积极的价值。

第一，数据资源持有权明确，促进原始数据流动。在宏观层面，国家容易完成持有权的登记，便于资源统计以及分类保护；在微观层面，政府、企业等收集了大量数据，但其产权存在争议，无法被深度使用，而在引入了"持有权"概念之后，可以抛开争议，实现数据应用。例如，互联网平台拥有大量数据，但由于其所有权存在争议，导致企业只能将此数据用于自身业务，而在引入了"持有权"概念之后，作为持有者的企业可以使用此数据。

第二，数据加工使用权明确，促进加工数据流通。数据加工使用权包括数据加工权和数据使用权。其中，数据加工是指对数据进行筛选、分类、排列、加密、标注等处理，而数据使用是指对数据进行分析、利用等。联邦学习等技术的发展赋予了"原始数据不出域，数据可用不可见"的能力，实现了数据与原始数据的分离，数据流通呈现为数据加工使用权的流通。在具体的应用中，需要采取加密、去标识化、匿名化等技术措施以及其他必要措施来保障数据安全。

第三，数据产品经营权明确，建立正向激励机制。数据产品经营权包括数据收益权和数据经营权。数据产权人有权对其开发的数据产品进行开发、使用、交易以及支配，并获得收益。数据产品经营权可以有效保障数据产权人的合法权益，有助于激发其提供数据产品服务的积极性，这与具有垄断性质的知识产权有相似之处。数据产品经营权的确立，为市场建立了正向激励机制，有助于增加数据产品供给量，为数据要素市场引活水之源。

2. 释放三大数据活力

目前数据要素市场上的数据源头主要是公共数据、企业数据和个人数据，通过"三权分置"，三大数据活力将被充分释放。

第一，公共数据注重安全性、非营利性开放。具体而言，公共数据是指两类主体（各级政府部门、企事业单位）在两类过程（依法行政履职、提供公共服务）中产生的数据。在实践中，公共数据的开放，一方面，可以帮助解决公共事务，提高治理能力；另一方面，企业和民众可以通过挖掘开放数据价值，创造更多的经济效益，带动产业发展。由于公共数据涉及公共安全和社会主体隐私，政策规定公共数据按照"原始数据不出域，数据可用不可见"的要求，以模型、核验等产品和服务等形式对外提供，实现公共原始数据审慎交易，敏感信息、隐私信息不可回溯。同时，由于公共数据开放是政府主导的，因此强调采用无偿或者非营利性开放方式。目前，我国的政府公共数据开放平台大多采用这种方式。

第二，企业数据注重互联互通，助力产业链成长。企业数据是指企业在生产经营过程中产生的，不涉及个人信息和公共利益的数据。相较于其他数据，企业数据与市场的联系更为密切。因此，促进企业开展数据的应用，一是能够将数据要素入表，作为数据资产；二是能够实现有效权属保护，使得数据经营价值显性化。重要的应用场景是打破数据孤岛，促进企业间数据共享，将数据要素作为"链长"型龙头企业带动产业发展的要素资源之一，并按照"谁投入、谁贡献、谁受益"的原则，给收集、处理并提供数据的大企业带来直接或间接的经济收益回报。

第三，个人数据注重兼顾合规与成本，实现有效应用。对隐私数据的保护已经被纳入独立的法律框架（《中华人民共和国个人信息保护法》），在使用这些数据时，需要建立有效的受托机制和利益分配机制，以在可承受的交易成本和难度下实现对数据的合理应用。因此，企业在收集个人信息时要充分区分隐私权和个人信息权，并实现有效保护；同时，将个人数据的经营收益向个人返还不现实，因此要通过制度化，使得收益能够以较高的比重被投入个人信息保护当中。

7.3.3 数据定价与交易

1. 定价模式

目前国内外一般的做法是将数据按交易对象分为数据所有权交易和数据使用权交易，然后具体划分为第三方资产评估、协议定价、拍卖定价、按次计价（VIP 会员制）和实时定价五种定价机制。

（1）数据所有权交易

数据所有权交易是指数据要素交易双方直接产生了数据所有权变更的交易。目前，数据所有权的交易定价主要参考资产评估方案。在实际操作中，主要有三种定价方式。

第一，第三方资产评估。对于数据卖方无法确定数据产品的市场价格这种情况，可以委托第三方机构进行资产评估，通常由大数据交易平台承担此项服务，通过自营或合作的方式实现。具体根据数据质量，包括数据量、类别、完整性、时间跨度、实时性、深度、覆盖度、稀缺性等，进行评分，参照近期类似的历史价格，给出交易参考评估价。

第二，协议定价。通俗而言，协议定价就是指数据买卖双方自行沟通价格，通过多轮沟通，最终达到让双方满意的价格。一般交易平台会提供沟通平台，支持双方沟通。

第三，拍卖定价。对于相对稀缺且副本数有限的数据，例如涉及投资博弈的金融类分析数据，会吸引多个买家，交易平台会支持拍卖定价。

（2）数据使用权交易

数据使用权交易指的是数据要素交易双方不会进行数据所有权变更的交易，只支持对数据进行付费调用。数据使用权的交易定价，将数据交易视为一种服务形式（与用户使用网络内容无差异），因此参考互联网服务的定价机制。

第一，按次计价。数据买方每调用一次数据就付费一次。由于涉及高频的数据调用，因此衍生了多种计费方案，例如包时长、梯次计费等，实现了量大优惠的效果。

第二，实时定价。依据市场环境和供求关系，对数据进行实时定价，以确保收益的最大化。其基础逻辑是，对于数据标注集合等，需要采用定制方式生成，在一定时间内供给量有限，必须优先满足出价高的需求方。

2. 交易模式

数据要素的交易与其他生产要素的交易类似，或者在交易机构内完成交易，或者直接实现产业链上下游的交易。

（1）数据交易机构模式

通过数据交易机构实现交易，主要包括两种类型。

第一，场内交易，合约交付。数据供需双方在交易机构达成合约交易，依照合约约定，完成交付及清算、结算过程，交易机构为双方提供交易凭证，对交易主体交付地点不进行时空限制，对于交付方式允许双方协商确定。其交易标的物主要包括数据服务、数据集、数据项、数据产品等类别。在交易方法上，大宗商品价格指数、企业信用记录等查询服务往往通过 API 实现；指数报告、客群画像等产品通过一次性交付进行交易；房地产数据、产业数据等数据集则通过直接转移交付或者可信算法环境提供服务。

第二，场内备案，灵活交付。数据交易机构开展多种形式的数据及数据产品上架、登记、备案和交易。其典型特征是既支持场内交易交付，也支持场外交付后的登记备案。这种创新方式的关键在于突破了未加工或粗加工数据的买卖基本模式，特别是对于重要数据和高价值数据的流动。对于那些已经取得使用权的数据，借助交易平台，将数据和算法（包括模型和参数）等资源组合成可被多方签署认可的计算合约，通过算力系统进行加工，并借助多方安全计算、联邦学习、可信执行环境等安全融合技术和区块链技术，可以在数据隐私得到保护的前提下，支持数据处理服务、数据产品及其应用、数据集、衍生服务等交易活动。

（2）产业链上下游交易模式

在产业链上下游中实现交易，主要包括两种类型。

第一，搭建"数据空间"，促进产业数据流通。目前，这种模式在国内尚处于探讨中。具体而言，"数据空间"概念最早是由德国提出的，旨在解决在工业 4.0 过程中数据互联和流通的难题，建立一种基于标准通信结构的虚拟空间，促进数据资源的共享流通和价值释放。在实际应用中，其主要包括这几个方面：一是通过加强可信认证，实现数据生态环境的可信任；二是将数据连接手段作为数据流通的重要技术设施，借助连接器定义数据流，将其作为一项重要的网关设施，完成数据空间分布式数据安全交换；三是建立标准化机制，通过智能合约方式灵活实施，在数据权属方面采用"数据自主权"理念，让数据所有者有权决定谁能访问和使用其数据，并设定数据使用限制要求。

第二，借助"数据链主"，牵引上下游数据流通。对标产业链"链主"思维，龙头企业作为数据流通试点牵头单位，发挥其产业链业务场景丰富耦合、生态伙伴关系信任度高的独特优势，构建行业领域数据供需主体的信任关系，拉动产业链上下游数据融通。借助"数据链主"带动数据流通交易，此类数据流通交易形式，一部分是借助工业互联网、产融合作等平台，带动产业链上下游数据撮合及人才、资本、知识、生态等供需对接；另一部分是借助自身对产业链企业的资源配置和影响力，引导通过交易机构实现数据的挂牌、交易及交付。

7.4 数据要素的未来发展关键及创新

未来要促进数据要素产业的迅速发展，需要发挥政府在数据要素市场中的重要作用，实现数据要素在垂直行业中的应用突破，加大与算力网络、区块链和 AIGC（生成式人工智能）等新兴技术的有机结合等。这是未来数据要素发展的关键点创新突破方向。

7.4.1 政府作用的发挥

在我国的数据要素产业当中，政府占据产业高地，在规模与质量上均处于领先地位。因此，在数据要素市场的发展中，政府除了承担监管职能，还将通过两个方面的举措促进数据要素的应用，从而实现最大价值。

1. 数据开放平台建设

截至 2022 年 10 月，我国各省级和城市的地方政府开发上线的政府数据开放平台已达 208 个[1]。其中，省级平台（包括省和自治区，不包括直辖市和港澳台）有 21 个，城市平台（包括直辖市、副省级和地级行政区）达到 187 个。数据开放平台数量呈现出持续增长的态势，如图 7.10 所示。

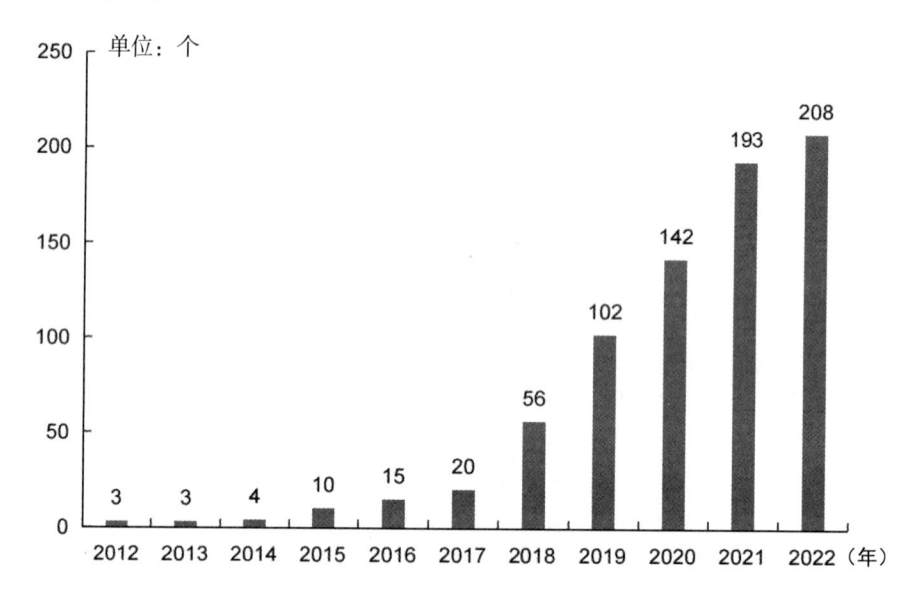

图 7.10 地级行政区及以上数据开放平台数量增长情况

数据来源：《2022 中国地方政府数据开放报告》。

尽管全国各地纷纷开展数据开放平台建设工作，但这些数据开放平台在开放的数据容量上存在显著差别。图 7.11 展示了省域数据容量排名前十的地区，在省域有效数据集总数、省域数据容量（数据集数量）和单个数据集平均容量等方面的情况。

在这些省域中，山东省表现突出，其有效数据集总数与数据容量都居于全国首位。为了进一步推进公共数据资源向社会开放，山东省还制订了年度工作计划，其中包括数据开放工作的总体目标、重点任务和保障措施等，其工作任务具体安排到月度（如图 7.12 所示）。

---

1 相关内容可参考复旦大学和国家信息中心数字中国研究院联合发布的《2022 中国地方政府数据开放报告》。

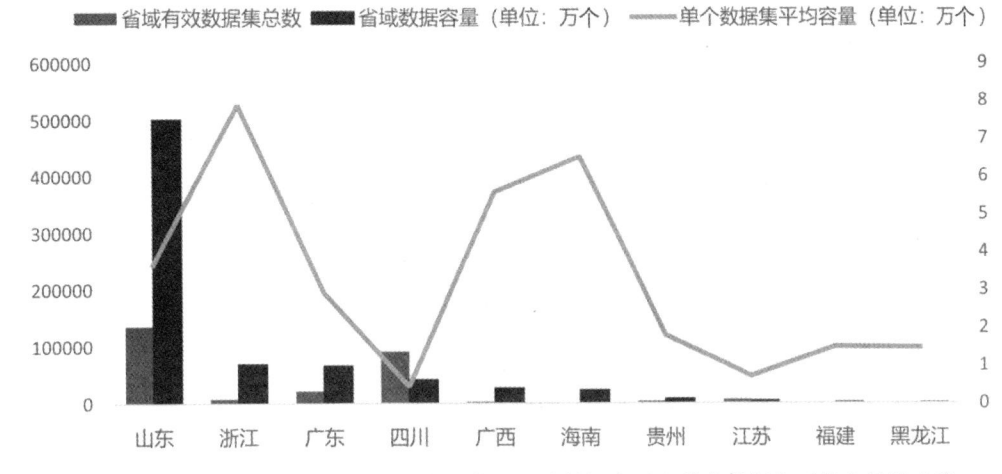

图 7.11　排名前十的省域有效数据集总数、省域数据容量和单个数据集平均容量的比较

数据来源：《2022 中国地方政府数据开放报告》，这里的数据容量可体现出这个平台上所开放的可下载数据集的数据量和颗粒度，一般是指将一个地方平台上可下载的、结构化的、各个时间批次发布的数据集的字段数（列数）乘以条数（行数）后得出的数量。

图 7.12　山东省数据工作规划部分内容

浙江省也表现抢眼，其开放的数据集在单个数据集平均容量上全国最高。根据浙江省人民政府官网信息，截至 2023 年 2 月，全省共开放 2.6 万个数据集，开放 API 1.3 万个，数据超 108 亿条，类别包括教育文化、市场监督、生态环境等领域，将各个"信息孤岛"连成"数字大陆"，打造数据浙江（如图 7.13 所示）。

图 7.13　浙江省数据平台部分内容

2. 数据集团建设

在地方政府层面，成立土地、公路等生产要素型公司，并进行融资、经营等，已经是国内众多地方政府常见的做法，并取得了良好成效。在数据被明确为"生产要素"的地位之后，国内一些地区已经先行先试，成立了数据集团，实现统一的要素经营，为其他地区的发展提供了参考。

目前，在全国范围内，共成立了 7 家名称为"数据集团"的公司，其中省级平台公司有 4 家，分别是上海数据集团、福建省大数据集团、河南数据集团和湖北数据集团；市级平台公司有 3 家，分别是成都数据集团、武汉数据集团和南京大数据集团。

从定位上看，数据集团主要是具有功能保障属性的市场竞争型国有企业，即由国有资本主导。其包括两个方面：一是功能保障，主要为地方政府发展数据要素市场承担基础性、公共性的市场化功能；二是数据集团作为市场竞争型的商业公司，以市场化方式参与市场活动。在数字经济发展推动方面，数据集团被赋予推进智慧城市建设和发展数字经济的重要抓手，并参考其他领域平台公司，以资本平台方式发展产业。表 7.4 展示了国内现有数据集团的定位和发展目标。

表7.4 国内现有数据集团的定位和发展目标

名　称	成立时间	定　位	发展目标
湖北数据集团	2023年6月6日	旨在探索适应中国数字经济发展的数据要素市场化配置改革示范路径和交易样板，力争成为全国领先的数据交易机构和数据流通交易基础设施服务商，从而形成具有示范意义的数据流通交易模式，即"湖北经验"	力争成为全国领先的数据交易机构和数据流通交易基础设施服务商
武汉数据集团	2023年5月12日	全市重大专项任务的商业类国有企业，是武汉市数字经济发展的主力军和数据运营平台公司	成为全国领先的数字产业核心企业。力争到2030年，实现资产总规模达到50亿元，营业收入达到50亿元，成为中部领先的数字经济龙头企业
河南数据集团	2023年1月11日	通过加快培育数据要素市场，推进"信用河南"建设，推动河南数字经济高质量发展，全方位打造数字强省	推动全省政府和企业之间的数据高度融通，实现公共数据全面接入，促进重点领域数据的价值化应用，积极打造成为中部地区领先的数据科技公司，为服务数字强省战略以及推动河南实体经济发展做出贡献
上海数据集团	2022年5月23日	作为一家以数据为核心业务的市场竞争型企业，上海数据集团的功能定位是构建数据要素市场，激发数据要素潜能，并确保数据安全	打造成为国内数据要素交汇、供给、配置及市场化开发利用领域的领军企业
福建省大数据集团	2021年8月6日	力争成为全省电子政务基础设施和省级电子政务项目的建设运营主体；全省公共数据资源一级开发机构和授权运营主体；全省数字经济发展的市场化、专业化主体和主要投融资平台	遵循"市场化、专业化"要求，不断增强、优化和扩大企业规模，以更好地服务于"数字福建"和"数字中国"建设大局，为福建省的高质量发展贡献新的力量
南京大数据集团	2020年6月8日	由国有资本主导的全市数据资源管理、开发的运营平台，成为推进智慧城市建设和发展数字经济的重要抓手	力争在全国数据要素市场的建设中树立一流标准，赢得一席之地；打造成为全省领先、全国一流的大数据龙头企业
成都数据集团	2013年7月5日	成为智慧城市投资建设运营服务商、成都市大数据资产运营商和成都市大数据产业生态圈服务商	致力于通过数据资源市场化实现数据要素价值化，全面支撑城市数字化转型

资料来源：《我国地方政府"数据集团"发展现状、模式与建议》。

从职责上看，数据集团主要承担数据基础设施建设、数据产品供给、数字资产开发与利用、数字产业培育与投资。数据要素运营管理是成立数据集团的核心动因，作为推动区域数据要素市场化配置的核心抓手，数据集团被地方政府赋予了数据治理平台设施的开发运营支撑功能、数据安全保障支撑功能、公共数据资源一级开发运营功能，上海数据集团、福建省大数据集团、成都数据集团、武汉数据集团都是通过政府明确的行政授权承担此部分职能职责的。

7.4.2 产业化的应用突破

数据作为一种生产要素，其价值实现的核心是在垂直行业中能够实现有效的赋能，因此其在各产业当中布局的策略，就是发掘当前数据要素在应用中所存在的问题，并推动实现突破。下面列举三个行业作为案例。

1. 工业数据要素

我国工业数据要素领域在加速发展，比如工业数据在设备健康管理、供应链协同业务模式创新、覆盖工业全流程场景的数据分析挖掘应用等方面，提供了良好的数据要素价值化方案。但在实际推进工作中，尚存在若干问题急需解决。

第一，需要构建面向复杂对象或复杂巨系统的具体工程方法论及工具。在实践中，工业企业多数缺少用于处理来自复杂巨系统不同的组织域、职能域、业务域、数据域大数据的数据操作系统，即运营逻辑模型、工业信息模型、工业专脑、全球唯一资源编码标准四项能力的赋能。

第二，需要建立生产力数据库。工业数据多以工业现场控制设备采集的数据为主，数据采集量巨大，具有较强的连贯性及关联性，工业协议互联互通也存在较大的瓶颈，由此形成的数据孤岛、数据垃圾、数据烟囱日益增多，工业数据要素在企业数字化转型中的作用发挥存在明显障碍，并造成了巨大的浪费。

第三，需要提升数据安全可信的流转和应用。工业数据的业务价值与敏感度较高，企业大多明显倾向于数据本地化运行和存储，对数据安全性要求极高，因此需要提升工业数据在采集、传输和使用中的安全可信能力。

2. 互联网数据要素

互联网产业是将数据要素作为核心生产要素的行业，在诞生之初，就实现了线上线下异构数据融合，并实现了流转的能力。在未来，其需要在三个重要方面实现突破。

第一，需要进一步推动数据融合的能力。随着物联网等技术的发展，除了需要互联网上虚拟世界的数据，还需要接入物理世界的物联网数据，并实现有效的数据融合，以更好地理解环境需求，推动数据要素在营销和产品等方面的发展。

第二，需要借助平台优势促进数据的流通与共享。一是内部流通，基于企业内部运营框架数据流，形成包含数据感知、数据决策、策略行动和效果反馈在内的数据流通闭环；二是外部流通，主要体现为安全合规下的数据交易，通过 API、隐私计算等技术，实现企业间的数据流通应用。

第三，需要增强对海量数据分析处理的能力。随着互联网数据量的加大，相关经营者需要引入新的技术，实现对海量数据进行管理、分析。例如，通过"东数西算"等，将冷数据放在西部，将热数据放在东部，从而有效降低成本。

3. 医疗数据要素

目前，在政府部门的主导下，医疗数据的流通与共享日益普及。近年来，国家卫健委全面推进全民健康信息平台等基础设施建设，目前已有 7000 多家二级以上的公立医院接入区域平台并实现省统筹，2200 多家三级医院初步实现院内信息互通共享。同时，对医疗数据的分析应用已取得阶段性进展，例如，医疗数据在智慧医院、医药研发等领域均得到了有效应用。然而，目前还有一些领域有待进一步突破。

第一，需要推动医疗数据上云。为了防止医疗数据泄露，医疗机构大多采取网络物理隔离或逻辑隔离的方式，将数据存储在本地机房。国家卫健委统计信息中心数据显示，98.8%的三级医院和 96.1%的二级医院均建有数据中心机房，所有省级卫健委和 82.3%的市级卫健委均拥有数据中心机房，59.0%的县卫健委拥有自己的数据中心机房，参与统计的医院上云率不到一成，因此难以实现对数据的有效应用。

第二，需要进一步加强医疗数据智能化处理。医疗数据加工包括数据脱敏、患者主索引、主数据管理、数据清洗、数据映射、数据归一，以及标准化和结构化处理。通过使用人工智能技术，可以进一步简化数据加工过程，高效地对原始数据进行脱敏、清洗、归一等处理，同时基于 ICD 编码等标准，对诊断名称、检验/检查项目、用药名称等字段进行数据标准化处理。需要进一步加强上述数据处理能力，以提升医疗能力，特别是基层医疗机构的诊疗能力。

7.4.3 新兴技术的有机结合

新兴技术手段将确保数据各方的权益，并不断推动数据要素的产业化发展。其中，数据要素与算力网络、区块链和 AIGC（生成式人工智能）的结合最为紧密。算力网络与数据要素共同支持数据要素市场的高效流通；区块链与数据要素的结合保障了数据要素市场的可用性；AIGC 与数据要素的结合推动了数据要素市场的规模化发展。

1. 算力网络+数据要素

进入数字经济时代，算力已经成为推动数字经济发展的重要引擎之一，算力网络则承担着支撑数据处理、数据价值挖掘的重要底座作用。2021 年，我国数据中心机架规模达到 520 万架，近五年的复合年均增长率达到 33.03%。运营商在云计算、算力网络等方向的投资比重逐步增加，2022 年中国移动、中国电信和中国联通在算力网络方面的投资分别为 480 亿元、140 亿元和 145 亿元。

一方面，运营商拥有大量的数据信息，包括用户数据、产业数据、网络数据以及位置信息等。在确保安全合规的前提下，运营商可通过创新开发和再利用，实现对数据商业价值的充分挖掘，推动数据要素价值转化为产品和服务。

另一方面，运营商作为数据服务方深度参与数据处理和数据交易环节的工作，运用区块链、隐私计算技术为数据资产提供安全可信的流通基础，参与地方性大数据交易平台的建设和运营，在建设数据要素市场生态中承担着至关重要的角色。

2. 区块链+数据要素

与土地、资本等传统要素相比，数据要素的价值释放是一个复杂的工程，只有将分散在社会化分工各处的数据联合起来，形成动态、立体、多维度的大数据网络，才能发挥数据的最大作用。但是在这种涉及跨机构、大范围、大规模的数据要素流通场景中，容易带来权责混乱、单方风险过高、数据泄露等问题，这需要在数据协作的前、中、后环节中建立起一套端到端的可信协作机制和安全流通渠道。

在数据可信流通场景下，区块链正在加速与隐私计算、AI 等技术的融合，相比采用 API 来共享数据源，"区块链+"的技术方案安全性更高。

具体而言，一方面，区块链是一种信任技术，可以建立参与方之间的信任生产关系；另一方面，区块链是一种链接技术，可以与其他技术深度融合，完成数据价值的评估、挖掘和可信流通。例如，北京国际大数据交易所、深圳数据交易有限公司等利用隐私计算、区块链等新兴技术，搭建了"数据可用不可见"的可信流通技术平台。

3. AIGC+数据要素

AIGC 是当前产业发展热点，它与数据要素之间形成了辩证关系。第一，通过 AIGC 模式，形成更大数量的数据资源，壮大数据要素的规模，有助于实现更大的价值。第二，数据要素是 AIGC 发展壮大的有效输入，即向各类模型输入数据要素，从而实现模型的培育。

当前，数据要素市场面临多重挑战，比如数据采集和标注成本高昂、数据质量难以得到保障、数据多样性受限以及数据隐私保护等。在建设数据要素市场的过程中，合成数据可以作为数据要素市场中的一种交易对象，帮助买家更好地评估和改进算法性能，提高数据交易的效率和价值。

第 8 章

数字安全

发展数字经济上升为国家发展战略,数字安全成为保障数字经济健康发展的重要基石。

8.1 数字安全行业概述

随着数字安全监管渐趋严格,国内外各类数字安全威胁与风险层出不穷,数字安全需求也在不断增强,产业生态各方面都呈现出快速发展态势。

8.1.1 概念发展

数字安全的概念并没有明确的单一来源,它是在不同的领域和时间段内经过一些专家和组织的共同努力逐渐形成与发展起来的。中共中央、国务院印发的《数字中国建设整体布局规划》中明确,数字中国建设按照"2522"的整体框架进行布局,提出强化数字技术创新体系和数字安全屏障"两大能力",为新时代数字安全能力建设指明新方向、提出新目标、谋划新蓝图。其中"筑牢可信可控的数字安全屏障"要求,"切实维护网络安全,完善网络安全法律法规和政策体系。增强数据安全保障能力,建立数据分类分级保护基础制度,健全网络数据监测预警和应急处置工作体系"。

本书参考《数字中国建设整体布局规划》中的定义,将数字安全定义为在产业数字化转型中,确保企业信息和系统不受外界干扰、破坏、盗窃和滥用的过程,以及围绕这一系列风险而产生的防护行为,既包括电子设备、通信网络等基础设施和应用系统的安全(传统网络安全），也包括数据的安全。

随着数字化进程的不断深入推进，以及安全技术的提高，在市场需求、政策要求的推动下，历经 5 个时代的发展，网络安全逐步升级为数字安全，以更好地保障数字经济的持续发展与数字中国的布局建设（如表 8.1 所示）。

表 8.1 中国数字安全发展历程

	1940—1994 年战时通信加密	1995—2003 年PC 安全时代	2004—2013 年信息安全时代	2014—2020 年网络安全时代	2021 年至今数字安全时代
核心需求	以军用国防需求为主	围绕 PC 设备的防病毒产品、终端杀毒软件	内外网隔离的网络边界安全、面向信息化办公的信息安全	"自主可控安全"，不仅包括互联网信息安全，还包括网络本身安全	基于整体业务场景的安全解决方案和安全服务
政策驱动	—	《中华人民共和国计算机信息系统安全保护条例》	《国家信息化领导小组关于加强信息安全保障工作的意见》	《中华人民共和国网络安全法》《网络安全等级保护条例》	《中华人民共和国数据安全法》《中华人民共和国个人信息保护法》
市场驱动	尚未出现民用市场	个人计算机和互联网加速渗透，门户网站开始崛起	计算机和互联网全面普及，企业信息化和政务信息化发展，移动互联网迅速升级	数字化转型全面启动，新基建使网络架构全面升级，旧的网络安全措施难以满足新时代需求	数据泄露、勒索病毒、安全漏洞等威胁凸显，安全监管渐趋严格
技术积累	密码学、通信加密学	防病毒技术、特征库、黑名单技术、电子数据加密、备份与恢复	网络隔离、网络分域/分区、身份验证、VPN、文档加密、应用安全、身份安全等	云安全技术、IoT 安全技术、区块链安全技术等	数据安全技术、隐私计算技术等

资料来源：亿欧智库。

8.1.2 行业背景

随着产业数字化的深入发展，与之相伴的数字安全风险也与日俱增。十年前我国就提出"总体国家安全观"，而当前国内外环境日益复杂，历经斯诺登事件、滴滴网络安全事件、俄乌网络战事件等，数字安全上升至国家安全层面，同时全球数据量爆发式增长，作为新的生产要素，数字安全事关国家经济安全与产业安全。

近年来，数字安全挑战也在不断升级：

一是在法律合规层面，前期企业合规成本较低（如等级保护），但随着全国范围内的网络攻防演习、网络安全、数据安全的法律法规不断出台完善，法律法规环境日益复杂，合规要求多重升级，数据跨境流动，个人隐私得到法律监管保护，使得企业合规成本攀升。构建安全合规的数字安全治理体系成为政府和企业面临的重要挑战。

二是在社会安全层面，安全威胁越来越多元复杂，信息泄露、黑客攻击、篡改数据、滥用数据、勒索软件等不断破坏个人、政府与企业的数字安全，造成企业业务中断、国家重要信息泄露、个人隐私暴露等问题，经济损失不可估量。

三是在技术层面，近年来，我国持续加大新兴技术的研发与投资力度，大数据、云计算、物联网、生成式人工智能等产业布局与技术应用如火如荼。然而，对新技术的应用也将带来新的安全风险，传统的基于网络边界的安全防护措施已不能适应新技术的发展。零信任架构加快落地，对重点行业和细分领域的数字安全技术加快升级突破提出挑战，零信任、无边界将成为数字安全的新特征。

四是在产业发展层面，数字化程度越高，安全挑战越大。数字化转型成为企业发展的必选项，带来数字空间与物理空间的融合。数字世界的任何网络攻击都可以被转化为对物理世界的精准打击，数字安全已经超越技术问题，成为一项系统工程，涉及业务、管理、流程、团队等多个方面。

针对数字安全所面临的挑战，当前行业整体面临四个方面的需求。

第一，数字安全保护规则需要进一步细化。在宏观层面，优化数字安全管理机制，落实数字安全预警、监管、追责全流程管控措施，厘清各部门、各级政府的数字安全管辖范围，细化各行业数据分级分类、数据识别、个人信息脱敏等标准，数字安全治理体系需要持续完善。在企业层面，应该制定权责清晰的安全制度，建设全面体系化数字安全运营团队，落实对数据资产的保护、对数据的合规性利用等。

第二，数字安全屏障能力需要进一步增强。从宏观上看，数字安全是"总体国家安全观"的组成部分。近年来，在组织层面，成立了"中共中央网络安全和信息化委员会"。在制度与政策层面，先后制定了《中华人民共和国网络安全法》等一系列各级政策法律法规、部门规章，截至2021年共出台了322项国家标准，仅2023年就发布了240多项数字安全政策法规。在产业层面，安全产业蓬勃发展，投融资市场活跃，按照工业和信息化部的规划，2023年我国网络安全产业规模超过2500亿元，2025年数据安全产业规模将达到1500亿元。在企业层面，基于政策与标准导向，以及业务发展需求，各类企业纷纷加大数字安全投入，从合规应对到守护业务和数据两大资产。

第三，新兴安全技术需要广泛应用与持续开发。在国家大力扶持新兴技术发展的背景下，一方面，人工智能、大数据、区块链、量子计算等通用型技术，将在数字安全领域实现落地；另一方面，数据识别、数字水印、隐私计算、联邦学习、密文检索、多方安全计算等安全领域专用技术，亦将快速发展，并在各类企业中得到落地应用。同时，将人工智能、云计算等技术应用于数字化转型过程中，也要应对新技术带来的业务风险，发现安全漏洞并阻止攻击，以先进技术构筑数字安全底座。

第四，数字安全生态体系需要强化建设。数字时代的安全防护更符合"木桶原理"，任何一个终端、服务器、应用的短板，都将导致严重的连锁反应，拉低整个数字安全体系的保障能力，因此需要采用生态化的方式，以确保数字安全的整体提升。一是通过法律法规和标准体系的建设，在制度层面弥补短板的缺陷，比如对物联网终端的安全性要求；二是通过产业联盟、产业链"链长制"的建设，实现以核心企业带动周围企业同步提升安全性的目标，比如实现对开放平台所接入终端的统一升级等；三是通过各类技术或制度性手段，主动提供安全守护，比如实现漏洞扫描并进行共享（如国家信息安全漏洞共享平台）等，推动业内企业主动解决问题。

8.1.3 法律背景

国内外局势纷繁复杂，党的十八大创造性地提出"总体国家安全观"。为了有效落实"总体国家安全观"，在数字安全领域，一系列法律规范先后建立，并在实际的社会经济发展过程中得以有效使用。

法律演进：根据《中国网络安全产业白皮书（2022年）》，我国数字安全领域的立法工作，随着互联网的发展经历了从无到有、从少到多、由点到面、由面到体的发展过程。其主要分为四个阶段。

- 网络安全法律监管奠基阶段（1990—1999年）：该阶段的法律法规构成了我国网络安全法律监管的雏形，但总体呈现出碎片化、分散化的特点。其核心是1994年公安部颁布的《中华人民共和国计算机信息系统安全保护条例》。
- 网络安全顶层制度强化升级阶段（2000—2007年）：我国对网络安全的重视程度提高，一些全局性的政策法规逐步出台，但大多停留在原则指导层面，尚未形成完善的体系。例如，2000年，《全国人民代表大会常务委员会关于维护互联网安全的决定》，是新时期引导文件；2003 年，《国家信息化领导小组关于加强信息安全保障工作的意见》，成为具体的发展指导文件；2005 年，《国家信息安全战略报告》，确定国家信息安全长远布局。

- 网络安全法律监管优化扩充阶段（2008—2015 年）：若干信息安全等级保护指导文件陆续出台，国家标准也相继落地实施，电信、金融、电力等行业出台了相关的部门规章及工作文件，推动了等级保护制度的建设，"等保 1.0"体系形成。
- 网络安全法律监管体系全面建立阶段（2016 年至今）：《中华人民共和国网络安全法》开启了我国网络安全监管和数据治理的新纪元，自此，我国逐步进入多层次、广覆盖的网络安全法律监管体系构建阶段，《中华人民共和国数据安全法》《中华人民共和国个人信息保护法》等基础法律先后完成，进而推动了各类条例、规范和标准的建设。

法律规范体系：历经近三十年的发展，我国已经制定出台数字安全领域立法 140 余部，基本形成了以宪法为根本，以法律、行政法规、部门规章和地方性法规、地方政府规章为依托，以传统立法为基础，以网络内容建设与管理、网络安全和信息化等网络专门立法为主干的网络法律体系，具体如表 8.2 所示。

表 8.2　中国数字安全立法状况

类　型	定　义
法律	《中华人民共和国网络安全法》《中华人民共和国数据安全法》《中华人民共和国个人信息保护法》《中华人民共和国反电信网络诈骗法》《中华人民共和国电子商务法》《中华人民共和国电子签名法》《中华人民共和国密码法》等
行政法规	《计算机信息系统安全保护条例》《计算机软件保护条例》《互联网信息服务管理办法》《电信条例》《外商投资电信企业管理规定》《信息网络传播权保护条例》《关键信息基础设施安全保护条例》等
部门规章	《儿童个人信息网络保护规定》《互联网域名管理办法》《网络交易监督管理办法》《互联网新闻信息服务管理规定》《网络信息内容生态治理规定》《互联网信息服务算法推荐管理规定》等
地方性法规	《广东省数字经济促进条例》《浙江省数字经济促进条例》《河北省信息化条例》《贵州省政府数据共享开放条例》《上海市数据条例》等
地方政府规章	《广东省公共数据管理办法》《安徽省政务数据资源管理办法》《江西省计算机信息系统安全保护办法》《杭州市网络交易管理暂行办法》等

资料来源：国务院新闻办公室，《新时代的中国网络法治建设》。

8.1.4 市场规模

1. 总体规模

在产业数字化急需安全防护的背景下，内外部安全威胁促进了安全需求加速增长，数字安全成为各行业领域数字化转型的关键保障。受到《中华人民共和国数据安全法》《中华人民共和国个人信息保护法》等出台、关键基础设施防护工作推进、"等保 2.0" 实施等因素的影响，大型企业纷纷发挥数字安全对主营业务的支撑带动作用，在新冠疫情期间远程办公与线上业务的增加也带来了数字安全需求的大幅增长。数世咨询预测，数字安全业务将继续保持 20% 左右的增长率，预计在 2026 年中国数字安全市场规模将超过 2000 亿元，如图 8.1 所示。

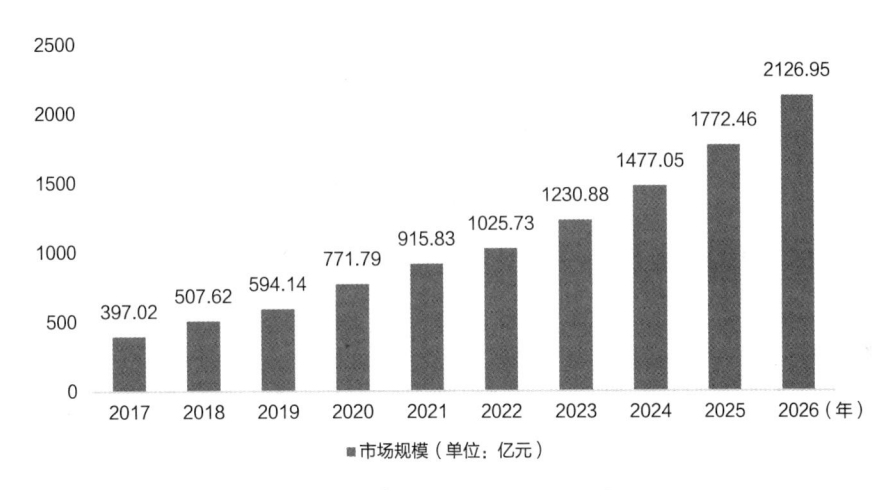

年份	市场规模（单位：亿元）
2017	397.02
2018	507.62
2019	594.14
2020	771.79
2021	915.83
2022	1025.73
2023	1230.88
2024	1477.05
2025	1772.46
2026	2126.95

图 8.1 中国数字安全市场规模

数据来源：数世咨询，《中国数字安全产业统计与分析报告（2022）》。

2. 业务结构

按照传统信息产业简单地将业务分为软件和硬件，已不适用于目前的数字安全厂商及其业务。根据数字安全行业的产品服务特征，可以将数字安全业务分为三类：一是安全产品，即设备、软件、硬件和 SaaS（软件即服务）；二是安全服务，以人/天计费；三是安全集成。其中，安全集成是数字安全产业的重要环节，从系统设计、建设、管理等各方面保障信息系统的安全性、稳定性和保密性，可有效满足数字安全定制化开发需求，在政企服务领域中发挥重要作用。数字安全的三类业务收入占比如图 8.2 所示。

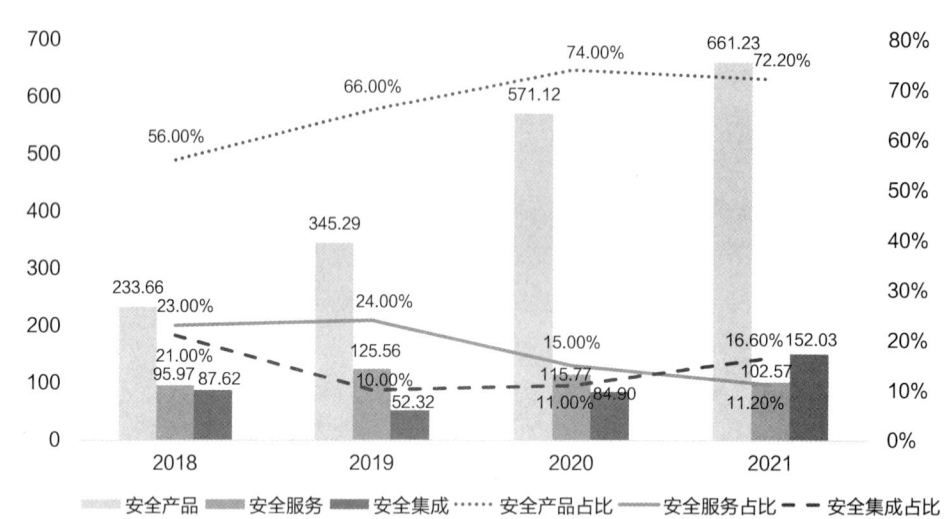

图 8.2　数字安全的安全产品、安全服务、安全集成三类业务收入占比

数据来源：数世咨询，《中国数字安全产业统计与分析报告（2022）》。

3. 行业结构

根据 2021 年对数字安全行业 700 个客户的调查，数字安全行业作为强政策驱动型产业，下游客户以政府部委、国防、军工、公安及金融等行业为主。如图 8.3 所示，前三大行业合计占比约为 58%。具体而言，政府部委是数字安全行业的最大客户，约占 26%，国防、军工、公安行业占比约为 16%，金融行业占比约为 16%。

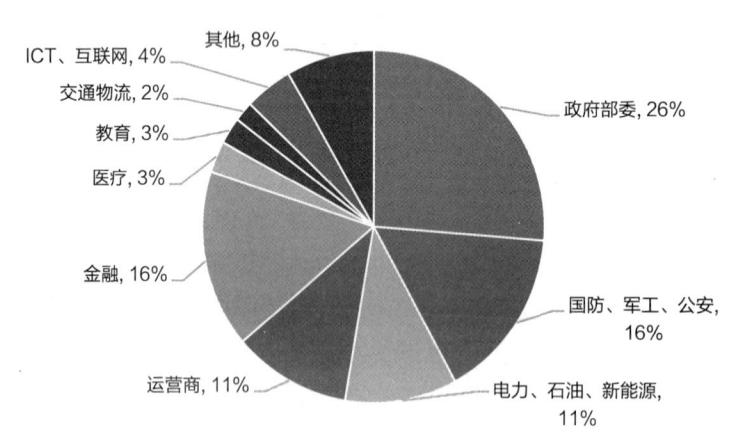

图 8.3　中国数字安全市场行业结构

数据来源：数世咨询，《中国数字安全产业统计与分析报告（2022）》。

8.2 数据安全市场格局

近年来,随着安全市场需求的不断升级和技术的更新迭代,数字安全行业的市场集中度开始逐渐提升。

8.2.1 竞争态势

从需求端来看,数字安全市场具有不同需求层级的客户群;从供给端来看,数字安全市场形成较为碎片、离散的竞争格局。国内数字安全市场存在众多的参与者,典型的企业类型包括网络安全公司、技术提供商、咨询公司、数据安全服务提供商、软件开发商等,大型跨国公司、创业公司和初创企业在市场上扮演着重要角色(如图 8.4 所示)。国内大型专业数字安全上市企业诞生于 20 世纪 90 年代,深信服、绿盟科技、启明星辰等知名企业都创立于此时期。第二波上市企业密集创立的窗口期是 2007—2012 年,此时期诞生了安恒信息、迪普科技等知名上市企业。

图 8.4 数世咨询评估的数字安全领域领军力量

数据来源:《中国数字安全百强报告(2023)》。

尤其是在网络安全领域市场进入稳健增长阶段后,头部企业的市场规模优势进一步凸显。中国网络安全产业联盟(CCIA)指出,2018—2022 年,TOP4 企业市场份额已经从 21.71% 提升到 28.60%[1](如图 8.5 所示)。

---

[1] 相关内容可参考中国网络安全产业联盟发布的《2023 年中国网络安全市场与企业竞争力分析报告》。

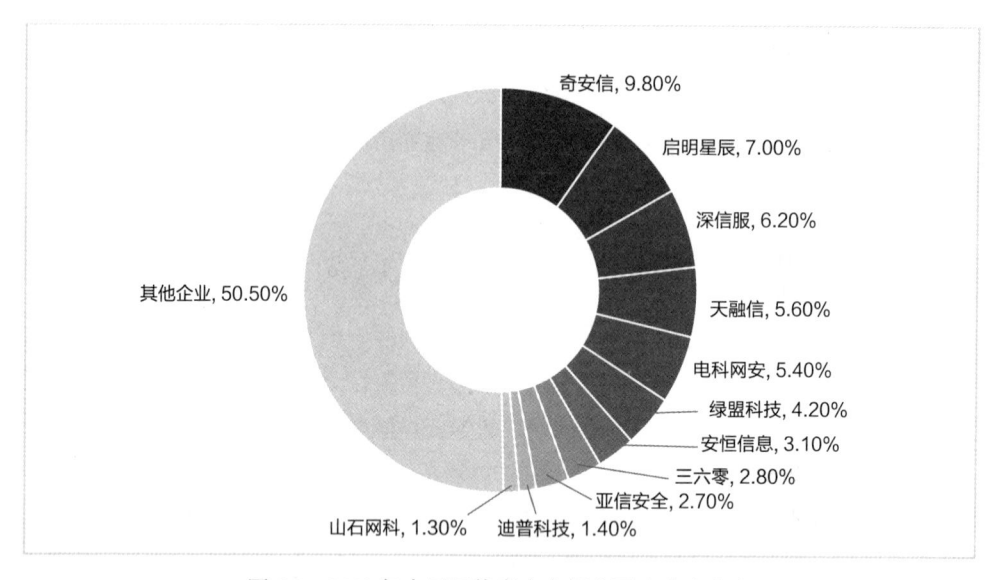

图 8.5　2022 年中国网络安全市场主要企业市占率

数据来源：《2023 年中国网络安全市场与企业竞争力分析报告》。

8.2.2　关键"玩家"

从 2023 年上半年的营业收入来看，数字安全上市企业的规模差距明显，企业业务聚焦各有侧重。

- 10 亿元以上营业收入：奇安信、深信服、启明星辰、电科网安、天融信。
- 3 亿元~10 亿元营业收入：三六零、安恒信息、绿盟科技、亚信安全、数字认证、山石网科、飞天诚信、中孚信息、迪普科技。
- 3 亿元以下营业收入：北信源、吉大正元、美亚柏科、信安世纪、任子行、格尔软件、安博通、佳缘科技、榕基软件、三未信安、盛邦安全、云涌科技、永信至诚、兆日科技、国盾量子、纬德信息、国华网安、ST 左江。

下面主要分析头部三个关键"玩家"的发展历程。

（1）奇安信

2014 年，奇安信注册成立，是国内领先的安全产品及服务提供商。无论是在人员规模、收入规模还是产品覆盖度上，其均处于行业领先地位。

在网络安全行业快速增长的背景下，奇安信注重研发高投入，持续打造以"平台+工具+

数据"为核心的技术研发模式，积极布局新安全赛道。其在新赛道的产品布局先发优势明显，如泛终端安全、态势感知和数据隐私保护等新领域产品。2022年，奇安信的数据安全产品通过中国信息通信研究院认证，成为国内首家拥有全套数据安全产品资质的企业。在推进产品国际化战略过程中，态势感知、终端安全等核心产品已具备同国际大厂竞争的实力。

2022年，奇安信披露的营业总收入达到62.23亿元，同比增长7.125%。其中，以网络安全产品为主，其营业收入为45.28亿元，占比高达73%；网络安全服务的营业收入仅为8.26亿元。

（2）深信服

深信服成立于2000年，是一家专注于企业级安全产品和服务的供应商。随着虚拟化、云化向信息服务行业渗透，数字安全行业由以硬件交付安全产品、人工交付安全服务的方式，逐步向云化交付方式转变。

从2012年起，深信服布局云计算，向企业客户提供超融合一体机、云管理平台（CMP）等云计算产品。目前，深信服的安全产品和服务涉及的业务范围非常广泛，覆盖边界安全、终端安全、身份与访问安全、办公安全、数据安全、云安全等领域，核心产品形态包括下一代防火墙、VPN、全网行为管理等，核心服务方式包括安全托管、评估、运维、培训四类主要内容，以针对不同行业、不同场景提供全面、整体的安全解决方案。

2022年，深信服披露的营业总收入为74.13亿元，同比增长8.93%。其中，安全业务收入为38.98亿元，云计算业务收入为28.59亿元，同比增长20.17%，企业无线收入为6.56亿元，云计算相关业务已经成为深信服的主要增长引擎。

（3）启明星辰

启明星辰成立于1996年，2022年中国移动注资控股，其以打造自主可控的安全生态体系为企业经营目标。启明星辰和中国移动在总部北京、东北、西北、华东、华南等地共同拓展安全项目，启明星辰依托中国移动的云底座，以算力网络基础设施安全为切入点，将安全能力融入中国移动的能力体系中。

启明星辰业务覆盖八大领域、百余种安全产品，战略布局涉云安全、数据安全、安全运营等新兴赛道。启明星辰积累六大核心技术能力：能力突破型技术，包括原生安全技术、范式化强化分析技术、研发与产品底座技术；场景类技术，包括DICT场景技术、体系化管理治理场景技术和行业应用场景技术。另外，启明星辰在人工智能赋能安全方面和密码应用方面取得显著进展：自主研发的人工智能安全建模和赋能平台、全大数据分析、威胁情报等多个产品被广泛使用，全面提升企业的安全数据治理、安全模型构建、模型安全检测、模型推理赋能等能力。

2022年，启明星辰全年营业收入达到44.37亿元，同比增长1.16%。其中，新业务收入为18.82亿元，在全面收入中占比为42.42%，同比增长达到21.13%。新业务板块包括涉云安全、数据安全、工业数字化安全、安全运营，涉云安全业务收入较上年同期增长41.32%。

8.2.3 细分领域

数字安全与数字技术、垂直产业深度融合，支撑数字经济的健康发展。对于数字安全，可以根据规模、行业、地理位置和安全需求场景来划分，这里主要列举了不同应用场景下的潜力细分市场领域，并简单介绍了这些潜力领域的发展情况、市场规模等，它们是推动数字安全市场向更大规模发展的主要力量。

1. 信创安全

信创即信息技术应用创新。2016年，国内24家专业从事软硬件关键技术研究及应用的单位，共同发起成立了"信息技术应用创新工作委员会"。

为了解决国家在发展当中所面临的本质安全的问题，信创被纳入国家重要战略。具体而言，当前全世界正面临以数字化为核心驱动力的第四次科技革命，我国也将数字经济作为社会经济高质量发展的核心使能器。但是，从当前的发展环境来看，有众多技术不被我国所掌握，并且从近年来的发展态势来看，我国随时可能被欧美等发达国家"卡脖子"。因此，必须要强调自主创新，将关键环节的产品与技术转变为中国自己可掌控、可研究、可发展、可生产的领域。因此，政府与产业共同行动，推动信创产业的发展。

回顾信创产业的发展历程，可以追溯到20世纪80年代，以"863计划"为代表，全面开启现代化自主创新时代。具体可分为五个阶段，如表8.3所示。

表8.3 我国信创产业的发展历程

阶　　段	核心特征	代表事件
觉醒 （1986—1992年）	以科研为导向，开启重大项目，形成自主创新意识	"863计划"启动

续表

阶　　段	核心特征	代表事件
起步 （1993—2007 年）	由国家和科研机构引领的自主创新实践初有成果	1993 年，中软推出国产 Linux 系统 COSX 1.0；浪潮研发 SMP2000 系列服务器 2000 年，红旗 Linux 发布 2001 年，方舟 CPU 问世 2006 年，"核高基"启动
加速 （2008—2016 年）	创新成果进入民用领域，可用性得到提升	2008 年，阿里巴巴内部信息技术升级，全面进行自主可控研发 2010 年，民用"中标 Linux"和军研"银河麒麟"合并 2013 年，银监会提出国产化安全要求；浪潮天梭 K1 小型机系统上市，标志着中国掌握了新一代主机技术 2015 年，飞腾发布首款 ARM 架构 CPU
可靠 （2017—2019 年）	底层芯片初见成效；基础软件取得突破；国家基金正式入场	国家集成电路产业投资基金股份有限公司成立，并完成二期募资 2017 年，安全项目启动 2019 年，多款国产 CPU 发布
整体布局 （2020 年至现在）	从党政向行业推动，实现自主安全可控，市场空间进一步扩大	"2+8"体系：党政和金融、石油、电力、电信、交通、航空航天、医疗、教育重点行业市场全面升级自主化和可控化信息产品 18 大行业：全面进行应用业务系统和解决方案的国产自主知识产权下的更新

从行业发展来看，我国率先在党政等高度机密的市场启动信创，在产品和生态逐渐完善后，进入金融、石油、电力、电信、航空航天、医疗、教育等重点民生市场，最后才将信创产品全面推广到消费市场。2022 年，国内信创产业的规模达到 1.67 万亿元，预计到 2027 年将达到 3.70 万亿元规模，年复合增长率为 17.3%[1]，具体如图 8.6 所示。

从产业构成来看，信创是将国民经济中已存在的产业纳入其中，主要包括基础硬件、基础软件、应用软件、信息安全四大板块，具体如下所述。

- 基础硬件：CPU 芯片、服务器、存储、交换机、路由器、各种云和相关服务内容。
- 基础软件：数据库、操作系统、中间件。
- 应用软件：OA、ERP、办公软件、政务应用、加密软件。
- 信息安全：边界安全产品、终端安全产品等。

---

[1] 相关内容可参考艾媒咨询发布的《2023 年中国信创产业发展白皮书》。

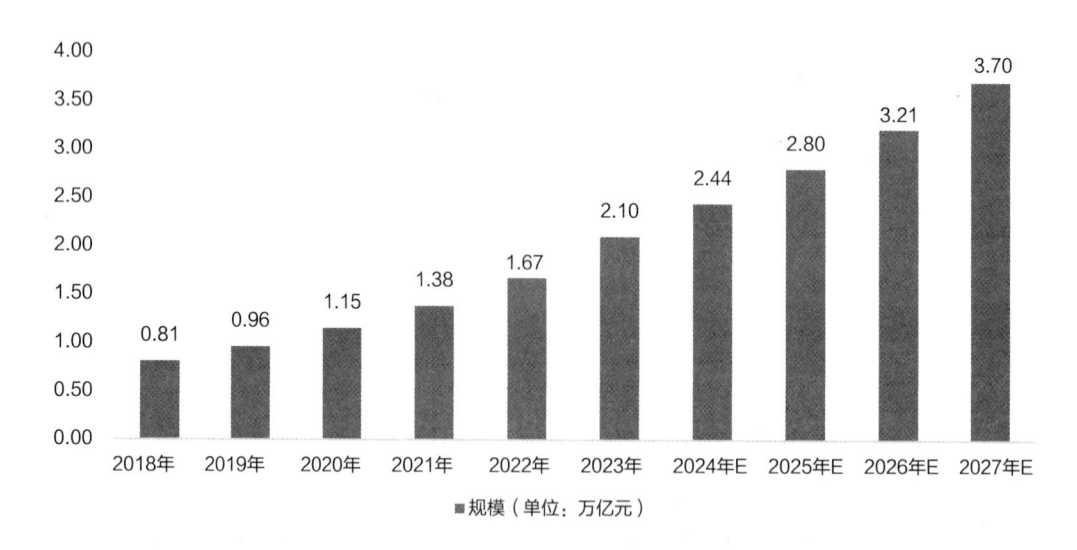

图 8.6 2018—2027 年中国信创产业发展规模

数据来源：艾媒咨询，《2023 年中国信创产业发展白皮书》。

从各板块的市场占比来看，基础硬件占比最高，达到 52%，其次是应用软件，占比达到 36%[1]（如图 8.7 所示）。

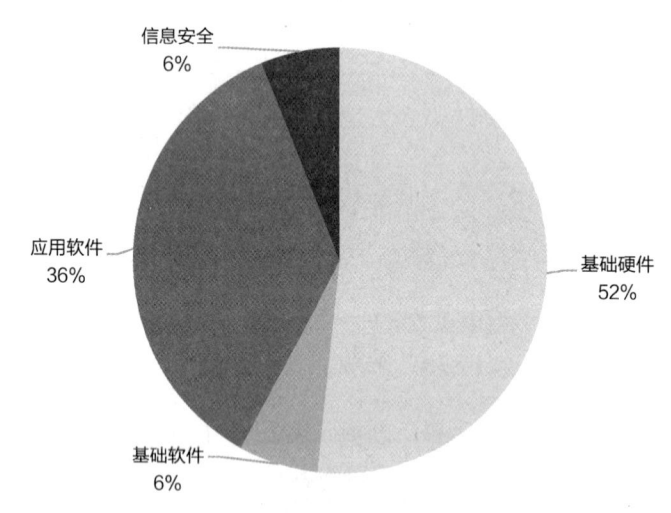

图 8.7 2022 年信创产业四大板块的市场占比情况

数据来源：第一新声，《2023 年中国信创产业研究报告》。

---

1 相关内容可参考第一新声发布的《2023 年中国信创产业研究报告》。

从产业分布情况来看，金融、电信和党政是信创安全行业的优选重点客户（如图 8.8 所示）。

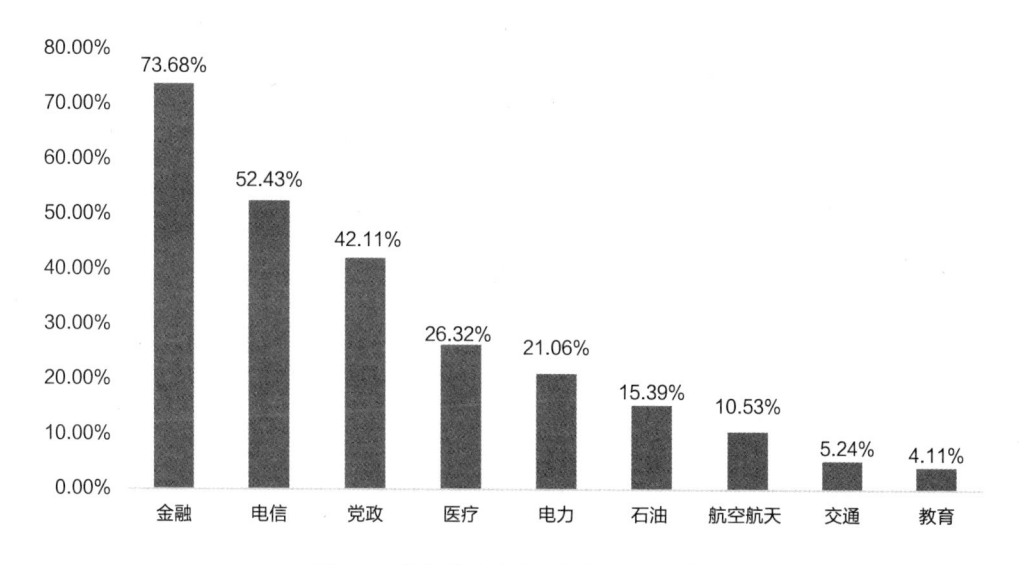

图 8.8 　信创供应商的目标行业客户分布

数据来源：第一新声，《2023 年中国信创产业研究报告》。

2. 数据安全

2021 年，国家颁布了《中华人民共和国数据安全法》，从政策层面明确了数据安全、隐私保护在维护国家数字经济稳定发展中的重要地位。数据安全是指采取必要措施，确保数据被有效保护和合法利用，以及保障数据处于持续安全状态。具体而言，数据安全要保证数据在采集、存储、加工、共享、使用、回收等环节的全面安全。

近年来，数据被定义为继土地、劳动力、资本和创新技术之后的生产要素，数据经济价值得到广泛认可，但数据泄露事件频发，越来越多的客户认识到数据安全的重要性，数据安全市场进入快速发展期。当前数据安全产业具有四个方面的特征。

第一，数据安全产业顶层规划逐步构建。一方面，《中华人民共和国网络安全法》《中华人民共和国数据安全法》《中华人民共和国个人信息保护法》先后出台，形成了完整的数据保护的基础法律体系；另一方面，国家和地方在"十四五"整体规划，以及数字经济规划、网信安全规划等产业设计中，先后重点强调数据安全。数据安全逐步迈入有法可依、有据可查的强监管时代。

第二，数据安全产品和服务发展总体良好。在数据安全产品方面，包括数据资产管理、数据分类分级、安全监测、数据库安全、数据脱敏、数据防泄露、数据水印、数据溯源、隐私计算等产品，数据安全产品种类越来越丰富。在数据安全服务方面，主要包括数据合规评估、数据规划咨询和数据安全治理等服务。另外，数据安全托管、数据安全测评等服务内容也在快速发展中。

第三，数据安全产业生态环境优化。一方面，数据安全标准体系逐步完善，国标、行标与地方标准层出不穷；另一方面，数据安全领域的协作层出不穷，包括组建产业联盟、召开论坛、联合发布倡议等产业协作形式。

第四，数据的合规性利用得到促进。数据安全审查、数据安全监测、数据交易、个人信息出境安全评估等具体细则不断落实，数据交易所等持续建设，确保了数据安全，有效促进了数据的合规性利用。

从广义的角度理解，客观上能够保证数据安全产品和服务均可被纳入广义市场数据统计口径。2023 年 1 月，工业和信息化部等十六部门联合发布了《关于促进数据安全产业发展的指导意见》，要求数据安全产业保持 30%的增速，在 2025 年达到 1500 亿元的市场规模[1]，具体如图 8.9 所示。

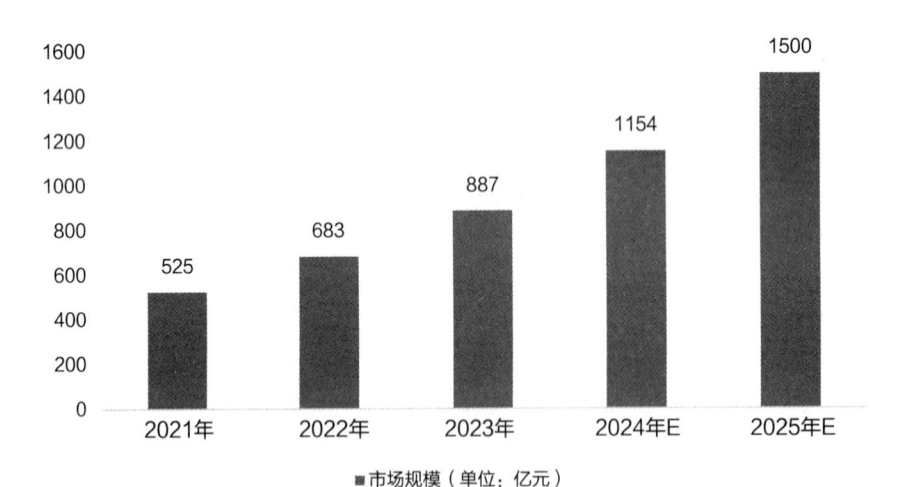

年份	市场规模（单位：亿元）
2021年	525
2022年	683
2023年	887
2024年E	1154
2025年E	1500

图 8.9　广义角度的数据安全市场规模

数据来源：依据《关于促进数据安全产业发展的指导意见》测算。

---

[1] 依据《关于促进数据安全产业发展的指导意见》测算，2023 年 1 月。

数据安全产业由上游、中游、下游构成，其中上游包括芯片、服务器、中间件、操作系统和数据库等底层支撑产业；中游是数据安全产业的核心，按业务特点可被划分为数据安全基础防护、数据安全应用防护、数据安全综合管控和数据安全服务四大部分（具体如图 8.10 所示）；下游包括系统集成商、云厂商等直接面向最终客户进行交付的环节。

数据安全基础防护
- 加解密
- 数据资产发现
- 数据容灾备份
- 保密检查工具

数据安全应用防护
- 数据库安全
- DLP
- 数据脱敏
- 文档安全
- 数据分类分级
- 大数据保护

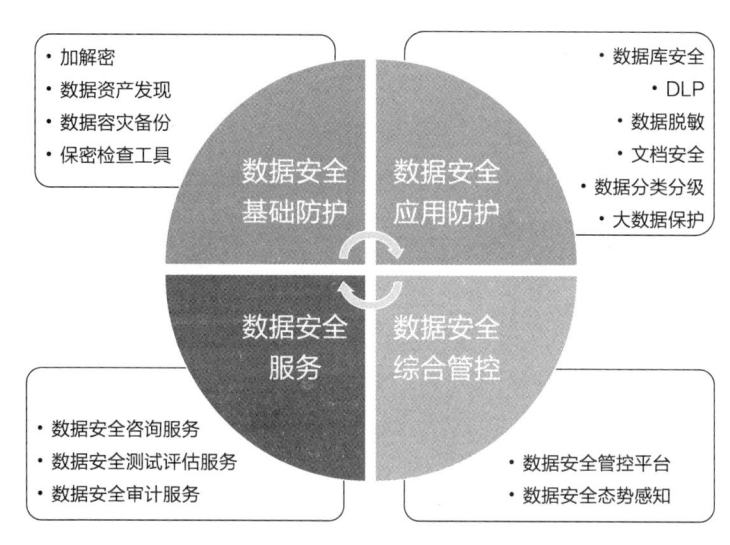

数据安全服务
- 数据安全咨询服务
- 数据安全测试评估服务
- 数据安全审计服务

数据安全综合管控
- 数据安全管控平台
- 数据安全态势感知

图 8.10　数据安全产业中游的业务特点

3. 云安全

云安全是基于云计算的软硬件、用户、机构、云平台的安全总称（华为定义）。首先，云安全指的是在安全领域应用云计算技术，也就是云安全的实际应用。其目标是充分利用云计算特征，将传统安全产品转变为云端服务，以提供更符合个人或行业需求的网络安全解决方案或者安全服务。其次，云安全是指在云计算领域应用安全技术，以确保云本身的安全性为最终目的。最后，从交付模式来看，云安全采用云交付模式，可按需、按量、按时长付费，并可根据云服务形式和部署模式的不同灵活选择产品。

云安全的发展，与云计算本身的技术和业务理念密不可分。在云计算领域中，系统平台开放化、计算网络存储虚拟化、数据所有权与管理权分离化等特征，导致传统的安全措施并不能满足新的需求。表 8.4 对云安全与传统安全进行了对比，由此彰显云安全的重要性[1]。

---

[1] 相关内容可参考艾瑞咨询发布的《2021 年中国云安全行业研究报告》。

表 8.4 云安全与传统安全的比较

细 项	云 安 全	传 统 安 全
安全内容	与云计算相关的安全内容更加广泛，需要格外关注虚拟化技术带来的安全挑战（网络、存储、服务器虚拟化等）	传统的安全解决方案不考虑虚拟机安全
安全规模	云计算系统被部署在包括大规模物理基础设施的数据中心，使安全问题不再局限于单一设施，而是整体的系统安全	传统的安全解决方案关注单机安全
安全边界	云计算的应用场景不断拓展，产品界限模糊，需要根据客户需求提供合理的安全解决方案	传统的安全解决方案可以清晰地划分出物理与程序的安全边界
安全技术	云安全需要考虑分布式计算与存储、网格式网络以及虚拟化与管理平台等	传统的安全解决方案主要关注软硬件技术面临的风险，采用升级或者打补丁的形式来解决
安全管理	云安全管理复杂、灵活，需要根据部署模式与服务模式的差异进行调整，同时需要与租户、监管机构等多方配合	传统的安全解决方案的实施与管理简单，由客户承担主要安全责任

资料来源：艾瑞咨询，《2021年中国云安全行业研究报告》。

综合分析云安全产业，其主要具有四个方面的发展特征。

第一，政策法规体系不断完善。一方面，数字经济、云计算、数字安全发展规划不断完善，共同促进云安全产业的发展；另一方面，通过《中华人民共和国网络安全法》《中华人民共和国数据安全法》《中华人民共和国个人信息保护法》等基础法律，以及相应衍生法规的制定，构建了云安全的监管与发展环境，比如对个人云端数据隐私的保护，以及对数据的合规性利用。

第二，市场规模持续扩大。伴随着云计算、数字安全等产业的共同壮大，云安全市场快速增长。根据计世资讯统计，我国云安全市场同比保持40%的高速增长，预计2025年整体市场规模将达到509亿元。

第三，安全风险增长带动对产品的新需要。云计算面临复杂的威胁和攻击方式，比如DDoS攻击、恶意软件、社交工程和钓鱼等，云安全的产品类型也在不断增加。

第四，新技术与云安全不断融合。利用人工智能可以进行入侵检测和攻击预测，利用区块链技术可以进行身份认证和数据加密保护，人工智能、区块链等新型ICT技术（信息与通信技术）正被逐步应用于云安全领域。另外，IDC 的研究数据显示，全球 95% 的公司采用公有云和私有云两者并行的方式，88% 的企业同时与至少两家云服务提供商建立合作关系。在此背景下，混合云安全管理技术开始蓬勃发展。

云安全产业主要包括：物理设施安全、云基础资源安全、数据安全、网络安全、应用和业务安全、身份安全、安全服务和安全运营八个方面，具体如图 8.11 所示[1]。

安全服务	身份安全	安全运营
	应用和业务安全	
	数据安全 | 网络安全	
	云基础资源安全	
	物理设施安全	

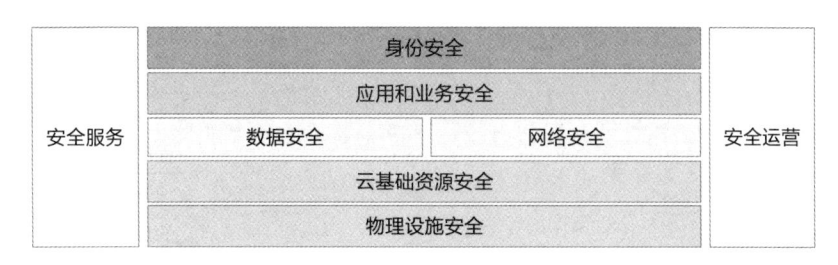

图 8.11　云安全产业结构

数据来源：艾瑞咨询，《2021 年中国云安全行业研究报告》。

物理设施安全：确保物理设施安全是云安全防护的基础。通过采用门禁系统、视频监控、环境监控等措施，保证物理环境的安全。此外，还需要对物理访问进行控制，以防止未经授权的访问。

云基础资源安全：随着云原生技术的演进，云基础资源安全已取得显著进展，并在容器、微服务、DevOps 等领域获得阶段性突破，逐步形成更为完备的云原生产品框架。随着云原生应用不断提升云计算产品的能力，也引发了更为复杂的云安全需求。因此，对云原生架构的深刻理解以及从基层到上层的全面解决方案构建显得尤为重要。

数据安全：当前，云端数据存储与分析已经成为数据存储与分析的主要方式，需要采用多种数据安全工具来解决通过单一的数据安全产品难以有效解决的安全问题。围绕数据全生命周期构建综合的、全面的安全解决方案，能够有效降低云环境下的数据安全风险。

网络安全：在传统网络安全时代，DDoS 攻击是黑客常用的攻击手段。随着云计算的普及，云管理平台成为新的攻击目标，云也被利用作为扩大攻击效果的工具。因此，需要选择适合云环境的网络安全工具来应对云原生的安全风险。

应用和业务安全：相较于基础安全产品，应用和业务安全需要与业务场景结合得更为紧

---

[1] 相关内容可参考艾瑞咨询发布的《2021 年中国云安全行业研究报告》。

密。因此，在云端布局，一方面可以充分利用产业界智力的优势，促进与场景更紧密地结合；另一方面可以充分应用人工智能、区块链等技术资源加强对安全能力的打造。

身份安全：企业上云后将面对更多来自企业内部、外部不同类型的用户通过各种媒介对不同资源的访问需求。因此，需要通过相应产品覆盖用户身份生命周期的各个环节，实现统一认证，兼顾访问效率与访问安全之间的平衡。

安全服务与安全运营：随着产业数字化转型的推动，企业对云计算的应用热情高涨。由于IT运维成本和团队规模有限，企业的传统网络安全运营和管理能力较难适应云安全的运营和管理需求。云安全托管平台能够有效地解决企业面临的专业能力和专业人才不足的问题，减轻了云计算的安全维护成本负担，确保了云上业务的安全可靠。

4. 区块链安全

据中国信息通信研究院定义，区块链安全技术是一种充分发挥区块链底层的去中心化、透明、开放、自我验证、不可篡改和可溯源等特征，旨在应对各个经济社会领域安全性问题的技术解决方案。

2008年，中本聪首次提出区块链的技术概念。2021年，因加密货币价格大幅上涨，创下此前历史高峰，短期内区块链应用创新相继涌现进入大众视野。区块链经过十多年的发展，技术影响力越来越大。

美国政府积极鼓励深入研究区块链在安全领域的应用，并特别关注区块链安全方面的潜在风险。2017年，美国总统授权一项区块链安全性研究，支持美国国土安全部（DHS）开展Cryptocurrency跟踪、取证和分析工具开发项目。2022年3月，为了制约加密资产和应对DeFi引发的金融风险，欧盟相关部门通过《加密资产市场监管提案》，确保在有力监管下拥抱金融领域数字革命。另外，欧洲于2020年建设区块链基础服务设施（EBSI）旗舰项目，使欧洲公民能够利用区块链更安全地访问公共服务。

与国外相比，我国各行各业对区块链的关注度较高。在充分吸收国外发展经验的基础上，我国积极探索将区块链技术与行业领域相结合。为了防范区块链技术应用面临的安全风险，引导、规范区块链产品的开发和部署，我国在国家标准、通信行业标准等多个层面推动区块链安全标准化工作，促进区块链技术的安全、有序和长期应用，具体如图8.12所示[1]。

---

[1] 相关内容可参考中国信息通信研究院发布的《区块链安全白皮书——技术应用篇（2018年）》。

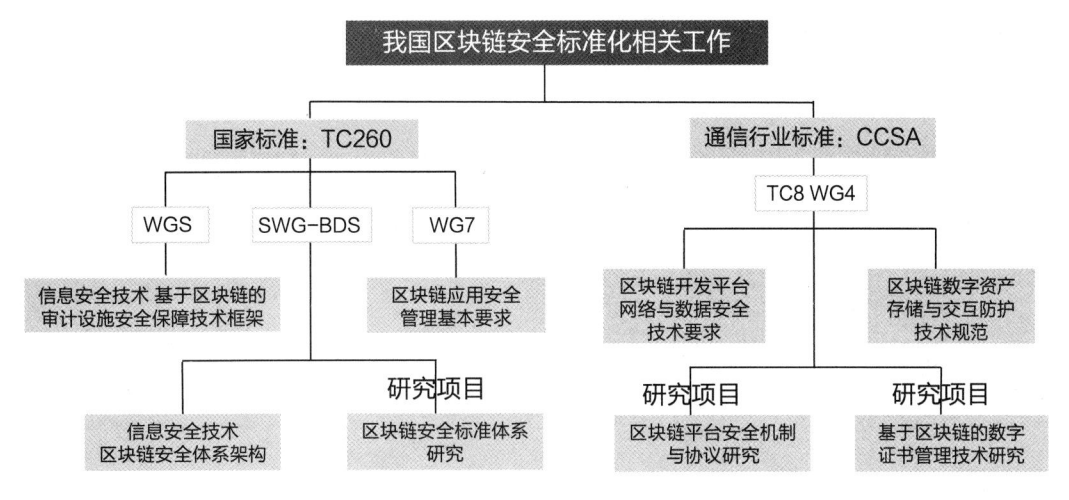

```
                        我国区块链安全标准化相关工作
                    ┌───────────────┴───────────────┐
             国家标准：TC260                  通信行业标准：CCSA
         ┌────────┼────────┐                    TC8 WG4
        WGS    SWG-BDS    WG7              ┌───────┴───────┐
         │        │        │         区块链开发平台      区块链数字资产
   信息安全技术 基于区块链的 区块链应用安全  网络与数据安全   存储与交互防护
   审计设施安全 管理基本要求              技术要求         技术规范
   保障技术框架
         │        │                          │                │
        研究项目  研究项目                  研究项目          研究项目
   信息安全技术 区块链安全标准体系   区块链平台安全机制  基于区块链的数字
   区块链安全体系架构  研究          与协议研究         证书管理技术研究
```

图 8.12　我国区块链安全标准化相关工作

数据来源：中国信息通信研究院，《区块链安全白皮书——技术应用篇（2018 年）》。

在中国信息协会区块链专业委员会的指导下，SAFEIS 安全研究院发布了《2022 年区块链安全白皮书》。其中显示，2022 年区块链安全事件涉事总金额超过 753 亿美元。目前，区块链安全技术被广泛应用于网信安全、新型基础设施安全、金融安全领域。2019 年德勤全球高管调查数据表明，71%的受访者认为区块链提供的安全性较传统 IT 解决方案更为优越。

自 2019 年 2 月《区块链信息服务管理规定》实施以来，中央网信办组织开展备案审核工作，对区块链备案主体进行监督检查，并督促未备案主体尽快履行备案义务。2023 年 2 月，中央网信办发布第十一批境内区块链信息服务备案编号 502 个，累计发布 3193 个区块链信息服务备案编号，如图 8.13 所示。

区块链为解决经济活动中的信任问题而生，为广泛开展数字经济合作提供基础保障。但是全球区块链应用安全风险仍然严峻，未来还将有更多的安全事件发生。为了应对区块链引发的安全风险，全球政府进一步加强区块链安全监管，为区块链应用的合法合规提供更加细致的监督框架，减少不必要的法律风险及纠纷。同时，业界在寻求安全技术方案来解决区块链安全问题，比如通过安全审计、数据本体固化、区块链联盟及完善的服务架构应对安全风险。未来，区块链安全问题仍然会带来持续的挑战，需要业界不断地进行跟踪研究和优化。

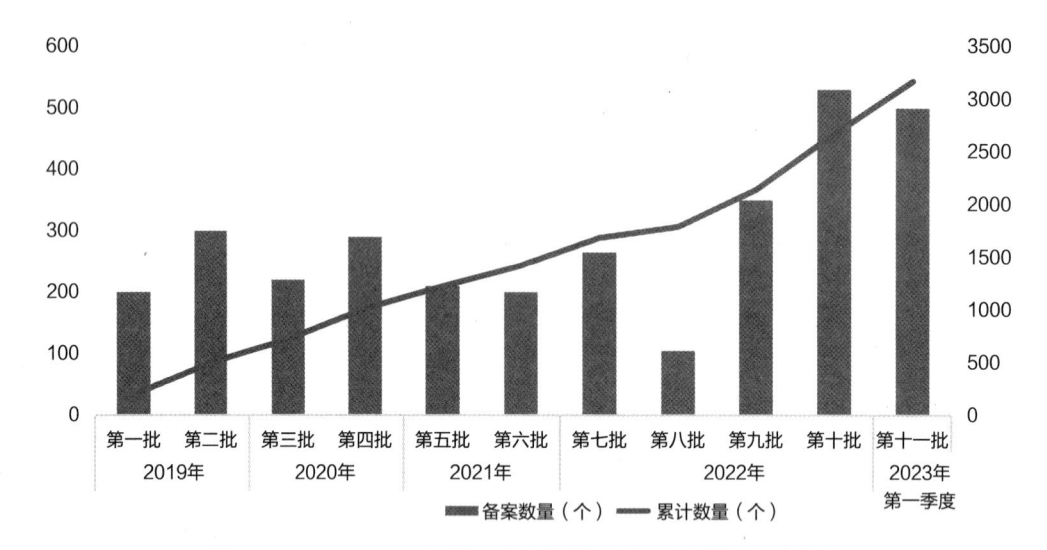

图 8.13 2019—2023 年第一季度中国区块链信息服务备案统计

数据来源：中央网信办。

5. 物联网安全

物联网安全是指为保护物联网设备及其连接的网络而采取的一系列措施。从当前的产业发展态势来看，有五个方面的因素，正在加速促进物联网安全产业的发展。

第一，物联网连接量持续增长，增加了风险暴露的可能。根据 IDC 发布的《中国物联网连接规模预测，2023—2027》，2023 年中国物联网连接量超 66 亿个，未来五年复合增长率约为 16.4%。对于物联网安全而言，物联网整体网络每增加一个连接节点，就相当于增加了一个风险暴露点，安全风险以几何级的概率放大，增加了物联网安全边界被攻破的可能性。

第二，物联网终端性能偏弱，导致整体安全性较弱，容易受到攻击。相比桌面互联网、移动互联网等终端，物联网终端整体性能偏弱。其主要体现在两个方面：一是硬件性能偏弱，出于降低成本、降低功耗等的考虑，物联网设备的计算能力偏弱，只满足对预设场景的处理，目前移动端处理器已达 5nm 制程工艺级别，而物联网设备仍以 28nm 甚至 45nm 制程工艺为主；二是智能化程度不足，大部分物联网设备的内部存储空间有限，尽管有智能系统，但无法安装更多的应用，同时物联网设备的生命周期较长，众多设备已不再获得厂商的安全支持。

第三，物联网安全问题所造成的损失日趋严重。物联网终端设备是数字世界和物理世界的接口，一旦其出现安全问题，就会对物理世界直接产生影响，从而导致严重问题，例如智能网联车被控制、无人工厂设备被攻破、能源输送线路被关闭、家用摄像头成偷窥利器等。

第四，物联网形成明确的安全需求体系，推动业务发展。基于物联网的功能属性，物联网被划分为感知层、网络层、平台层和应用层，每一层级均面临不同的安全风险以及相应的安全需求，具体如表 8.5 所示。

表 8.5 物联网的安全风险与安全需求

	安全风险	安全需求
应用层	权限混乱、数据泄露、管控恶意代码	权限分级、隐私保护、应用代码检测
平台层	API 风险、越权访问、漏洞扫描	API 安全、设备鉴权和验证、系统稳定性与升级管理
网络层	中间人挟持、跨域网络攻击、协议缺陷	传输加密、数据的完整性与可用性检验、协议安全
感知层	设备漏洞、环境暴露、认证缺失、隐私泄露	边缘处理、物理防护、节点认证、加密存储

第五，物联网安全政策、标准先后出台，对产业发展提出明确要求。基于物联网安全的形势，国家先后出台了多个政策文件，支持物联网安全的发展，并制定相应的物联网安全标准。其中，全国信息安全标准化技术委员会制定了一系列物联网安全产业标准，并明确了物联网安全标准体系框架，用于规范物联网的发展[1]，如图 8.14 所示。

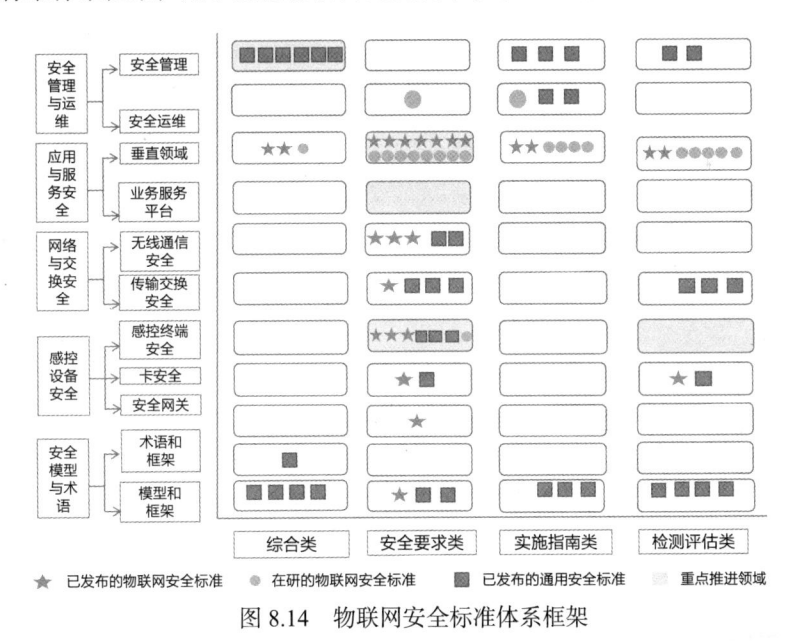

图 8.14 物联网安全标准体系框架

数据来源：全国信息安全标准化技术委员会，《物联网安全标准化白皮书》。

---

1 相关内容可参考全国信息安全标准化技术委员会 2018 年发布的《物联网安全标准化白皮书》。

根据头豹研究院的《中国物联网安全行业概览》，2021年我国物联网安全市场规模为287.5亿元，随后随着物联网、数字安全的高速增长，其呈现出加速发展的态势，预计到2025年市场规模将达到1219.1亿元，具体如图8.15所示。

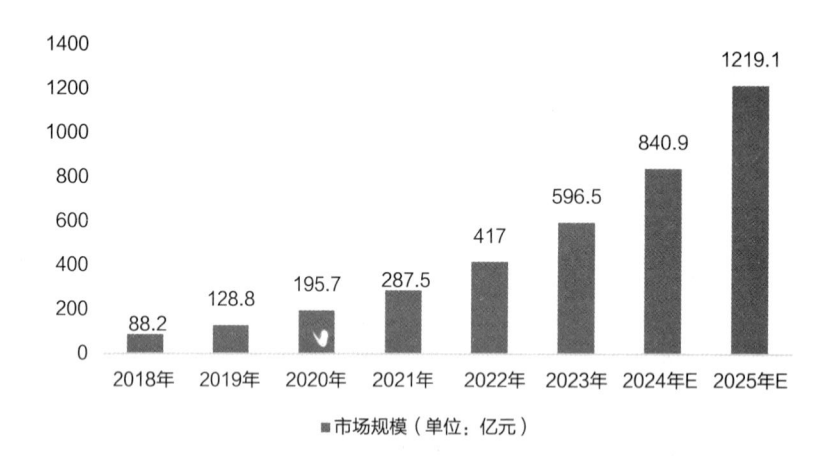

图 8.15　2018—2025 年中国物联网安全市场规模

数据来源：头豹研究院，《中国物联网安全行业概览》(2022 年)。

根据《中国电信 5G 物联网安全白皮书》，物联网安全是全程全网、端到端的安全基础设施与产品体系，具体如图8.16所示，主要包括"端—边—网—云—用—数"六个层面[1]。

- 终端安全：包括设备认证、设备取证、密钥管理等。
- 边缘安全：包括算法版权保护、可信上链、安全容器等。
- 网络安全：又称连接安全，主要是指接入网和承载网方面的安全性。
- 云安全：云基础设施安全方面的方案。
- 应用安全：信息等保三级、分权分域、操作鉴权、电子证书等能力的建设。
- 数据安全：可分为数据资产管理、数据风险监测、数据安全共享，包括数据中立、数据加密等。

---

[1] 相关内容可参考中国电信 2022 年发布的《中国电信 5G 物联网安全白皮书》。

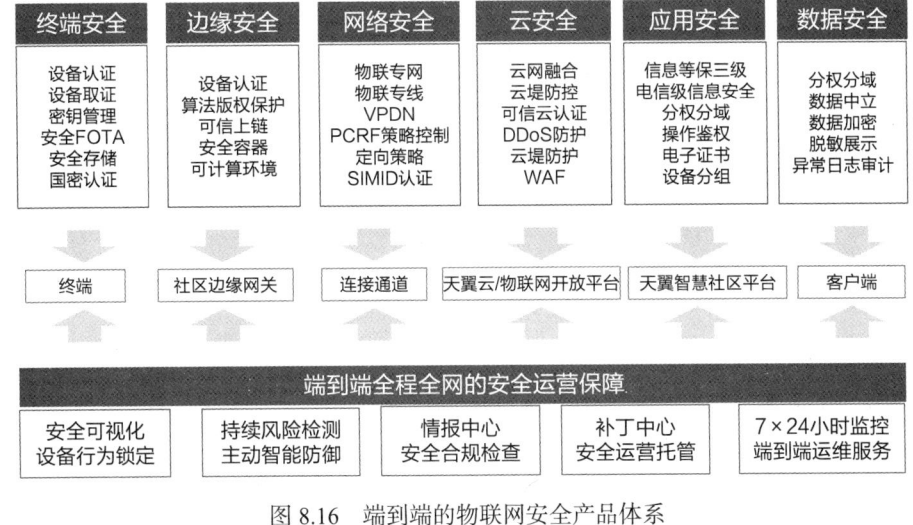

终端安全	边缘安全	网络安全	云安全	应用安全	数据安全
设备认证 设备取证 密钥管理 安全FOTA 安全存储 国密认证	设备认证 算法版权保护 可信上链 安全容器 可计算环境	物联专网 物联专线 VPDN PCRF策略控制 定向策略 SIMID认证	云网融合 云堤防控 可信云认证 DDoS防护 云堤防护 WAF	信息等保三级 电信级信息安全 分权分域 操作鉴权 电子证书 设备分组	分权分域 数据中立 数据加密 脱敏展示 异常日志审计
↓	↓	↓	↓	↓	↓
终端	社区边缘网关	连接通道	天翼云/物联网开放平台	天翼智慧社区平台	客户端

端到端全程全网的安全运营保障

安全可视化 设备行为锁定	持续风险检测 主动智能防御	情报中心 安全合规检查	补丁中心 安全运营托管	7×24小时监控 端到端运维服务

图 8.16 端到端的物联网安全产品体系

数据来源：中国电信，《中国电信 5G 物联网安全白皮书》（2022 年）。

6. 工业互联网安全

工业互联网安全是指在工业生产过程中物理安全、功能安全与信息安全的集合，主要是通过智能预警、应急响应、检测评估、功能测试等方式确保工业互联网安全健康发展。

在工业互联网的发展过程中，有三个方面的变化和发展。一是安全风险问题，包括设备安全风险、网络安全风险、控制安全风险、数据安全风险和应用安全风险。二是边界模糊引发的新安全需求，主要是设备的边界变得模糊，传统的安全隔离手段难以适用，需要结合工业现场业务进行主机进程级微隔离，打造工业零信任安全解决方案。三是新工艺场景下的安全需求，工艺场景不断增多，需要针对工业协议、工业指令等信息构建工业安全行为知识库和安全模型。未来，工业互联网安全的发展将呈现出三个方面的特征。

第一，工业互联网安全政策持续向好。为了推动工业企业的数字化转型，国家在加大对工业互联网发展支持的过程中，同步推动了对工业互联网安全的支持。其中，在数字经济、信息产业、智能制造等整体"十四五"规划中，均明确推动工业互联网安全的发展。

第二，工业互联网安全标准稳步推进。2021 年年底，在工业和信息化部网络安全管理局指导下发布的《工业互联网安全标准体系（2021 年）》中，明确构建工业互联网安全标准体系，指导工业互联网安全健康发展。

第三，工业互联网安全产品和服务正在有序发展。其呈现出两大特征：一是随着工业威胁的增加，以及政策规范的明确，产品和服务的种类正在不断增多，尤其是在细分领域不断细化；二是产品和服务呈现出融合化特征，以及形成整体的方案，以应对复杂的工业整体威胁。

根据国家工业信息安全发展研究中心发布的数据，预计到2025年中国工业互联网安全市场规模将达到253.2亿元，如图8.17所示。

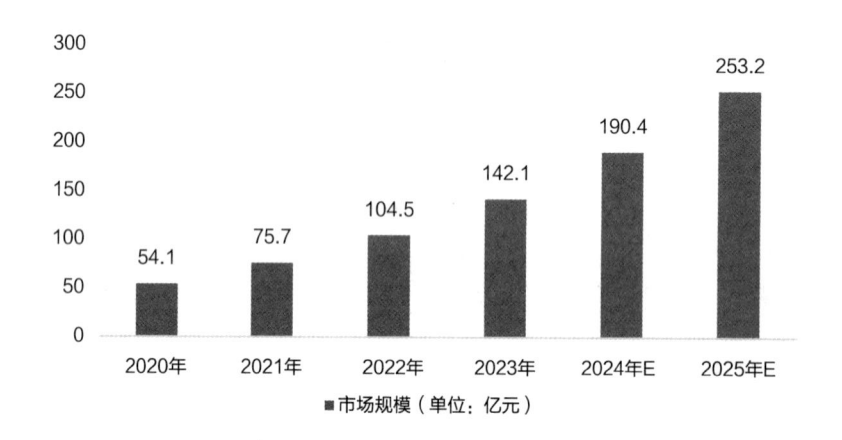

图 8.17 2020—2025年中国工业互联网安全市场规模

数据来源：国家工业信息安全发展研究中心，《中国工业信息安全产业发展白皮书（2021—2022）》。

一旦工业互联网受到外部攻击，就可能会直接导致工业生产遭到破坏，严重时还可能会导致基础设施、产品供给的中断或者爆炸等重大安全事故，工业互联网的风险将引发多种不良后果。

首先，网络攻击对联网工业设备构成严重威胁。随着工业互联网的蓬勃发展，越来越多的工控系统和设备被连接到网络。国家工业信息安全发展研究中心的数据表明，我国已识别出一万多种系统和设备，其中89%缺乏有效的安全保护。工业控制漏洞激增，工控系统遭到攻击的事件逐渐上升，攻击范围由控制系统扩展至智能设备，涵盖了特定型号至通用设备的范畴。

其次，不确定源头的风险对安全提出更高要求。工业互联网是一个复杂的系统工程，其全面防护的程度在很大程度上取决于最薄弱的环节。然而，工业互联网系统间的互联互通和综合集成加大了系统被入侵的风险。例如，在工业互联网的控制层打破安全防护，操作系统可能是入侵、破坏和控制系统，窃取商业机密的通道。工业互联网的应用层存在软件漏洞，可能会因为权限设置不严密，导致信息泄露等安全问题。因此，由于工业互联网产业的复杂性，不同工业垂直领域的特征和联网场景的差异成为工业互联网安全策略实施的障碍。

8.3 未来趋势

当前，全球数字安全形势不容乐观，全球各国纷纷加快数字安全领域的立法和加大投资。在我国，数字安全顶层立法与发展规划先后出台；行业监管部门先后制定面向行业的规章与管理办法；各行业监管部门持续加大数字安全领域的执法力度，例如开展互联网"清朗"行动，对重点平台企业启动专项安全审查等。

8.3.1 数字安全的未来趋势

（1）发展动因：从单一合规驱动向业务、合规双驱动转变

长期以来，外部的事件驱动、合规驱动一直是数字安全用户投资的核心需求。随着数字时代的到来，现实世界与网络空间的联结愈发紧密，安全合规更加重要。在未来一段时间内，"合规"仍是网络安全的主旋律，政策导向仍将在很大程度上影响网络安全产业布局和企业投入方向。

同时，随着数字经济的蓬勃发展和"数字中国"建设的深入推进，各行各业数字化升级方兴未艾，线上办公模式逐步增多。企业安全治理体系的建设已逐渐从被动合规转向拥抱合规、超越合规，从追求合规转向追求效果，不断提高自身网络安全防护能力，以保证业务服务的连续性。

未来，数字安全产业将由外部合规驱动向内部业务需求与合规双驱动转变，促使数字安全需求侧的潜力被更好地释放，产业发展更添动力。

（2）产品形态：业务边界的扩展与中国特色的创新

数字安全领域的产品演进，将呈现出三个方面的特征。

第一，扩展业务边界。一方面，有更多的垂直行业等，需要深入应用数字安全的产品和技术，由此带动产品和服务类型的扩展；另一方面，数字化转型进入快车道，开辟了更多的新赛道，带来应用场景安全需求、数字基础设施安全需求和数据资源安全需求，数据要素市

场化程度加深，数据交易流通进展加快，因此需要向更大的空间拓展。

第二，构建中国特色的数字安全创新产品体系。数字安全服务于数字产业，我国目前形成了与欧美主流国家具有一定差异的产业数字化业务体系。因此，在未来，除了在技术上紧跟国际领先的研发趋势，还要在产业上聚焦中国产业特色需求，在实现自主可控的同时，更要安全可靠，为我国在复杂国际形势下提供可靠保障，为产业数字化发展筑牢数字安全坚实的屏障。

第三，重点领域将加快数字技术应用，数字安全服务需求快速增长。数字经济服务于实体经济的程度正在加深，数实"双向奔赴"将在农业、工业、金融、教育、医疗、交通、能源等多个重点领域展开，与数字技术的创新应用相辅相成。在数实融合的过程中，数字安全将发挥越来越重要的作用。以网络安全为手段，以数据安全为核心目标的数字安全产业，不是简单的单点安全产品堆砌，而是要基于全业务流程及数据生命周期进行风险分析，系统性地构建数字安全保护体系。行业领军企业正在向综合性解决方案提供商转变，以使"产品+服务"满足数字安全的有效性、持续性和体系化要求。

（3）技术动能：新兴技术成为数字安全新基建，智能化、自动化价值突出

从当前数字安全面临的态势来看，数字化转型重塑产业链，万物互联促进物理空间与数字空间的融合，安全攻击变得更加复杂多样化，数字安全成本也在逐年增加。隐私计算技术、国产密码技术、量子加密技术等新兴技术逐渐受到各方的重视与关注，并将得到更加广泛的应用，特别是人工智能技术带来的自动化智能数字安全防护体系。

通过智能化、自动化技术，可以实现规模化落地应用，在数字安全中凸显重要价值。充分利用人工智能技术，可以实现自动化检测、预警与防御，将数字安全风险提前化解。当威胁来临时，智能化数字安全系统能够通过自适应及自学习的方式，根据攻击历史数据持续演进防御技术，更好地应对数字安全威胁。

（4）重点领域：数据安全是核心发展方向

随着全球数字经济的加速发展，数据对各国经济发展的重要性不言而喻，与之相伴的数据安全风险也与日俱增。为了保障数字经济健康发展，国家相继出台了一系列政策法规。在政策驱动下，数据安全增长趋势创新高，随着数据安全越来越受到重视，未来其将有广阔的市场空间。

具体而言，2022年12月发布的《中共中央 国务院关于构建数据基础制度更好发挥数

据要素作用的意见》，为数据基础制度建设指明了方向，对数据安全等方面做出了布局。随着数据安全监管的落地，顶层设计逐步明确，数据安全供应能力不断增强，数据安全产业生态各方面都呈现出快速发展的态势。数据安全咨询规划、数据安全风险评估、数据跨境活动、数据交易流通等应用场景需求将持续攀升。

在《关于促进数据安全产业发展的指导意见》中，更是将数据安全的概念予以外延，为数据安全提供主动或被动价值贡献的各类领域，均被定义为数据安全的组成部分，并提出了30%的年复增长率目标，要在2025年达到1500亿元的规模。

（5）行业机遇：企业出海安全合规形势严峻

随着跨境企业的双向监管时代的来临，中国企业出海迎来新一轮的浪潮。当前多重因素正在推动中国企业加速出海的步伐，95%受访的中国出海企业认为自己未来3年海外业务的增长可以超过5%[1]。然而，中国出海企业的安全处罚事件频发，全球数字安全监管趋严，在此大背景下，中国出海企业开始将安全合规列为首要优先级事项。

8.3.2　数字安全的启示与建议

结合前面所讲的内容以及对数字安全行业未来趋势的预测，我们认为数字安全产业的发展任重而道远，面向政府各部门、数字安全产业厂商及广大安全客户，总结出以下启示与建议。

（1）数字安全相关法律法规，仍需进一步加强配套与细化落实

总体来说，数字安全仍处于发展初期，该领域的立法由网络安全与数据安全等部分组成。随着立法质量的提高，法律的操作性、规范性也在逐步增强，但现有网络安全领域与数据安全领域的配套法律法规仍需完善，未来可能还会出台更多更全面的针对整个数字空间的数字安全法律。一方面，众多法律配套制度涉及的部门协调起来难度较大，再加上各种复杂因素的影响，导致在实际操作中可能会出现一定的困难；另一方面，网络技术的迅猛发展以及内外部环境的日新月异，也给法律配套制度的制定和实施带来不小的挑战。

虽然数字安全法律体系逐步建立健全，但是相关具体规定的落地，还需要完善一系列的配套措施，以及需要监管执法机构的参与。例如，《中华人民共和国数据安全法》出台后，

---

[1] 相关内容可参考埃森哲发布的《走向全球　行稳致远——埃森哲2022中国企业国际化调研》。

除了相应的配套机制，还需要针对数据分级分类、数据资产登记、数据跨境流通等重点问题进一步细化，明确具体要求与标准，进一步提高实操性，才能提供实践指导。

（2）在业务发展中提高自身的数字安全能力

未来，随着数字化和网络化的进一步发展，众多企业将拥有海量的用户、单位信息、生产数据和运营信息。一方面，企业应在数据融合共享中释放数据价值；另一方面，企业在对数据进行存储应用时容易遭遇各种内外部风险，需要继续加强数据安全服务的布局，与科研院所、安全公司等合作，提升技术能力，并密切关注合规和监管要求，保护用户的数据隐私，提升数据安全能力，应对威胁和攻击。

（3）积极探索数字安全领域的新技术落地

在数字安全领域中积极探索新技术落地，对于安全厂商来说至关重要。通过持续关注新技术趋势、加大研发投入、合作共赢、打造生态系统、培养人才队伍和制定战略规划等措施，可以帮助安全厂商不断提升自身的技术水平和创新能力，为企业提供更高效、更智能的安全解决方案，以满足不断变化的市场需求。首先应持续关注新技术趋势，如人工智能、区块链、零信任架构等，通过了解这些新技术的发展动态和应用场景，为创新产品和服务提供思路与方向。其次要投资研发创新，安全厂商应加大在新技术领域的研发投入，包括人工智能、机器学习、隐私计算等技术。此外，安全厂商可以与高校、研究机构、初创企业等建立合作关系，共同开展新技术的研究和开发，加速新技术的落地应用。

（4）面向重点行业聚焦数据安全核心需求

不同行业由于业务运转模式的不同、数据特性和数据价值的不同，所面临的数据安全威胁和行业监管的差异化也非常大。因此，面向政务、金融、医疗等重点行业，了解数据要素的行业属性，正确理解和实施数据安全治理是首要条件。基于国家政策的导向，数据共享流通安全成为企业的核心需求，技术运营商更应关注动态数据安全，创新安全思路，主动解决数据流通与数据安全的矛盾，保障数据全生命周期的安全性。

（5）抓住机遇助力中国企业顺利拓展海外市场，实现可持续发展

针对中国企业出海面临的安全合规挑战，安全厂商可以采取一系列措施抓住市场机遇。一是加深对国际安全合规标准的了解，深入研究不同国家和地区的法律法规、政策及监管要求，以便为中国企业提供更有针对性的安全合规解决方案。二是提升安全产品的本土化

水平：针对不同国家和地区的市场特点，安全厂商应加强产品的定制化和本土化，以满足当地监管要求和用户需求。三是加强与政府部门的沟通与合作：安全厂商应积极与政府相关部门进行沟通，及时了解政策动态，共同应对监管挑战。四是建立全球安全合规联盟：安全厂商可以与其他国家和地区的同行建立合作关系，共同应对全球安全合规挑战。通过分享经验、联合研发等方式，提升整个行业的安全合规水平。五是针对不断变化的监管要求和市场需求，通过新技术应用如人工智能、区块链等，提升企业安全合规的效率和效果。

总之，安全厂商应为企业提供从规划、咨询、实施到运维的全过程服务，确保企业在出海过程中得到全面的安全合规保障。

第 9 章

数字生态

产业数字化建设的核心在于借助新一代数字技术,以释放价值并增强数据赋能为主线,将数据作为关键要素,实现产业链上下游的全要素数字化升级、转型和重塑[1]。目标是充分利用前沿数字信息技术,实现行业内不同生产环节和行业间的数据互通,推动产业实现向业务流程便捷化、生产制造高效化、内部管理轻量化的转型。实现这一目标离不开产业链上下游的协同推动和数字技术对千行百业的赋能。构建完善的数字生态,可以有效促进数字技术的创新应用,推动产业转型升级,进而实现数字经济的高质量发展。

9.1 产业数字化生态环境

产业数字化生态环境是指数字技术与传统产业相互融合的生态系统,涵盖了产业数字化政策背景、数字化基础设施建设、数字化技术融合、数字化人才培养、数字化治理等多个方面。产业数字化政策背景是数字生态建设的引领性总纲要,为我国产业数字化指明发展方向。在数字经济生态链中,数字化基础设施建设和数字化技术融合分别是推进产业数字化进程的基础保障和技术底座,共同构成产业数字化的技术生态圈。数字化人才培养是产业数字化转型的基础力量,产学研联合为社会源源不断地输入数字化人才。产业间协同联动,助力构建

---

1 相关内容可参考中商产业研究院发布的《2022 年中国数字经济行业市场前景预测及投资研究报告》。见"链接 9-1"。

数字化治理体系。以上内容共同构成产业数字化生态环境。

9.1.1 产业数字化政策背景

我国从 2015 年《中共中央关于制定国民经济和社会发展第十三个五年规划的建议》中首次提出实施国家大数据战略，推进数据资源开放共享至今，在国家宏观层面对数字经济发展的要求由虚向实渐进明晰、政策强度不断提升，为我国数字经济发展、产业数字化转型提供了强有力的政策支持。

2017 年"数字经济"首次在政府工作报告中被提及后，2019—2023 年，"数字经济"连续五年被写入政府工作报告。2017 年提出推动"互联网+"深入发展、促进数字经济加快成长[1]，2019 年提出壮大数字经济[2]，2020 年提出打造数字经济新优势[3]，2021 年再次强调加快数字化发展、打造数字经济新优势[4]，2022 年首次单独成段提出促进数字经济建设发展、加强数字中国建设整体布局[5]，2023 年将大力发展数字经济、支持平台经济发展包含在重点工作"加快建设现代化产业体系"之中[6]。

除了在政府工作报告中数字经济地位的提升，国家出台数字经济政策的强度和频率也在不断提升。2022 年，共有 31 个国家级数字经济顶层设计政策文件发布。2022 年 1 月 12 日国务院发布了《"十四五"数字经济发展规划》(以下简称《规划》)，明确了"十四五"时期推动数字经济健康发展的指导思想、基本原则、发展目标、重点任务和保障措施。《规划》从加快企业数字化转型升级，全面深化重点行业、产业园区和集群数字化转型，培育转型支撑服务生态等方面要求大力推进产业数字化转型，成为我国产业数字化发展的重要行动指南[7]。《中共中央 国务院关于加快建设全国统一大市场的意见》则明确要加快培育数据要素市场，在服务业方面培育一批有全球影响力的数字化平台企业和供应链企业，加快推动商品

---

1 相关内容可参考 2017 年《政府工作报告》。见"链接 9-2"。
2 相关内容可参考 2019 年《政府工作报告》。见"链接 9-3"。
3 相关内容可参考 2020 年《政府工作报告》。见"链接 9-4"。
4 相关内容可参考 2021 年《政府工作报告》。见"链接 9-5"。
5 相关内容可参考 2022 年《政府工作报告》。见"链接 9-6"。
6 相关内容可参考 2023 年《政府工作报告》。见"链接 9-7"。
7 相关内容可参考国务院印发的《"十四五"数字经济发展规划》。见"链接 9-8"。

市场数字化改造和智能化升级[1]。《"十四五"扩大内需战略实施方案》也提出要加快推动数字产业化和产业数字化，加强数字社会、数字政府的建设，发展普惠性的"上云用数赋智"，不断提升数字化治理水平[2]。2023 年，国家相继出台了多项政策支持数字技术与产业融合发展，并出台了 12 个聚焦重点行业数字化的专项文件[3]。

各地地方政府也出台了一系列政策条例，推动地方数字经济的发展。2022 年，全国各地地方政府共出台数字经济政策 86 项，《"十四五"数字经济发展规划》发布后，各地基于实际情况对数字经济发展进行了一系列部署，实现了更加全面的顶层设计。宁夏、河南、黑龙江、上海、江西等地出台了"十四五"数字经济发展专项规划，山西、贵州、湖北、山东等地围绕加速大数据、5G 等数字技术产业应用出台了相关政策。同时，有关产业数字化的立法工作也在加速推进，河南、北京、山西等地先后出台了条例规范产业数字化发展。2023 年，31 省区市也明确了数字化转型的发展目标。其中，北京市加快建设全球数字经济标杆城市，加快智慧城市建设；上海市着力推动城市数字化转型，加快建设具有世界影响力的国际数字之都，强调深化经济数字化转型；天津市大力发展以产业互联网为主导的平台经济，促进数字经济与实体经济深度融合，大力发展战略性新兴产业，深入实施智能制造赋能、绿色制造等工程；重庆市大力发展数字经济，壮大数字产业规模，夯实数字底座，推进数字化变革；江苏省深入实施数字经济核心产业加速行动计划，全面开展中小企业免费数字化诊断，深入实施专精特新企业培育三年行动计划；浙江省做强做优做大数字经济，大力实施数字经济"一号工程"，大力推进数字产业化和产业数字化；湖北省出台支持数字经济高质量发展的"15 条"，包括加快新型基础设施建设、大力提升数字经济核心产业能级、推进数字经济与实体经济深度融合、大力开展关键技术创新及应用、营造良好的发展环境五个方面。

为了保障数字经济健康发展，国家也出台了数字经济、平台经济发展的规范性文件，并就数据安全和隐私保护做出政策要求与指导。2019 年 8 月，在《国务院办公厅关于促进平台经济规范健康发展的指导意见》中，首次从国家层面规范数字平台经济，提出要依法查处互联网领域滥用市场支配地位限制交易、不正当竞争等违法行为，重点强调严禁平台单边签

---

1 相关内容可参考中共中央、国务院发布的《中共中央 国务院关于加快建设全国统一大市场的意见》。见"链接 9-9"。
2 相关内容可参考国家发展改革委印发的《"十四五"扩大内需战略实施方案》。见"链接 9-10"。
3 相关内容可参考链上数字产业研究院发布的《2022 中国产业数字化政策分析报告》。见"链接 9-11"。

订排他性服务提供合同,针对互联网领域价格违法行为特点制定监管措施等要求[1]。2021年6月10日,《中华人民共和国数据安全法》公布,将数据主权纳入国家主权范畴,并进一步将数据要素的发展与安全相关联,为数字经济、数字政府、数字社会提供法治保障。2022年12月8日,工业和信息化部印发了《工业和信息化领域数据安全管理办法(试行)》,界定工业和信息化领域数据与数据处理者的概念,明确监管范围和监管职责;确定数据分类分级管理、重要数据识别与备案相关要求;针对不同级别的数据,围绕数据的收集、存储、加工、传输、提供、公开、销毁、出境、转移、委托处理等环节,提出相应的安全管理和保护要求等七个方面,该办法从2023年1月1日起施行[2]。2023年,政府工作报告提出要提升常态化监管水平,《"十四五"数字经济发展规划》提出要完善数字经济治理体系,《数字中国建设整体布局规划》提出要优化数字化发展环境,建设公平规范的数字治理生态[3]。

政策为数字经济生态建设提供引领性、指导性意见。《"十四五"数字经济发展规划》提出,结合新型智慧城市建设,加快城市数据融合及产业生态培育,提升城市数据运营和开发利用水平。推动产业园区和产业集群数字化转型,构建虚实结合的产业数字化新生态,构建创新协同、错位互补、供需联动的区域数字化发展生态。培育转型支撑服务生态,建立市场化服务与公共服务双轮驱动,技术、资本、人才、数据等多要素支撑的数字化转型服务生态,解决企业"不会转""不能转""不敢转"的难题。支持各地区结合本地区实际情况,综合采取产业、财政、科研、人才等政策手段,不断完善与数字经济发展相适应的政策法规体系、公共服务体系、产业生态体系和技术创新体系。

9.1.2 数字化基础设施建设

产业数字化技术生态圈是以数字技术为核心,将传统产业与新兴科技企业、创新型企业等多方资源整合在一起,构建开放、协同、共享的生态系统,通过对数字化技术的应用和创新,推动传统产业的转型升级,促进新兴产业的繁荣发展。数字化基础设施包括以数据创新为驱动、通信网络为基础、数据算力设施为核心的基础设施体系[4],主要目标是大力推动

---

[1] 相关内容可参考国务院办公厅发布的《国务院办公厅关于促进平台经济规范健康发展的指导意见》。见"链接9-12"。

[2] 相关内容可参考工业和信息化部印发的《工业和信息化领域数据安全管理办法(试行)》。见"链接9-13"。

[3] 相关内容可参考中共中央、国务院印发的《数字中国建设整体布局规划》。见"链接9-14"。

[4] 相关内容可参考2022年11月11日人民网上的文章《数字基础设施:打造数字未来坚实底座》。见"链接9-15"。

网络建设，打造精品网络，涉及5G技术发展及5G基站建设、数据中心建设、产业数字化共建生态模式等。

1. 5G技术发展及5G基站建设

5G是促进产业升级，拓展消费互联网、产业互联网的服务范围的关键技术，成为数字经济的倍增器。在央地政策的持续支持和产业各界的协同推进下，中国5G创新发展取得积极成效。在网络建设方面，中国5G网络已基本实现城乡室外连续覆盖，并从乡镇拓展到部分发达行政村。截至2023年10月，中国5G基站总数达到321.5万个[1]，占全球5G基站总数的60%以上，县级以上行政区覆盖率达100%[2]。在融合应用方面，5G行业应用"广度"和"深度"双管齐下，已覆盖97个国民经济大类中的40个，累计应用案例超过5万个，在工业、矿山、医疗、港口等先导行业，5G实现了规模推广。

2. 数据中心建设

数据中心是算力的物理承载，是数字化发展的关键基础设施。当前，我国数据中心产业正由高速发展向高质量发展全面演进。在布局方面，随着全国一体化大数据中心、新型数据中心等政策文件的出台以及"东数西算"工程的实施，数据中心协同、一体化发展有了明确的方向，推动了全国数据中心产业布局的优化。在市场方面，多样化的算力需求不断涌现，为通用、智算、超算及边缘等不同类型和形态的数据中心发展提供了有效的市场牵引，推动了我国数据中心市场规模持续增长。在技术方面，随着储能、蓄冷、高密度、算力网络、智能运维、超融合架构等技术的创新，数据中心正朝着大型化、智能化和绿色化的方向加速发展[3]。

3. 产业数字化共建生态模式

产业数字化共建生态是指各方共同参与数字经济转型、共同建设数字化基础设施的生态系统。共建生态建设的参与方主要包括政府、企业、科研机构、社会组织等，主要内容包括数字化基础设施建设、数字化平台开发、数字化服务集成提供等。

---

[1] 相关内容可参考工业和信息化部发布的《2023年1—10月份通信业经济运行情况》。见"链接9-16"。
[2] 相关内容可参考中国信息通信研究院发布的《中国5G发展和经济社会影响白皮书（2022年）》。见"链接9-17"。
[3] 相关内容可参考中国信息通信研究院发布的《数据中心白皮书（2022年）》。见"链接9-18"。

我国运营商已开拓并实践 5G 基站"共建共享"模式。自 2019 年以来，中国电信与中国联通深耕 5G 共建共享新赛道，联合产业界在共享技术、组网、运营、管理等方面取得了重大突破，实现了"一张物理网、两张逻辑网、N 张定制网"的重大创新。截至 2022 年年底，双方部署 5G 网络规模约为 100 万个基站，建成了全球首张、规模最大、网速最快的 5G SA 共享网络。双方持续深化共建共享的外延与内涵，通过 4G/5G 共建共享，累计节省 CAPEX 超 2700 亿元，每年节省 OPEX 超 300 亿元，每年减少碳排放超 1000 万吨，产生了巨大的经济效益和社会效益。2023 年 2 月，在巴塞罗那 MWC 2023 世界移动通信大会上，两家运营商和相关的设备供应商携手为全球运营商分享中国方案[1]。2023 年 12 月，"2020 年中国电信&中国联通 5G 共建共享 SA 建设工程"荣获国家优质工程金奖，是近十年以来通信行业唯一获得的国家级优质工程金奖项目，树立了新型基础设施建设的行业标杆，发挥了优秀示范引领作用。

9.1.3 数字化技术融合

目前，我国政企研学用各界均着力推进数字化技术的发展应用，积极推进数字化技术融合，促进业务发展。支持领先企业利用 5G 融合新技术，打造并提供行业云服务、能力开放平台、应用开发环境等共性平台，以提升 5G 技术创新支撑能力；启动 5G 毫米波产品测试，推动 5G 毫米波芯片、终端、系统、仪器仪表等产业链各环节一体化发展，为产业数字化发展提供良好的技术生态环境。

1. 云计算

云计算技术已成为我国数字经济发展的重要支柱。在全球数字经济背景下，云计算成为企业数字化转型的必然选择。通过融合人工智能、大数据等技术，企业可以实现信息技术软硬件的改造升级，创新应用开发和部署工具，加速数据的流通、汇集、处理和价值挖掘，有效提高应用的生产率。同时，随着新基建的推进，云计算承担了类似于操作系统的角色，是通信网络基础设施、算力基础设施与新技术基础设施进行协同配合的重要结合点，也是整合"网络"与"计算"技术能力的平台。目前，云原生生态持续完善，向体系化应用演进；云原生技术的采纳率攀升，用户侧需求旺盛；云原生虹吸效应初现，向融合应用方向发展。另外，在技术协同应用方面，5G、物联网等技术推动云网边一体化加深，重新定义算力服务

---

[1] 相关内容可参考 2023 年 2 月 27 日澎湃新闻上的文章《GSMA 官方发布 5G 共建共享指南，中国联通和中国电信携手为全球运营商分享中国方案》。见"链接 9-19"。

方式，云边协同为社会提供了更广泛的算力基础设施，云网融合方案也提供了更便捷的算力调度方式[1]。

2. 大数据和人工智能

数据是数字经济建设的核心要素，构建多源汇聚、关联融合、高效共享和有序开发利用的数据资源体系是实现数字化赋能治理现代化目标的前提和基础。大数据是数据的集合，是围绕数据形成的一套技术体系，并衍生出丰富的产业生态，成为释放数据价值的重要引擎。我国党中央、国务院围绕数据要素市场建设、数据要素价值释放密集做出一系列战略部署，增强了我国大数据发展动能。在大数据产业中，数据存储与计算、数据管理、数据流通、数据应用、数据安全五大核心领域均伴随着相关政策、技术、产业、应用的不断演进，发展成效不断显现[2]。

在新科技革命和产业变革的背景下，人工智能与产业的深度融合是释放数字化叠加倍增效应、加快战略新兴产业发展、构筑综合竞争优势的必然趋势。当前，人工智能加快向各产业渗透，正在促进新兴产业之间、新兴产业与传统产业之间以及技术与社会的跨界融合发展。在政策层面，国内外不断强化人工智能的战略地位，推动释放人工智能红利。在技术及应用层面，以深度学习为代表的人工智能技术飞速发展，开始探索新技术落地应用；工程化能力不断增强，在医疗、制造、自动驾驶等领域的应用持续深入；可信人工智能技术引起社会广泛关注。与此同时，治理层面的工作也受到全球高度关注，各国规制进程不断加速，基于可信人工智能的产业实践不断深入[3]。

3. 物联网

作为新型基础设施，物联网通过感知技术和网络通信技术实现人、机、物的泛在连接，在推动数字经济发展和赋能传统产业转型升级方面发挥着重要作用。通过物联网将大量过去无法联网的设备相互连接，产生的结构化数据与应用是产业数字化的重要推手。近年来，我国加快推进物联网发展。2021年，工业和信息化部等八部门印发了《物联网新型基础设施建设三年行动计划（2021—2023年）》，行动计划明确，以社会治理现代化需求为导向，积极拓展应用场景；以产业转型需求为导向，推进物联网与传统产业的深度融合；以消费升级

---

[1] 相关内容可参考中国信息通信研究院发布的《云计算白皮书（2022年）》。见"链接9-20"。
[2] 相关内容可参考中国信息通信研究院发布的《大数据白皮书（2022年）》。见"链接9-21"。
[3] 相关内容可参考中国信息通信研究院发布的《人工智能白皮书（2022年）》。见"链接9-22"。

需求为导向，推动智能产品的研发与应用。推动交通、能源、市政、卫生健康等传统基础设施的改造升级，将感知终端纳入公共基础设施统一规划建设。在智慧城市、数字乡村、智能交通等重点领域，加快部署感知终端、网络和平台[1]。

9.1.4 数字化人才培养

为了响应政府、企业的数字化转型需求，数字化人才培养成为产数生态环境的基础力量。数字化人才培养的主要方式是产学研协同多元化培养，由企业和政府配合，共同搭建符合5G产业需求的人才培养体系。同时，政府也将协助企业吸引海外高级人才，建立人才激励机制。

政府在数字化人才的培养和引进方面发挥着重要作用。一方面，政府可以通过制定相关政策来鼓励高校加强数字化人才培养，例如，设立专项资金支持数字化教育项目、出台优惠政策吸引优秀毕业生等；另一方面，政府还可以加强对数字化人才的引进和管理，例如，提供税收优惠、住房补贴等福利措施，同时加强数字化人才的管理和保护。政府主导的人才培养体系搭建包括：加强产业技能人才需求预测，建设运营产业人才大数据平台；强化技能提升培训基础能力建设，遴选推广优秀培训项目，开发精品教材，加快技能培训师资库、精品课程库的建设；搭建专业技术人才知识更新工程，实施高级研修项目，培训专业技术人才；教育部组织开展国家级新工科研究与实践项目，探索形成中国特色、世界水平的工程教育体系等（如表9.1所示）。

企业在数字化转型过程中需要大量的数字化技术人才和管理人才，因此企业对数字化人才培养和引进的需求越来越大。为了满足这一需求，企业可以采取多种方式，例如，与高校合作开展校企合作项目、招聘优秀毕业生、建立内部培训机制等，以提高员工的数字化技能和管理能力。企业主导的人才培养体系搭建包括：强化企业培训主体作用，推进企业制订并实施职工培训规划和年度计划；创新培训内容和培训形式，提升培训的针对性、有效性，例如企业新型学徒制——招工即招生、入企即入校、企校双师联合培养；扶持培训服务机构和网络培训平台的发展，加强线上线下融合等。

---

1 相关内容可参考工业和信息化部、中央网络安全和信息化委员会办公室、科学技术部、生态环境部、住房和城乡建设部、农业农村部、国家卫生健康委员会、国家能源局联合印发的《物联网新型基础设施建设三年行动计划（2021—2023年）》。见"链接9-23"。

表9.1 政府机构联合高校、企业，从建立培训机制、编写教材、开设专属项目等方面完善软硬件设施

分类	项目名称	主办机构	启动时间	内容
产教合作	5G+人才培养工程	中国移动通信联合会教育与考试中心	2019年10月	• 建设目标：60个5G人才培养与储备基地，100个远程教育站点，选定50所高等院校及职业院校，三年内定向培养1.5万人，短期培训10万人次 • 首批培养专业：5G+移动通信技术、5G+智慧建筑信息模型、5G+智慧电商、5G+智慧农业 • 培养对象：新毕业生、即将毕业的大学生、研究生、企业在职的需要提升的员工 • 培养特点：通过实训强化理论与实践的结合，提升学员的实际动手能力，满足企业用人的需要 • 培养方式：线下培训、线上培训、实操训练、企业实习、名师辅导、水平测试等 • 首批认证：燕山大学等七所高校
	《5G移动通信技术系列教程》	编委会：东南大学教授等高校教师、华为技术专家	2018—2020年8月	• 教材构成：《5G无线技术及部署》《5G承载网技术及部署》《5G无线网络规划与优化》和《5G网络云化技术及应用》四本教材，分别由东南大学的宋铁成、赵新胜、王霄峻和张源教授担任主编 • 成果：构建了从5G理论到5G工程的知识桥梁，将基础理论、最新产品与实际工程紧密结合，实现了高校与产业界相互取长补短，是产教深度合作的结晶
	5G+产教科融合高端论坛	中国职业技术教育学会、华为技术有限公司	2020年8月	目的：构建一个校企合作组织，协助高校和企业在教学、教研、教师培养等方面加强合作，进一步加强新时代下的职业教育建设，引领5G+人才培养
	"5GStar"超仿真训练系统	华为	2020年5月	目的：基于华为5G基站同源开发，支持云上实验，将仿真技术融入5G实训，为学习者构建灵活超仿真的实验环境，支撑高校学、用、练、测的端到端5G人才培养
政企合作	国家专业技术人才知识更新工程	人事部	2020年	• 高级研修项目：每年举办200期左右国家级高级研修班，培养1万名左右高层次人才。2020年举办8期5G相关课程培训，培训近600名专业技术人才 • 其他项目：急需紧缺人才培养培训项目（12个重点领域+9个现代服务业领域）、岗位培训项目（针对重点领域具有中高级职称的骨干专业技术人才）、国家级专业技术人员继续教育基地建设项目（打造200家左右的国家级专业技术人员继续教育基地）

续表

分类	项目名称	主办机构	启动时间	内容
	新工科研究与实践项目	教育部	2017年	• 目的：建设以新技术、新产业、新业态和新模式为特征的新经济下的"新工科"，培养新型人才 • 项目构成：国家级新工科研究与实践项目、省级新工科研究与实践项目及校级新工科研究与实践项目 • 项目支持：中央高校教育教学改革专项经费、各地教育行政部门专属经费等 • 成果：教育部首批新工科研究与实践项目612个、第二批新工科研究与实践项目845个，共1457个项目

产学研协同是数字化人才培养和引进的重要途径之一。通过产学研协同的方式，高校、企业和研究机构可以共同开展数字化技术研究和人才培养工作，实现资源共享和优势互补。具体来说，高校可以加强数字化教育课程的建设，开设相关的专业和课程，培养学生的数字化技能和管理能力，同时为企业提供数字化技术的研究和开发支持；企业可以为高校提供实践平台和产业需求，同时应当加强内部培训机制的建设，为员工提供多样化的培训机会，提高员工的数字化技能；研究机构可以为高校提供前沿技术和研究方向的支持。

9.1.5 数字化治理

数字化治理是指利用数字技术和数据资源，对社会、经济、政治等各个领域进行管理和治理的方式。产业数字化转型的终极愿景之一即产业协同发展，实现上下游的有机衔接、互利共赢，助力全社会数字化转型，推动从数字化治理走向数字化共治。

产业协同发展是数字化治理的基础。通过促进不同产业之间的合作与协作，形成数字化产业链，提高整个社会的数字化水平。例如，在智能制造领域，企业之间可以通过数字化技术实现信息共享和协同生产，提高生产效率和产品质量。在智慧城市领域，政府、企业和社会组织可以共同推进城市规划与管理，提高城市的智能化水平。

数字化治理可以通过建立数字化平台、制定数字化政策和法规等方式实现。例如，在公共安全领域，政府可以利用数字化技术建立智慧安防系统，提高公共安全的保障能力；在医疗卫生领域，医疗机构可以利用数字化技术建立电子病历系统，提高医疗服务的质量和效率。

推动社会数字化共治是指通过数字化技术和社会参与，实现社会治理的民主化、透明化和高效化。社会数字化共治可以通过建立数字化社区、开展数字化公民教育等方式实现。例如，在环境保护领域，公众可以通过数字化平台了解环境污染情况并提出建议；在城市规划领域，公众可以通过数字化平台参与城市规划的讨论和决策。

9.2 产业数字化生态实践

在加速构建我国数字生态的大背景下，政府、企业积极构建产业数字化应用生态系统。例如，成立国家级、地方级和企业级的生态联盟组织，协力推动我国数字经济产业的发展；搭建产业数字化应用产业平台，建立以联合实验室、联合创新中心为主要载体的平台，推进技术与产业融合。

9.2.1 国家级产业联盟

在国家级产业联盟层面，以国家发展改革委与工业和信息化部为首的国家部委，牵头成立国家级产业联盟，联合机关单位和相关优秀企业，共同推动数字经济和 5G 领域的整体发展（如表 9.2 所示）。

表 9.2 国家级产业联盟——发展

联盟名称	指导单位	发起方	成员单位数	启动时间	主要措施·推进方向
全国数字经济产业联盟	指导：国家发展和改革委员会、工业和信息化部 协作：中国科学技术协会、国家民族事务委员会、国家信息中心等	中国信息协会城市运营分会、浙江省数字经济与创业创新服务中心、浙江大学全球创业研究中心、北京城市发展研究院等国家机关单位	50 家以上	2017 年 9 月	推动我国数字经济产业的发展，坚持把"绿色发展、创新发展"作为基本途径，应用互联网和人工智能等新技术推进数字产业建设，为促进经济社会发展与数字经济产业相协调做出贡献
工业信息安全产业发展联盟	工业和信息化部	国家工业信息安全发展研究中心与能源、化工、钢铁、有色、装备制造、石油、烟草、交通、电子制造、工业互联网平台、	252 家	2017 年 6 月	从政策研究、标准研制、检测认证、评估咨询、风险通报、人才培养、交流合作、行业自律八个方面开展业务合作，共同推进中国工业信息安全产业发展，维护国家工业信息安全

续表

联盟名称	指导单位	发起方	成员单位数	启动时间	主要措施·推进方向
		工业互联网安全、信息安全等领域的45家单位			
中国网络安全产业联盟	中央网信办网络安全协调局	中国网络安全行业的代表性企业	101家	2015年12月	搭建产业创新平台，聚合产业势能，营造良好的产业发展环境，促进产业创新发展，加强行业自律，提升网络安全技术的产业和服务水平，推动网络安全产业做大做强，提升中国网络安全产业的竞争力和国际话语权，维护用户的网络安全和利益，为实现网络强国战略提供坚实的保障
国家下一代互联网产业技术创新战略联盟	国家发展和改革委员会、工业和信息化部、国家"千人计划"联谊会办公室	下一代互联网设备制造商、应用开发商、系统集成商、网络运营商、行业协会、大学、科研机构、金融单位等下一代互联网产业链上中下游的相关单位	未公布	2014年12月	通过联盟合作攻关，突破共性下一代互联网核心技术，做大做强下一代互联网产业，依靠自主技术创新和产业发展解决我国复杂的互联网应用、管理和安全问题，为实施国家和地方的智慧城市及下一代互联网发展提供有效技术支撑

同时，为了加速5G技术在垂直行业的应用，工业和信息化部指导各界企事业单位组建行业产业联盟，积极推进5G在国家重点关注领域的应用发展（如表9.3所示）。

表9.3 国家级产业联盟——应用

联盟名称	指导单位	发起方	规模	启动时间	主要措施·推进方向
工业互联网产业联盟	工业和信息化部	工业、信息通信业、互联网等领域百余家单位	1600家以上（民企占比73.28%）	2016年2月	• 从工业互联网顶层设计、技术研发、标准研制、测试床、产业实践、国际合作等多方面展开工作 • 发布了工业互联网白皮书、工业互联网平台、测试床、优秀应用案例等系列成果

续表

联盟名称	指导单位	发起方	规模	启动时间	主要措施·推进方向
					• 广泛参与国内外大型工业互联网相关活动，为政府决策、产业发展提供智力支持，联盟已经成为我国具有国际影响力的工业互联网产业生态载体
传统产业智能化升级联盟	工业和信息化部		未公布	2019年11月	以智能制造为主攻方向，深化人工智能、5G、工业互联网等新一代信息技术与制造业融合发展，对制造业进行全要素、全流程、全产业链的改造，推动制造业加速向数字化、网络化、智能化方向转型升级
中国智慧城市产业联盟	工业和信息化部	中国电子商会、中国航天科工集团、中国航天科技集团等国内百余家大中型企事业单位和研究机构	未公布	2013年10月	• 面向中国各地市的智慧城市以及新型城镇化建设，实施项目规划、设计、开发、运营和服务 • 提出智慧城市和新型城镇化建设的实施解决方案 • 通过组织核心企业共同参与国际、国家、行业的智慧城市产品、技术、服务与评价的标准制定工作，促进国家在智慧城市建设和评价方面的标准实现统一
中国超高清视频产业联盟	工业和信息化部	从事超高清视频产品制造、视频传输、内容生产、应用和服务的企事业单位，以及科研院所、专业机构等单位	115家	2018年3月	• 以优化环境、服务行业、推动创新、促进应用、加强协同为宗旨，通过整合技术、资金、人才等产业资源，努力构建先进完善的超高清视频产业生态 • 搭建政产学研用紧密合作的公共服务平台，聚合超高清视频产业资源和各方面力量，促进行业交流合作，推进超高清视频技术创新和产品应用，培育超高清视频新业态、新模式
虚拟现实产业联盟	工业和信息化部电子信息司	中国电子信息产业发展研究院、北京航空航天大学虚拟现实技术与系统国家重点实验室、歌尔股份有限公司、宏达通讯有限公司（HTC）等	180家以上	2016年9月	进一步促进VR领域的技术创新与行业标准的制定，连通硬件、软件、内容、平台及行业应用等领域，推动中国VR生态系统的可持续发展

9.2.2 企业和地方政府层面的产业联盟

自 5G 商用化开始，大型企业与地方政府机构纷纷独立创立或共同发起针对不同行业领域的产业联盟，打造具有多样性、包容性的 5G 生态（如图 9.1 所示）。

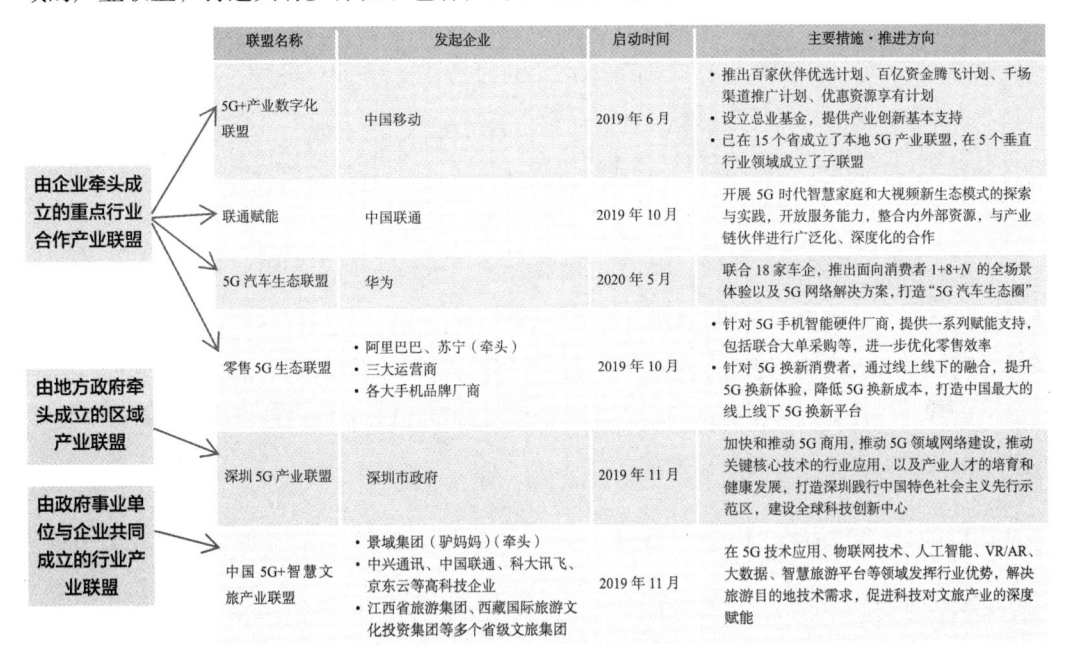

	联盟名称	发起企业	启动时间	主要措施·推进方向
由企业牵头成立的重点行业合作产业联盟	5G+产业数字化联盟	中国移动	2019 年 6 月	· 推出百家伙伴优选计划、百亿资金腾飞计划、千场渠道推广计划、优惠资源享有计划 · 设立总基金，提供产业创新基本支持 · 已在 15 个省成立了本地 5G 产业联盟，在 5 个垂直行业领域成立了子联盟
	联通赋能	中国联通	2019 年 10 月	开展 5G 时代智慧家庭和大视频创新生态模式的探索与实践，开放服务能力，整合内外部资源，与产业链伙伴进行广泛化、深度化的合作
	5G 汽车生态联盟	华为	2020 年 5 月	联合 18 家车企，推出面向消费者 1+8+N 的全场景体验以及 5G 网络解决方案，打造"5G 汽车生态圈"
由地方政府牵头成立的区域产业联盟	零售 5G 生态联盟	· 阿里巴巴、苏宁（牵头） · 三大运营商 · 各大手机品牌厂商	2019 年 10 月	· 针对 5G 手机智能硬件厂商，提供一系列赋能支持，包括联合大单采购等，进一步优化零售效率 · 针对 5G 换新消费者，通过线上线下的融合，提升 5G 换新体验，降低 5G 换新成本，打造中国最大的线上线下 5G 换新平台
	深圳 5G 产业联盟	深圳市政府	2019 年 11 月	加快和推动 5G 商用，推动 5G 领域网络建设，推动关键核心技术的行业应用，以及产业人才的培育和健康发展，打造深圳践行中国特色社会主义先行示范区，建设全球科技创新中心
由政府事业单位与企业共同成立的行业产业联盟	中国 5G+智慧文旅产业联盟	· 景域集团（驴妈妈）（牵头） · 中兴通讯、中国联通、科大讯飞、京东云等高科技企业 · 江西省旅游集团、西藏国际旅游文化投资集团等多个省级文旅集团	2019 年 11 月	在 5G 技术应用、物联网技术、人工智能、VR/AR、大数据、智慧旅游平台等领域发挥行业优势，解决旅游目的地技术需求，促进科技对文旅产业的深度赋能

图 9.1 企业和地方政府层面的产业联盟

9.2.3 5G 实验室

多所高校和企业建立联合实验室，推动 5G 技术的全面覆盖和落地应用。高校以技术的产业化探索为主，企业以应用场景的打造优化为主。

在高校实验室部分，上海工程技术大学 5G+人工智能联合创新实验室由诺基亚贝尔、上海联通协助建立，建成满足 3GPP NSA 架构的 3.5GHz 的 5G 室外宏基站五个，在联合创新实验室部署 5G 室内型微基站一个，实现了上海工程技术大学校园、办公区、科研区、宿舍区的 5G 信号覆盖。

在企业实验室部分，SOHO 中国 5G 实验室打造 5G 网络集成的智能楼宇管理系统，探索 5G+智慧楼宇、5G+智能感知、5G+智慧医疗、5G+超高清视频、5G+远程交互等应用场景，有机器人和供现场体验佩戴的基于 5G 功能的 AR、VR 等设备设施。海尔 5G 智慧家庭实验室致力于 5G 在家庭服务领域的应用，2019 年下半年推出采用 5G 技术的智慧成套家电及场景解决方案。

在校企合作实验室部分，5G 联创行业应用开发实验室由华中科技大学、中国移动湖北公司、爱立信公司联合创办，为垂直领域的合作伙伴开发智慧医疗、远程教育等 5G 创新应用提供孵化环境，开展跨行业融合创新，加快 5G 科研项目产业化进程，建设 5G 产学研用合作生态系统。安徽 5G 联合创新实验室由合肥工业大学、华为技术有限公司联合创办，开展安徽省 5G 远程医疗领域的研究，共同开展无人机编队应用 5G 技术合作试点、5G 工业互联网平台搭建、5G 智慧校园和校园信息化建设的合作。

在企业合作实验室部分，中国联通、苏宁易购共同创办 5G 智慧零售实验室，在网络能力、零售业态下的数据优化等方面进行突破，实验性地打造一批 5G 零售小店，实现更加数字化、精细化、无人化的服务，并植入目前比较有代表性的 AR/VR 应用。腾讯电竞、中国联通共同创办 5G 电竞联合实验室，共同研究 5G 技术在电竞领域的创新应用，打造电竞产业的示范应用，推动电竞行业的技术发展。

9.2.4 联合创新中心

我国以运营商和科技企业为首，成立了多个面向 5G 技术与产业融合的创新中心。同时，企业与政府、研究机构合作发起的特定领域的创新中心也纷纷启动。

企业发起的创新中心主要由运营商和设备商、互联网厂商组成。

- 中国电信 5G 联合创新中心承接行业头部客户提出的联合创新需求，整合研究院、各能力中心及专业公司的能力资源，打造行业前沿 5G 创新的应用开发示范平台，形成一批可复制、能推广的行业应用标杆，积极推进与行业头部客户的联合创新工作，已成立集团级联合创新中心 5 个，联合企业包括小米、快手、三一重工、京东物流，在 19 个重点省市成立 56 个 5G 联合创新中心，推进 5G 行业定制专网应用。
- 中国移动 5G 联合创新中心聚焦基础通信能力、交通、能源、文娱、工业、智慧城市等领域，与合作伙伴开展联合创新项目，并在国内外构建区域开放实验室，提供基础通信实验、业务开放实验、成熟度测试认证、用户分析及体验四大能力，在北京、上海、美国硅谷、中国香港、瑞典斯德哥尔摩等地构建 25 个实验室。
- 中国联通 5G 联合创新中心布局 5G 发展，推动 5G 在垂直行业的应用，加强与重点行业企业的合作，实现行业应用规模推广。

- 华为上海 5G 联合创新中心是华为公司全球首个以 5G 为主题的创新中心，通过华为上海研究所等为创新中心和入驻企业提供全方位的技术支持，与垂直行业领域开展扁平化合作，加速实现 5G 研发成果的转化，实现 5G、AI、IoT 的融合，孵化 5G 创新产品。
- 腾讯 5G 云游戏创新中心开发云游戏行业的技术与原创内容，打造云游戏解决方案，建设云游戏技术中台系统，以探索游戏开发、分发和运营新场景、跨平台游戏体验为目标，为第三方提供多端的云游戏解决方案。

政企合作的创新中心多针对特定行业领域。

- 深圳 5G 应用创新中心由中国信息通信研究院、南方电网广东移动、华为公司联合创办，围绕深圳坂田区的 5G 智慧园区，在产业孵化、应用创新、商业模式等方面进行科学性、系统性的研究和推进。
- 上汽联创智能网联创新中心由上汽集团、上海浦东新区政府联合创办，由开放式的"上汽联创智能网联实验室"、"孵化加速器"和"产业基地"三大部分组成，聚焦目前 5G 技术最大的应用场景——智能网联汽车领域，提供孵化加速器服务。
- 广州白云 5G 联合创新中心由广东白云区政府、华为公司、三家运营商联合创办，发挥华为公司和三大基础电信运营商在 5G 产业应用、5G 技术能力、5G+数字化转型等方面的优势，参与白云区 5G 生态建设，并在智慧交通、4K/8K/VR 超高清视频、工业互联网、智慧城市等领域引入生态合作伙伴，带动产业链上下游企业集聚白云。

9.3 产业数字化生态建设展望

随着政策的推动、数字科技的不断发展和我国数字化进程的加速，产业数字化生态建设作为我国数字经济发展的必由之路，其发展和应用将呈现以下趋势。

产业数字化生态建设将更加注重数据的收集、分析和利用。随着物联网技术的普及和应用，企业可以获取更多的数据资源，这些数据可被应用于产品研发、生产管理、市场营销等方面。同时，数据分析和挖掘技术也将得到更广泛的应用，帮助企业更好地了解市场需求和消费者行为，从而优化产品设计和服务体验。

产业数字化生态建设将进一步推动传统产业向智能化、高效化方向转型。通过引入先进的信息技术和管理模式，企业可以实现生产过程的自动化、信息化和智能化，提高生产效率和产品质量。同时，数字化技术还可以帮助企业更好地了解市场需求和消费者行为，从而优化产品设计和服务体验。

产业数字化生态建设将持续促进新兴产业的发展壮大。随着人工智能、大数据、云计算等技术的不断成熟和应用，新兴产业如智能制造、智慧物流、数字医疗等将迎来更广阔的发展空间。这些新兴产业不仅能够创造更多的就业机会，还能够为经济发展注入新的动力。

产业数字化生态建设将加强产业链上下游企业的协同合作。通过建立数字化平台和信息共享机制，企业之间可以实现资源共享、风险共担、优势互补，从而提升整条产业链的竞争力和效益。此外，数字化技术还可以促进不同地区、不同国家之间的合作与交流，推动全球产业链协同发展。

产业数字化生态建设将更加注重可持续发展和社会效益。数字化技术应用通过降本增效推动了产业数字化发展进程，同时也带来了如数据安全、隐私保护等新的问题和挑战。因此，我们需要加强对数字化技术的研究和发展，同时也需要建立健全的法律制度和社会规范，以保障数字化生态建设的健康发展。产业各界也需要加强对数字化技术的研究和发展，以推动经济的可持续发展和社会的进步。

第 10 章 组织变革

为了适应产业数字化转型，企业需要不断调整自身的战略、结构和运作方式。组织变革能够帮助企业更好地适应数字化变革，为实现自身数字化转型提供必要的支持和保障。

10.1 在产业数字化背景下对企业组织的要求

数字经济是一种以数据资源为核心生产要素、以数字技术为支撑、以数字化平台为主要交易组织形式、以促进其他产业数字化为主要动力的新经济形态。产业数字化催生了新业态、新模式，促进企业提质增效，重塑产业协作新格局。

目前，人工智能、大数据、云计算、区块链等技术日新月异，极大地促进了产业数字化转型，推动经济高质量发展。产业数字化带来的创新让数字化转型成为企业必须面对的问题。数字化转型意味着企业将利用各种与数字化经营有关的技术手段与能力，推动企业内部建立全新的运营模式，以促进企业业务的转型与革新，实现跨越式成长。通过数字技术重塑经营管理模式，推动传统生产企业的商业模式与价值创造的转变，从而帮助企业在数字化经营中进一步增强自身的价值竞争力。

数字技术推动传统产业转型升级。数字化不仅是企业的发展趋势，更是企业在市场中必须要具备的竞争能力。实现数字化需要有与其相适应的土壤，组织内在逻辑的转变，需要能够面对、接受变化与创新的组织文化，需要员工之间的信任和协作。企业数字化转型更关注新技术带来的产品、流程和组织方面的转型。数字技术和数据要素的普遍应用，将同时影响企业管理成本和市场交易成本，而这两种成本的相对变化推动企业边界和组织形态的改变。

企业组织在产业数字化新模式下，需要通过变革推动企业整体价值的创新与重塑，建立企业在数字经济环境下的竞争优势。这些变化要求企业不断进行组织模式的变革，从而提高组织的适应性、灵活性，更好地满足企业持续发展的需要。当前，政企市场是运营商转型发展的重中之重，面临新形势、新机遇和新挑战，如何建立高效协同一体化的政企组织模式对促进电信运营商高质量发展具有重要意义。

目前，企业最常见的传统组织结构为科层制结构。该组织结构的权力分配按照职能进行划分，其基本模式为自上而下的等级制和集权制，员工分工，从而产生部门，实现有序化的生产要素，以快速响应市场的不确定性。由于部门化的个体形成的行为与整体保持高度一致，因此组织复杂度低。但是由于部门之间的不同分工，使得跨部门整合协调变得困难，不利于合作。

在传统组织结构中，科层制结构通过制度性的规定赋予管理主体授予成员活动的合法权利，进而推进组织目标的实施。因此，在科层制结构中，组织以权力的层级化保证制度决策的可靠性。但传统企业层级复杂和反应迟缓的组织模式存在诸多问题。一是决策能力低下。数字技术的发展日新月异，在很多决策中数字化成为重要依据。然而，很多传统企业却没有跟上科技发展的步伐，导致日益增长的数字化需求与落后的企业组织之间的不匹配，这种不匹配就会影响企业决策能力。二是内部管理效率不高。不同的业务线习惯于单打独斗，企业经营缺乏协同效应。三是响应时限过长。企业必须针对内部组织环境的改变做出合理的、适时的调整与改进，增强企业的自主能力，推动员工的成长和能力的提升。

10.2 组织变革的逻辑

企业的发展依托自身的组织能力，组织发展必须匹配企业的战略目标。因此，企业进行数字化转型，组织变革是重要前提。

10.2.1 组织变革的定义

组织变革理论是在 20 世纪 50 年代被提出的。组织变革是指组织经过外部变化和内部变化后，从一种形态转变为另一种形态，以适配企业发展能力而新建立组织的过程。

组织变革可以采取多种形式，其可能涉及组织结构、流程、人员、文化的变化。

组织变革是企业发展的关键环节，必须随着企业发展战略持续进行自我优化与调整，以整合企业内外的各种资源，使得企业能够更好地应对在发展过程中遇到的危险和挑战，取得良好的经济效益。变革是从根本上重新考虑企业的运营过程，并进行完全的重新设计，以实现重大的经营绩效变革。

组织变革是企业为了适应内外部变化而进行的必要性变革，受到外部因素与内部因素的影响。外部因素包括政治环境与经济环境的变化、科技水平的快速进步以及竞争对手带来的压力等；内部因素包括组织目标的变化、管理思维的变化和人力资源的调整等。

在经济形势复杂、市场竞争激烈的情况下，组织必须根据内外部环境的具体情况，运用科学、有效的方式开展变革，形成适应产业数字化趋势的新组织形态。组织形态对企业的生产经营、管理模式、成本控制等产生影响。

组织形态的发展和变革两者之间紧密联系，所有的组织活动都处于一种动态的内外部环境之中，组织必须以适应新环境为重要目标进行变革，以形成更适合新环境发展的组织形态。当组织活动面临新的机会或挑战时，通过内部变革，组织能够最大程度地整合自己的资源与能力，从而提升企业效益。

10.2.2　组织变革的必要性

在数字经济时代，企业的生产方式发生了前所未有的变化。同时，数字化带来新的生产模式和新的生产资料。因此，开展数字化转型工作的前提是要把握好组织范式与现有技术和生产能力的匹配程度。组织变革正是为了对企业内部的生存环境做出合理的改变、适时的调整与改进，以增强企业的自主能力，推动员工的成长和能力的提升。

组织变革在企业数字化转型过程中起到非常必要的作用。通过组织变革，数字化新技术得以落地应用。同时，企业在数字化转型过程中可能会出现组织自身对技术的"难容纳"，这需要克服传统组织管理模式存在的弊端、打破固有的组织流程等。企业推进数字化转型，前提在于组织变革。

10.2.3　组织变革的目标

在产业数字化背景下，企业需要一个适合数字化、由数据驱动的组织体系来支撑自身的经营模式，保障自身在数字经济环境下盈利的能力。在企业数字化转型过程中，组织变革是非常重要的一个环节。

组织变革往往需要先明确目标，而组织变革的目标主要是对企业组织管理结构、人员管理等方面进行改造，提高生产管理效率，最终匹配企业竞争模式的重构。这需要包含两个方面：一是组织需要通过优化结构来适应内外部环境的变化，合理分配资源，以获得更大的发展空间；二是组织需要通过变革，使得组织成员之间能够更有效地协作，增强组织群体间的凝聚力和组织的核心竞争力，发挥组织的最大效能。

在数字经济时代，企业数字化组织结构的调整，是在完善组织结构的基础上，在企业中推广和运用数字技术，并将传统的线下管理模式转移到线上信息化管理平台，从而让整个组织的沟通和交流更加高效，促进各部门的职能发挥，同时通过数据构建敏捷团队。数字化时代的组织趋于激活组织与个人的联动性。

10.3　组织模式变革

企业的每次组织模式变革，都是为了适应环境的变化、把握时代的机遇、应对时刻变化的竞争环境。

10.3.1　组织模式变革的四大驱动力

企业组织模式并不是一成不变的，而是需要不断创新和变革。基于现代企业管理理论和众多企业组织模式变革的成功实践，当前组织模式变革的驱动力主要表现在如下四个方面。

一是企业面临市场环境的变化，要求对组织模式进行适应性变革，以提高组织的柔性。当前，企业的内外部环境正在发生深刻变化，市场、技术、政策等都在发展中变化，这就要求企业应不断根据市场环境的变化进行组织模式变革。竞争格局的变化，要求企业能够快速满足客户需求，只有建立高效协同的组织模式，才能提高企业对市场环境变化的快速反应能力；数字技术的发展打破了组织边界，减少了管理层级，有利于推进企业的扁平化，实现知识共享，提高决策效率。因此，技术的变化为组织模式的变革和创新创造了条件。比如海尔企业的倒三角模式、"人单合一"模式、自主经营体模式和平台化模式，以及华为公司的军团模式、铁三角模式等，都是它们为适应市场环境的变化和企业发展的需要主动进行的组织模式变革，从而进一步激发组织内生动力，有效提升企业的竞争力。

二是企业战略的调整和升级，要求企业在组织模式上进行变革。企业要持续发展，就会不断根据市场环境的变化进行战略的调整、优化和升级，对企业战略的发展目标、发展方向、发展路径等做出系统性的谋划和布局，对企业业务的发展方向、发展重点做出调整和整合，客观上需要对组织模式进行适应性变革。例如，近年来，腾讯、阿里巴巴、百度、字节跳动等互联网公司都将战略重心转向产业互联网市场，进行组织模式变革。腾讯除了大力发展腾讯云，还在智慧医疗、智慧零售、智慧金融等多个垂直领域进行布局，在组织架构上进行大规模的变革和优化，成立企业发展事业群（CDG）、云与智慧产业事业群（CSIG）等，加大面向B端拓展的力度。

三是适应组织模式变革的趋势和规律，客观要求企业不断进行组织模式变革。组织结构从直线制、职能制、直线职能制到事业部制、矩阵制和网络制；企业组织服务体系从正三角形到倒三角形；企业运营从等级命令制、集权制到分级授权；数字技术的发展和融合，打破组织边界，推进组织的扁平化、去中心化、柔性化和平台化；为了激发员工的活力和企业的内生动力，阿米巴经营模式受到欢迎；面向竞争、面向市场、面向客户，越来越多的企业采用专业化运营、军团模式、特战队模式、项目制方式等组织形式，快速高效地满足客户的综合性需求……组织模式的这些变化趋势，为电信运营商构建政企一体化组织运营模式提供了根本遵循。

四是在企业发展中出现问题或变革征兆，也是驱动企业进行组织模式变革的内生动力。企业出现问题而不及时进行变革，当问题越积越多，矛盾越来越突出时，再进行变革可能就晚了，阻力更大。因此，当企业出现问题或变革征兆时，就应该适时地进行组织模式变革。问题和变革征兆主要体现在如下几个方面。

- 企业市场经营表现不佳。例如，市场占有率下降、收入增长率下降、主要业务的发展被竞争对手逐步赶上、客户离网率上升、资源和资金重复投入、资源利用率低，等等。
- 企业经营发展缺乏创新。例如，没有根据市场环境的变化对企业战略进行及时调整、科技创新能力不足、产品创新不力、企业缺乏核心竞争力、没有形成创新的企业文化、企业运营管理不适应企业持续发展的需要，等等。

- 组织运营管理的弊端日益显现。例如，决策迟缓，信息流通不畅，管理层级多，流程环节多，机构臃肿，职责不清，扯皮现象增多，部门墙严重，各自为政，协同不力，内斗、争资源、抢客户频频发生，组织问题频出，内耗严重，管理效率下降，等等。
- 员工士气低落，抱怨增加。例如，员工离职增多，工作缺乏主动性、积极性和创新性，不公平现象时有发生，干好干坏没有差别，等等。

当一个企业出现以上问题或变革征兆时，应及时进行组织模式变革，否则将会贻误变革的最佳时机，最后损失的还是企业自身。

10.3.2 组织模式变革的四大趋势

前面介绍了组织模式变革的四大驱动力，那么面对数字化浪潮，企业组织模式变革的趋势是怎样的？毫无疑问，正确把握组织模式变革的四大趋势，必将对推进企业组织模式变革有着重要的理论和现实意义。

趋势1：组织运营由管控型、集权型向更加强化分级授权、赋能和服务的方向转变。传统的组织模式更加强调管控、集权，这种模式权力在上面，基层一切听上面的，没有任何自主权。但是随着企业规模的扩大、业务种类的增多以及市场环境的变化，这种模式的弊端越发明显，比如对市场的变化反应迟钝、人浮于事、企业缺乏创新活力，因此，必须通过组织模式变革改变这种状况。如今，组织模式由集权向分权、管控向赋能和服务转型是大势所趋。例如，海尔企业由正三角模式向倒三角模式转变，以及赋予各类经营主体自主经营权，就是这种组织模式变革的典型代表。

趋势2：组织运营由职能分工、部门墙向横向一体化与纵向一体化的方向转变。传统的组织管理模式是科层制的，按照职能进行分工，而且分得很细，各部门都站在自身利益的角度，各自为政，争抢企业资源、业务和客户，部门协同成本较高。这种模式越来越不适应市场竞争的需要，这客观要求企业各部门、各环节应加强协同与共享，需要强调企业内部的横向一体化与纵向一体化。横向一体化就是企业各部门根据客户需求密切配合，形成内部协同效应，快速整合企业内部的资源和能力，高效地满足客户需求。纵向一体化就是更加重视市场导向、弱化职能、步调一致、智慧运营和快速响应。一体化的核心是融合化。为了避免内部流程长、涉及部门多而影响业务发展，企业可采取跨专业、跨部门、跨领域的组织整合。例如，华为公司的"军团模式"就是一种融合模式，它把做基础研究的科学家，以及技术、产品、工程、销售、交付与服务等领域的专家全都汇聚在一个团队。这种模式的优点正如任正非所说："所谓军团，就是要通过军团作战，打破现有的组织边界，快速集结资源，穿插作战，提高效率，做深做透一个领域。"

趋势3：组织运营由科层制向扁平化和柔性化的方向转变。传统的组织模式是金字塔式的组织结构，特点是组织层级多。但是随着企业规模的不断扩大、管理层级的不断增加，这样的组织模式容易滋生组织结构臃肿、官僚主义、缺乏创新等问题。随着互联网技术的发展，以及知识型员工在企业中的独立性增强，这种科层制的组织结构越来越不适应市场环境变化的需要，组织结构的扁平化、柔性化越来越成为企业组织模式变革的选项。扁平化就是减少企业管理层级，提高管理幅度，尤其是数字化技术的发展为实现组织结构扁平化创造了条件。小米公司的组织结构就是典型的扁平化结构，整个公司只有三个层级：核心创始人—部门领导—员工。柔性化就是企业要根据环境的变化及客户需求的特点，对组织进行适应性调整。例如，为了满足重点行业客户的一体化解决方案需求，企业可以实施项目制，这种跨部门的项目制能够很好地实现内部各环节的贯通，快速满足客户需求。

趋势4：组织运营由封闭向开放化、平台化的方向转变。当今世界，任何组织都是开放的，企业组织模式变革要顺势而为，其正在从各自为战的封闭时代走向平台共享的开放时代。随着互联网、云计算的快速发展和普及，平台型组织成为企业转型发展的重要趋势。平台型组织的重要特征是开放化、扁平化、云化，一切皆可云化，更为打造平台型组织架构创造了条件。平台化能够更好地汇聚企业内外部的能力和资源，实现供给和需求的快速匹配，提高企业运营效率。而且，平台化能够实现自我修复和调整，快速适应环境的变化。

10.4 产业数字化转型下的组织模式变革模型

把握组织模式变革的方向，采取更加有效的措施，构建战略清晰、内容聚焦、系统全面的企业组织模式变革模型至关重要。基于我们对企业组织模式变革的理解，这里给出组织模式变革模型（如图10.1所示）。

从图10.1可以看出，企业组织模式变革是一项系统工程，内容十分丰富，模型包含了在进行组织模式变革时需要考虑的问题。从顶层来看，模型主要包含了企业战略和产品战略，企业战略的调整和升级主要通过产品战略来决定组织模式的适应性变革。

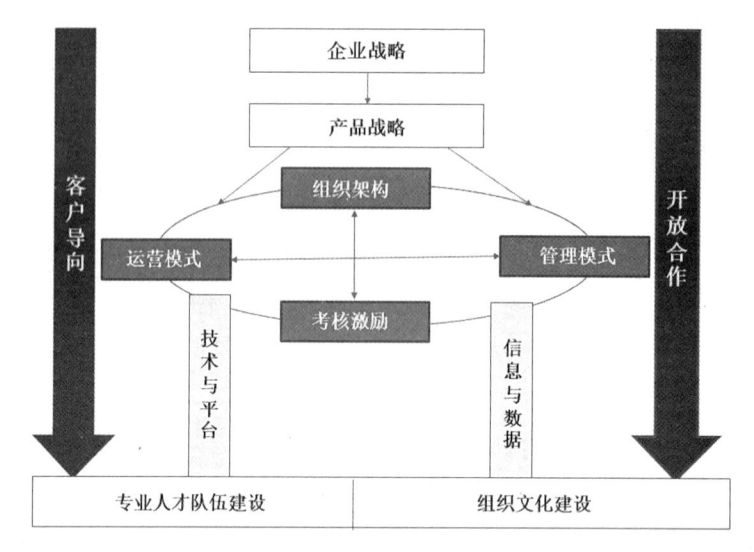

图 10.1 组织模式变革模型

组织模式变革模型的核心内容包括组织架构、运营模式、管理模式、考核激励、技术与平台、信息与数据、专业人才队伍建设和组织文化建设等。

（1）组织架构

组织架构调整是适应企业战略和产品战略的必然要求。

企业的组织架构决定了各个组织单元的分工范围、权责关系、信息的获取与传递、任务执行、资源配置等关键要素，是组织运作的基本框架。组织架构调整包括重新划分组织单元之间的权责关系，再次分配企业部门和员工的工作范围，调整组织管理层级等。组织架构的变化是组织模式变革结果最直接的体现，其内在实质是对组织内部各单元的权、责、利的再分配。

基于组织模式变革的专业化、协同化、扁平化、融合化、去中心化和平台化发展趋势，通过对组织架构进行撤销、分拆、整合和新设等方式，对企业组织架构进行调整和优化，核心是要做到组织扁平化，明确各级组织的权责和边界，强化协同。

（2）运营模式

运营模式是企业为了满足客户需求而在内部开展的各项工作的总和。

数字化打破了组织边界，企业运营模式实现了全业务链内外一体化协作，以服务为驱动力，内外联动。

在数字化背景下，企业运营模式以数字化为核心，打通部门壁垒，实现了跨部门协同，比如很多公司采用的项目制，以及海尔企业的"人单合一"模式。

（3）管理模式

管理模式是指在先进的管理理念、管理方法、管理工具的指导下，以实现提质降本增效为目标的企业各项管理活动的总和。面对新形势，企业管理模式由传统管理模式向新型管理模式转变是大势所趋。依托数字化技术，以数据为企业数字化转型重要的驱动力，避免信息失真，有利于管理决策。

管理模式的变革，即从关注痛点、短期绩效和执行的"传统管理模式"转变为关注机会、长期发展、创新以及人员成长的"新型管理模式"。数字化时代的组织模式从过去的集权管控走向授权赋能，通过感知外部数据敏捷应对变化，缩短决策链条，激发个体的创新动力。

管理模式的变革也代表着企业领导力的变革，即企业管理者所具备的关于数字化企业发展的理念和观念，成为推动企业实现真正数字化转型成功的关键。此外，数字化管理系统的引入，如 MES、ERP 等，也将助力企业开展数字化管理。数字化管理系统将帮助企业打破各部门的分工边界，实现企业内部管理流程的数字化；通过对不同部门的数字化系统进行整合，可以对企业内部的数据进行全局整理分析，为管理者提供决策数据支持，实现企业数字化管理转型。

（4）考核激励

考核激励是杠杆，好的考核激励能够有效激发员工的活力，因此加快推进市场化考核激励机制更为重要。

（5）技术与平台、信息与数据

技术与平台、信息与数据是组织模式变革和组织高效运转的支柱。技术与平台是提高组织运营效率、打破组织部门墙、推进组织扁平化的有效手段；信息与数据是组织的血脉，信息与数据的共享和流通能够提高决策效率和实现资源优化配置，也能够更快、更精准地满足客户需求。

（6）专业人才队伍建设和组织文化建设

专业人才队伍建设和组织文化建设是组织模式变革成功的基础。

- 专业人才队伍建设。组织模式变革说到底是人员的变革，企业组织模式变革要求员工转型，提升员工的专业能力，优化员工队伍结构，不断激发员工的活力。没有员工的转型和活力的提升，企业组织模式变革也难以成功。人员的变革，将改变团队中个人和组织之间的协作关系，影响企业的各个层次和方面。成功的人员变革能够发挥组织内部成员的主动性和积极性，赋予组织活性。在数字经济时代，数字化相关技能人员的储备和数字化能力的提升，将是人员结构变革重要的一环。
- 组织文化建设。组织文化的变革将帮助企业更好地实现组织模式变革的总体战略目标。在组织模式变革过程中，良好的组织文化可以增强组织的战斗力，为组织模式变革提供动力，从而改变组织成员。

企业可以通过组织文化的变革，从上至下树立数字化意识，通过思维上的转变，为企业数字化转型打下良好的基础。企业组织模式变革离不开组织文化建设，只有将两者很好地结合起来，营造良好的企业文化，企业组织模式变革才能最终走向成功。

组织模式变革是一项系统工程，组织模式变革模型涉及企业战略、产品战略、组织架构、运营模式、管理模式、考核激励等诸多方面，它们共同构成组织模式变革的一整套体系，为努力拓展产业数字化市场的各类企业推进组织模式变革提供了方向性指引。

组织模式变革模型（图10.1）中的客户导向和开放合作，表示一方面坚持以客户为导向贯穿组织模式变革的全过程，另一方面要求组织始终坚持开放，加强产业合作，整合企业内外部的资源和能力，更快地为客户提供好的产品和解决方案。

10.5 组织变革的阻力与克服方式

在数字化与产业转型升级的大背景下，企业组织在内外部环境的共同作用下，建立了有利于企业长远发展的长期战略规划体系，但是原有的管理制度如企业文化、员工的工作方法与工作习惯等因素限制了企业战略规划的实现和可持续发展。因此，在组织变革过程中，如何克服阻力、障碍也成为重要课题。

10.5.1 组织变革的阻力

组织变革的目的是改变企业某些传统固有的因素，所以必然会影响到企业的各个方面，尤其是变革将导致组织内部团体或个人的利益再分配，必然会遇到阻力。阻力会让企业与员工失去信心、积极性以及坚持变革的初心。企业在组织变革过程中遇到的阻力主要分为以下几类。

（1）惯性阻力

企业在现有的组织结构下已经形成一套固化的工作模式与规范，当变革来临时，这套惯性的行为模式就会变成阻碍因素。组织中部分人员因坚守固有的思维方式和行为模式而不愿意做出改变，且长久形成的群体规范也会限制那些愿意进行变革的人员的行动。不管是系统内的工作方式和行为模式，还是长久形成的组织价值观，甚至是某种关系，都将阻碍组织变革的进行。

同时，对于个人来说，变革对员工的能力提出了更新、更高的要求。如果需要员工学习新的知识、掌握新的技能以满足组织变革的要求，而员工在学习过程中存在抵触情绪与障碍，那么就会产生阻力。

（2）认知阻力

认知上的阻力，是指个人或组织一贯保持固有的思维方式和行为模式，认为传统的才是正确的，没有意识到因外部环境的变化与发展而带来的机遇和挑战。

数字化转型是一个长期的过程，在短期内可能并不会带来绩效和工作效率的大幅提升等明显收益。当企业对变革的投入日渐增多，所有人员都在为变革忙碌，但收效甚微时，大部分人员就会在对数字化转型紧迫性的认知上产生分歧，对变革存有疑虑，不相信变革能达到预期效果，认为正在推行的组织结构与业务不匹配，打破了原有的管理运行惯例，从而在对组织持续变革的认知上形成阻力。

（3）利益再分配的阻力

组织变革的实施会让既得利益者已经掌控的资源、拥有的权益被打乱再分配，利益受到损害，他们会出于对原有权益保有的考虑，抵制变革。

对于高层人员，当数字化资源投入较大，而短期收益并不明显时，他们就容易因变革产生挫败感；对于中层人员，企业的数字化转型将提升信息与数据的共享能力，从而削弱其管理控制权力；对于基层员工，作为数字化转型的直接执行者，会增加很多额外的工作与学习的转型成本。

企业员工的职位和绩效因组织变革而发生改变，比如涉及部分管理者的重新定位、基层员工的技能与岗位的重新匹配等。企业的各个层级人员都有可能因为预期利益难以实现，而失去变革的积极性。

（4）人才阻力

大部分企业都通过加强数字化相关技能人员的储备来提升数字化水平，以适应数字化转型。但在传统企业中，因其员工所掌握的数字化和智能化水平较低，从而凸显出人才结构性短缺的问题。同时，由于机制问题，导致传统企业的薪酬、福利无法与 IT 行业的企业相比，因此无法吸引真正的数字化人才加入，进而影响了企业的数字化转型。

（5）文化阻力

企业面对变革，没有通过一定的管理制度和激励机制去改变原有的企业文化，只是做一些简单的表面性宣传，忽略了组织深层对数字化的适配性变革，以及对数字化人才真正的价值认可。

10.5.2 克服组织变革阻力的方式

组织变革并非一帆风顺，而是需要克服各种阻力。这些阻力可能来自组织的多个层面和方面，包括但不限于员工、管理层、组织文化等。

（1）克服惯性阻力

构建数字化管理体系。随着数字化管理及运营体系的建立与完善，员工也会有意识地将数字化技能应用到日常工作中，从而减小了由于固化思想和技术所带来的转型阻力，在不同的层面推进数字化转型策略的实施。此外，企业还可以通过培训、学习等方式提升员工对数字化理念与技能的运用能力。企业以数字化、信息化重构组织流程，打破部门壁垒，建立各部门之间的良性协作关系，让员工认识和感受到并逐步接受数字化给自身带来的益处。

（2）克服认知阻力

明确并坚持组织变革的目标。企业统一规划并领导开展数字化转型工作，详细规划组织变革，明确变革的目标，建立变革愿景。在企业内部进行充分宣传，确保全体员工都能够理解企业转型变革的目标与紧迫性。

与员工进行充分沟通。沟通的重点是利用各种渠道将企业组织变革的目标和愿景传达给全体员工，使员工认识到外部环境的变化所带来的挑战，以及数字化变革的必要性，通过加强其变革意识培养新的数字化思维。

（3）克服利益再分配的阻力

设定短期以及长期合理的考核绩效标准。对于成绩显著者，给予相应的奖励，并制定不同的奖励制度，包括升职、加薪、增加奖金等方式。

（4）克服人才阻力

人才结构转变对于企业是一个新的挑战。企业可以充分利用各种方式扩充复合型数字化人才，以满足企业转型对高质量人才的需求。此外，企业还可以考虑通过其他技术方案替代一部分人员的工作。

对于人才的补充，企业可以采用人才培养与引进的方式。在人才培养方面，企业可以选择内部培养、校企合作、外部合作培养等方式；在人才引进方面，企业可以通过机制改革，提升岗位与薪酬的竞争力来吸引人才。

（5）克服文化阻力

组织变革对员工的观念和行为方式产生影响。若想让员工的观念发生真正的转变，则必须调整组织文化，让员工从价值观与思维模式上认识到组织变革的重要性。

构建数字化转型的组织文化体系。要求员工能够从观念上充分认识到数字化转型的重要性。从企业的高层管理人员开始，在企业内部全力推广数字化转型的重要价值。在转型期间，通过正式或非正式的场合引导员工不断提升数字化意识和素养，并以资源匹配价值，重塑组织文化与价值观，致力于在企业内部对数字化转型形成共识。

10.6　组织变革的步骤模型

一直以来，大型的变革均是从管理者意识的改变开始的。当管理者认识到企业与合作伙伴或者市场竞争对手之间存在差距时，他们就会有意识地分析企业内部的不足，这种不足导致了生产力低下、管理效率低等问题。管理者思维的转变会很快影响全企业，一场自上而下的组织变革就会启动。

使用步骤模型对组织变革的过程进行分解，系统地为变革指明了道路。

1. 卢因的三阶段变革管理模型

20 世纪 50 年代初期，库尔特·卢因（Kurt Lewin）提出了一个经典的三阶段变革管理模型来理解组织变革的过程，被称为"三阶段理论"。对于任何个人或组织来说，变革都是一个复杂的过程，卢因描述了变革管理的三个阶段。

- "解冻"阶段：分析当前企业的各个方面，包括组织结构、流程等所存在的问题，评估变革的内容，让企业做好准备。
- "变革"阶段：与各方沟通，并通过指导、沟通、支持和培训等方式帮助员工克服困难，推进变革。
- "再冻结"阶段：维持变革，使其成为新常态。这是维持变革成果并将其转化为组织新日常的重要阶段。

卢因的三阶段变革管理模型非常适合企业为了成功而需要大幅度变革的情况。通过分析正在改变的每一个方面，发现隐藏的错误。

2. 科特的八阶段变革模型

约翰·科特（John Kotter）在《引领变革》（*Leading Change*）一书中提出了八阶段变革模型。他观察到无数领导者和组织试图改变或执行企业战略，于是他识别并提取出常见的成功因素创立了八阶段变革模型，这八个阶段如下所述。

- 制造紧迫感。检视在数字经济背景下企业所面临的市场和竞争现状，发现并探讨在数字经济环境中企业所面临的潜在危机或主要机遇。
- 组建指导联盟。在数字化转型过程中，组建一个能够推动组织变革高效运行的领导团队，鼓励团结合作。
- 确立愿景并制定战略。对于企业数字化转型，愿景和战略起着至关重要的作用。指导团队帮助组织确立变革愿景，制定战略，推进变革的实施，让员工为了同一个目标而努力。
- 沟通变革愿景。通过各种沟通方式向员工传递变革的愿景和战略目标，消除员工对变革的恐慌和顾虑。运用变革愿景来指导企业组织变革的工作，从变革培训到业绩效果反馈。作为变革的领导者，要管理好自己，起到示范作用。
- 消除障碍。通过授权给企业员工，使其在工作中拥有更多的支配权，消除变革工作中的障碍。

- 设定短期目标。设定可实现的短期目标，积累短期胜利。在组织内部积极展示所取得的变革成效，激发员工的变革主动性。
- 巩固并深入推进组织变革。确保变革早期的成功，对变革进行不断的推进与调整。
- 将新的变革成果融入组织文化中。在证明变革行之有效且优于旧方法后，要努力将变革成果融入组织文化中，减小组织文化带来的变革阻力。

科特的八阶段变革模型强调了制造紧迫感的重要性，侧重于让整个组织中的各种利益相关者接受并推动变革。但该模型的每个阶段缺乏执行方法与细节，因此被认为是一种理论模型。

第 4 篇

产业数字化转型落地方案

随着数字化时代的到来，产业数字化转型不再是一个遥远的概念，而是实实在在需要落地执行的战略。本篇将聚焦于几个关键领域——智能制造、数字政府、数字医疗和智慧交通，探讨它们如何通过数字化实现质的飞跃。在智能制造部分，将讨论通过自动化和数据分析如何优化生产流程；在数字政府部分，将介绍通过电子政务如何提高公共服务效率；在数字医疗部分，将探索通过大数据和人工智能如何革新健康护理行业；在智慧交通部分，将讨论通过物联网和智能系统如何缓解城市拥堵问题。这些领域的转型不仅提高了运营效率，还极大地改善了用户体验。本篇的目的是提供一个全景式的观察，帮助读者理解每个领域的转型路径和实现方式，以及这些变革对社会和经济的深远影响。

第 11 章

智能制造

全球产业链正经历着深度重构，面对复杂变化，中国制造业需要向智能制造转型升级。随着新一轮科技革命和产业变革的深入发展，新技术的突破，为制造业信息化、智能化、绿色化的发展提供了历史机遇。在这新趋势、新技术和新业态变化的关键时刻，企业的诉求、信息技术与基础设施的不断完善，将共同推动我国智能制造业的发展。

11.1 我国智能制造的发展现状、问题

国家发展改革委等部门发布了《产业结构调整指导目录》，其中明确鼓励智能制造等行业的发展，并将其作为推动制造业高端化、智能化、绿色化的重要方向。工业和信息化部等部门也联合印发了《"十四五"智能制造发展规划》，提出了我国智能制造发展的"两步走"战略。该规划明确了到 2025 年和 2035 年的具体目标，包括规模以上制造业企业大部分实现数字化、网络化，重点行业骨干企业初步应用智能化等。这一规划为智能制造的长期发展提供了清晰的指导和目标。

11.1.1 智能制造的国际发展历程

国际局势日趋复杂，世界各国在高科技领域和产业中的竞争更趋白热化，大国之间的博弈也进一步聚焦在制造业。智能制造在各个领域都深受重视，各国都在积极推动本国的智能

制造的发展。

英国政府先后推出了数字化转型战略，为英国的制造业数字化转型做出全面规划和部署，其政策包括多战略协同，如数字技能与包容性战略、数字连接战略、数字经济战略、网络空间战略、数字转型战略、数字政府战略和数据经济战略等。德国提出了"工业4.0"的概念，完善本国的产业数字化转型，为企业提供更好的发展和竞争环境。

而美国推行"再工业化"战略、"加速美国先进制造业发展计划"和"美国制造业及创新复兴法案"等举措，力图实现其在信息技术领域的优势。后续政府延续和发展了相关政策措施，出台了大数据、云计算、人工智能等相关战略，不断完善与制造业相关的政策体系和战略目标。

11.1.2 我国智能制造的发展存在的问题

在"十四五"规划中，明确指出智能制造的发展仍存在创新能力不强、尖端高科技领域差距大、供给适配性不高、人才缺乏以及应用的深度和广度不足等问题。具体表现如下所述。

一是智能制造缺失顶层设计，技术路径不明确。技术发展快速而自身研发能力不足，对新技术的消化能力不强。跨学科整合难度大，需要将多学科的理论和技术进行整合，不同的产业差异大，规模效应难以在短期内形成；技术应用场景多样化，不同的应用场景需要不同的技术方案。标准和规范不统一，使得技术体系的建设变得更加复杂。

二是我国发展智能制造的数字化基础较为薄弱，智能化改造成本居高不下，制约了智能制造的整体进展。中小企业的试错成本和不可控风险较高，难以融入智能制造发展的大潮。

三是创新能力不足，高端技术和工业软件受制于人，在短期内难以实现国产替代，这造成了国内制造业企业在生产过程中出现技术瓶颈，影响生产效率和产品质量。智能制造的发展需要强大的创新能力，然而，我国智能制造领域的创新能力仍然不足，缺乏具有自主知识产权的核心技术和产品。

四是人才短缺，智能制造领域的人才短缺也是一个重要的问题。由于智能制造是一个新兴领域，具备相关技能和经验的人才供给不足，这也会制约技术体系的建设。

当前，我国需要加强基础理论的研究，推动不同学科之间的交流和合作，加强数据安全和隐私保护，推动技术应用场景的创新，培养更多的人才，以及推动标准和规范的统一。通过这些努力，可以促进智能制造基础理论和技术体系的建设，推进智能制造高质量发展。

11.2 智能制造的概念、内涵和体系框架

随着技术的发展，智能制造正在不断推进，引领制造业的转型和升级。通过引入智能化技术和先进的信息通信技术，将传统制造过程中的关键环节实现自动化、数字化和智能化，以提高生产效率、质量和灵活性。智能制造是一种创新型制造模式，是制造业信息技术发展的必然。

11.2.1 智能制造的概念

工业和信息化部在《智能制造发展规划（2016—2020年）》中定义，智能制造是基于新一代信息技术与先进制造技术深度融合，贯穿于设计、生产、管理、服务等制造活动的各个环节，具有自感知、自决策、自执行、自适应、自学习等特征，旨在提高制造业质量、效益和核心竞争力的先进生产方式。

11.2.2 智能制造的内涵和特征

智能制造的内涵是实现整条制造业价值链的智能化和创新，帮助制造业企业通过实现业务运作的可视化、透明化、柔性化，降本增效、节能减排，更加敏捷地应对市场波动，实现高效决策。

智能制造的内涵涵盖从研发、生产、销售到服务的整条价值链，如图11.1所示[1]。

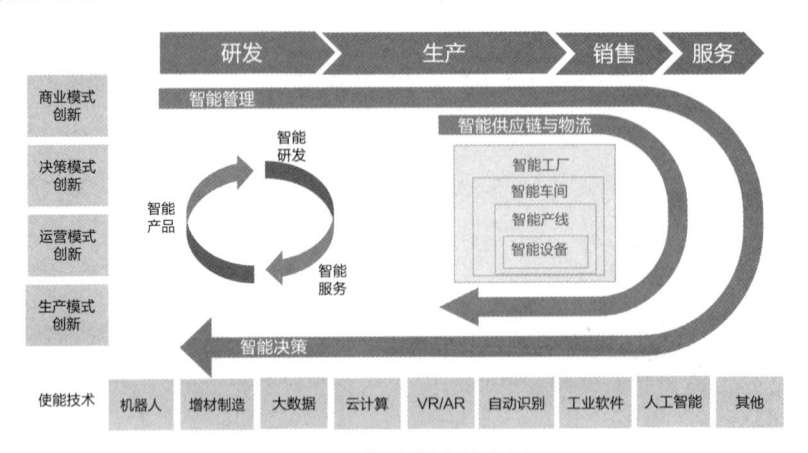

图 11.1 智能制造的内涵

---

[1] 相关内容可参考 2021 年清华大学出版社出版的《智能制造实践》（作者：黄培，许之颖，张荷芳）。

智能制造的主要特征包括产品智能化、制造智能化、管理智能化和服务智能化。

- 产品智能化：通过引入智能模块、传感器、智能处理器等，使产品具有网络通信、感知、信息集成和处理等功能，能够根据需求进行智能化的调整和控制。
- 制造智能化：利用先进的信息技术、机器人技术等，实现生产过程的数字化、智能化，能够快速响应市场的变化，为企业提质增效。
- 管理智能化：通过大数据分析、人工智能等技术，优化资源的配置、生产计划的智能制订、供应链的智能管理等，可以提高企业的决策效率和准确性，增强企业的市场竞争力。
- 服务智能化：通过智能化服务，如远程故障诊断、预测性维护等，可以提高服务的便捷性和效率，增强用户体验，增加企业收入来源。

这四个方面的智能化相互关联，共同构成了智能制造的核心特征。通过产品、制造、管理和服务的智能化，可以实现企业全流程的智能化升级，提高企业的竞争力和市场地位。

11.2.3 智能制造的体系框架

智能制造以数据、网络和安全为基础，通过工业软件、信息化平台和各种技术赋能，帮助企业实现人、机、料、法、环全制造过程和设计、生产、仓储、物流、产品、服务全价值链的泛在连接。智能制造基于云计算和大数据，实现海量工业数据的存储、计算、管理和决策，从而帮助企业降低成本、提高效率，增强制造业的整体竞争力。智能制造的体系框架如图 11.2 所示[1]。

---

1 相关内容可参考 2023 年国家行政学院出版社出版的《走进数字生态》（作者：郑庆华）。

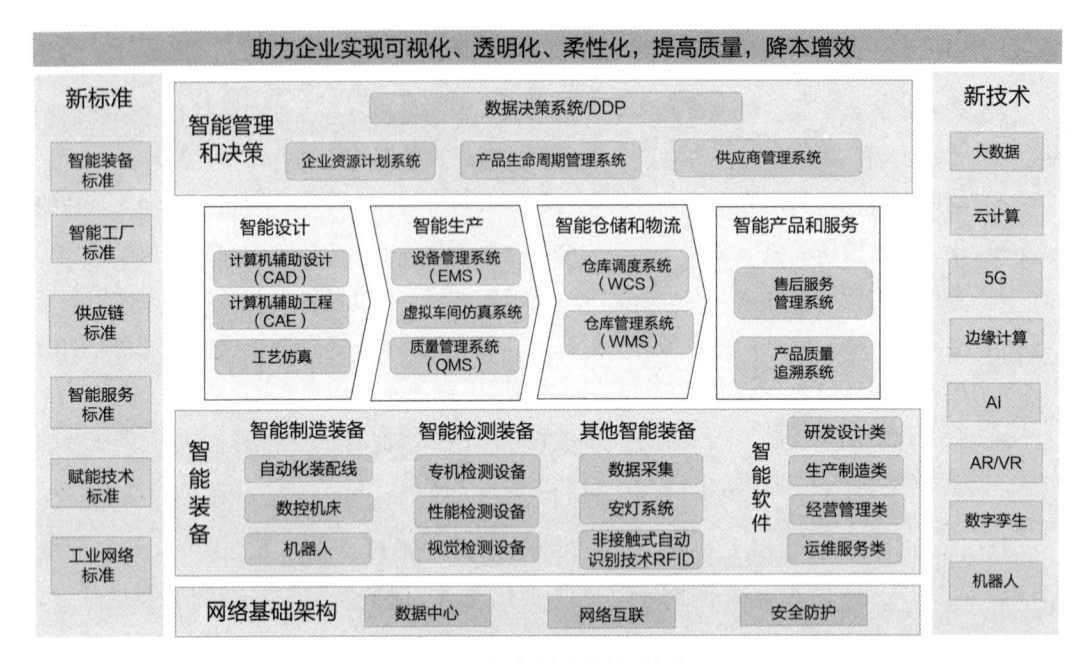

图 11.2　智能制造的体系框架

11.3　智能制造发展的主要方向

智能制造是信息化与工业化深度融合的进一步提升，智能制造的发展既要注重科技的创新和发展，又要满足市场和消费者的需求，同时还要兼顾产业链上下游的共同发展，满足环保、安全和可持续发展的要求。

11.3.1　智能制造的驱动因素

传统制造业的制造成本在不断上升，智能制造为传统制造业的全面转型提供了发展契机。

1. 国际格局动荡，夯实制造业根基

近年来，国际局势风云激荡，贸易摩擦和争端不断增多。一些国家在贸易活动上制造壁垒，导致中国制造业出口受到制约。发达国家在高科技领域对中国实施技术封锁，限制关键技术和设备的出口。随着国际政治和经济局势不确定性的增加，全球供应链变得日益不稳定。供应链的断裂和中断可能会影响中国制造业的生产和出口。新兴市场国家的竞争加剧，比如印度、越南等新兴市场国家也在积极发展制造业，这些地区对部分低端制造业有一定的吸引力。为了应对外国技术封锁，保护我国国家安全，推动制造业全面升级，使用先进的数字技术赋能制造业，勇于突破瓶颈，提高企业生产效率，势必成为制造业发展的重中之重。

2. 国家政策倾斜，顶层设计协调统筹

我国政府一直对智能制造的高质量发展有明确的目标和要求。国务院印发了《关于深化"互联网+先进制造业"发展工业互联网的指导意见》，工业和信息化部等部门联合发布了《"十四五"智能制造发展规划》，工业和信息化部下发了相关的创新发展行动计划，国家发展改革委提出了新基建，智能制造赫然在列。

其中，《"十四五"智能制造发展规划》明确指出，到 2025 年，规模以上制造业企业大部分实现数字化、网络化，重点行业骨干企业初步应用智能化；到 2035 年，规模以上制造业企业全面普及数字化、网络化，重点行业骨干企业基本实现智能化。

3. 流量红利见顶，供应链价值凸显，创新带动企业转型

随着市场的逐渐饱和，企业转型由量变到质变，提升服务水平、提高供应链质量受到更多企业的重视。提升服务水平，需要通过大数据的整合，做到全场景的数字化，整合信息，有针对性地提升运营服务，从而获得市场信任。智能制造的核心在于技术创新，应用新一代信息技术。这些为智能制造提供了基础，使其成为可能。同时，还需要改变传统的生产管理模式，实现生产的自动化、数字化和智能化。这需要企业进行大规模的设备更新和改造，以适应新的生产模式。抓住时机，不断推进中国制造业的数字化进程，保持并扩大我国在供应链上的优势，是面对"百年未有之大变局"的必要准备。

智能制造的驱动因素是多方面的，包括技术创新、生产模式的变革、人力成本的上升、市场竞争的加剧、政府政策的推动以及市场需求的变化等。这些因素相互作用，共同推动智能制造的发展。

11.3.2 大企业共建、小企业共享，产业协同发展与价值提升

大企业与小企业之间通过资源共享、技术创新和产业协同进行全面合作。智能制造需要大量的资源投入，包括设备、技术、人才等。大企业共建可以共享这些资源，降低成本和风险。同时，小企业可以通过共享模式获得更多的资源支持，提升自身的生产能力和市场竞争力。大企业在智能制造领域具有更强的技术研发能力和资金实力，可以通过共建模式推动技

术创新和产业升级。小企业可以通过共享模式获得先进的技术支持和解决方案，提升自身的技术水平和创新能力。智能制造需要全产业链的协同合作，从原材料采购、生产制造、物流配送到销售服务等环节都需要紧密配合。大企业共建、小企业共享的模式可以促进产业链的协同合作，提高生产效率和服务质量。

有意识地打破企业之间、产业之间的界限，以大数据和智能管理决策为基础，把更多的大中小企业参与者聚集到生态中来，通过产业生态圈的构建，实现资源共享、优势互补，推动产业协同发展。

智能制造也带来一定的挑战。中小企业在智能制造实践方面还有很多欠缺，比如市场拓展、人才培养和技术支持等。智能制造产品和服务具有更高的附加值和更大的市场潜力，大企业共建、小企业共享的模式可以帮助小企业拓展市场，提升竞争力。同时，智能制造需要具备专业技能和知识的人才支持，全新的合作模式还可以推动人才培养和交流，提升整个产业的技能水平和丰富人才储备。另外，中小企业还需要面对投资成本的问题。总之，智能制造为中小企业提供了更加高效、灵活和精细化的生产模式，能够帮助企业提升竞争力。中小企业需要不断地壮大和发展，更需要不断地探索数字化转型，充分利用新技术、新业态、新场景下的数字化改造，实现智能制造，最终成长为产业链上重要的一环。

11.3.3 智能制造转型中的技术升级与应用

数字化转型在于提升企业竞争力。新兴技术、新 IT 架构革命、前沿技术等新技术应用成为撬动企业业务、管理和组织模式深度变革的重要支点。

（1）新兴技术

随着 5G、云计算、人工智能、边缘计算、大数据等技术的发展，企业的数字化全连接条件不断改善。人与人的连接、人与物的连接、设备之间的系统连接、上下游之间的供应链连接和交易之间的连接纷纷被打通，使得数字化连接的价值、协同性和层次得到不断提升。

（2）新 IT 架构革命

"端—边—云—网—智"一体化带来新 IT 架构革命，多要素协同发力，形成强大的计算力，在全连接的基础上带来智能化的不断升级。高效、便捷、智能的数字化连接可以快速地提升组织管理质量和企业经营效益，推动企业实现全生命周期的数字化转型与产业链协同。

（3）前沿技术

以 AR/VR、元宇宙、大模型为主要代表的前沿技术正在为企业数字化转型提供新的空间，通过数字手段实现虚实结合，助力企业商业模式创新，开拓新的商业领域。随着技术的不断进步和社会认知的不断提高，这些技术将会得到越来越广泛的应用，成为未来数字社会的重要支柱。

加快推进工业软件、高端装备的研发创新，培育新兴产业和挖掘前沿技术。促进企业降本增效，在工业场景中开展工业机器人、人工智能、传感器技术的应用，并规模化发展。

大力发展智能制造装备，加强产学研用联合的创新，突破芯片等一系列国外"卡脖子"的软硬件设备和装置，推动信息技术、先进制造工艺和装备制造的深度融合发展。推动新技术创新应用，通过全连接智能工厂/车间的建设，带动制造装备制造业的迭代升级和加速发展。

11.4 智能制造的转型路径

智能制造转型是一个复杂而系统的过程，从理念与思维的转变、技术的发展和创新、产业链的发展和生态建设多个方面进行考虑和实施。通过明确目标、制定规划、持续创新，提高产品质量和效率，保持绿色、安全和可持续发展，逐步实现智能制造转型并提升竞争力。

11.4.1 观念上：理念与思维的转变和突破

受益于国家政策的大力推动，大量的企业在进行智能制造的研发、生产、管理和投资，坚实地走在数字化转型的道路上。智能制造转型不仅是技术上的升级，更是理念与思维的转变。要成功实现智能制造转型，企业首先需要在观念上进行转变和突破。

拥抱数字化思维：企业需要认识到数字化转型的重要性，并将数字化思维融入企业的战略规划中。这包括对数据的重视、利用和分析，以及通过数据驱动决策的思维方式。推动智能制造的发展，首先要发挥政府引导作用，完善顶层设计和战略规划，通过示范推广等方式带动社会更多力量的参与。同时，企业是智能制造的核心力量，需要强化企业的主导地位，发挥企业在智能制造中的积极性，由大带小，推进中小企业的数字化转型。

可持续发展：智能制造不仅追求经济效益，而且需要关注绿色低碳的要求，以及社会责任。企业需要转变单纯追求经济效益的观念，将可持续发展纳入企业的战略规划中，实现经济效益和社会效益的平衡发展。在"双碳"背景下，智能制造绿色化发展的行业应用需求上升，自动化、信息化、智能化能够提升技术水平和效率，实现制造向绿色低碳的目标迈进。

勇于尝试和持续改进：智能制造转型是一个持续的过程，需要企业勇于尝试新理念、新技术、新模式，同时不断优化和改进现有的生产与管理方式。掌握核心技术，集成系统，构建适应智能制造发展的标准体系，加快人力资源培育。加大工业软件和硬件的创新发展，攻克核心技术难关，实现高质量发展。

11.4.2　技术上：新技术的快速发展和应用

智能制造就是各类新技术在制造业生产过程中和价值链中的创新应用，具体包括如下技术。

- 5G 技术：5G 技术是新一代的移动通信技术，相比之前的移动通信技术，它具有高速率、低延时、快速规模接入等特点，是实现人、机、物互联的网络基础设施。
- 物联网：物联网（IoT）是一种由各种物理设备组成的网络，这些设备通过互联网连接并交换数据，以实现智能化识别、定位、跟踪、监控和管理。智能制造通过物联网技术，将物理世界与数字世界无缝连接，实现智能化管理和控制，提高生产效率和服务质量。智能制造的最大特征就是实现万物互联，工业物联网是工业系统与互联网，以及高级计算、分析、传感技术的高度融合，也是工业生产加工过程与物联网技术的高度融合。
- 边缘计算：边缘计算是一种在网络的边缘进行数据处理和分析的技术。在传统的云计算模型中，数据需要被传输到中央服务器进行处理，但是这种处理方式存在延迟和带宽的问题。而边缘计算将数据处理和分析的能力推向网络的边缘，即在设备或终端节点上进行计算，以减少数据传输的延迟和带宽消耗。
- 云计算：云计算是一种基于互联网的计算方式，其核心技术包括效用计算、并行计算、虚拟化、分布式等，将数据和应用程序从硬件中分离出来，将其存储在远程的服务器上，用户通过 Web 浏览器就可以实现相同的功能和拥有访问数据的能力。云计算技术可以让企业实现资源的集中管理和调度，提高管理水平和管理效率。
- 大数据：工业大数据贯穿于产品的设计、制造、维修等全生命周期，包括数据的获取、集成和应用等。智能制造的大数据分析技术包括建模技术、优化技术和可视技术等。

通过对新技术的应用，将灵活地为企业打造全连接，控制企业成本，提高产品质量和生产效率，促进制造业的高质量发展。

11.4.3　生态上：数实融合、生态协同、产业集群、政产学研用联动

智能制造是一个长期渐进的过程，在这个过程中会存在各种问题和挑战，要积极发挥政府引导作用，并以企业为主体，促进产学研用多方联动，促进整个生态的高质量发展（如图 11.3 所示）。

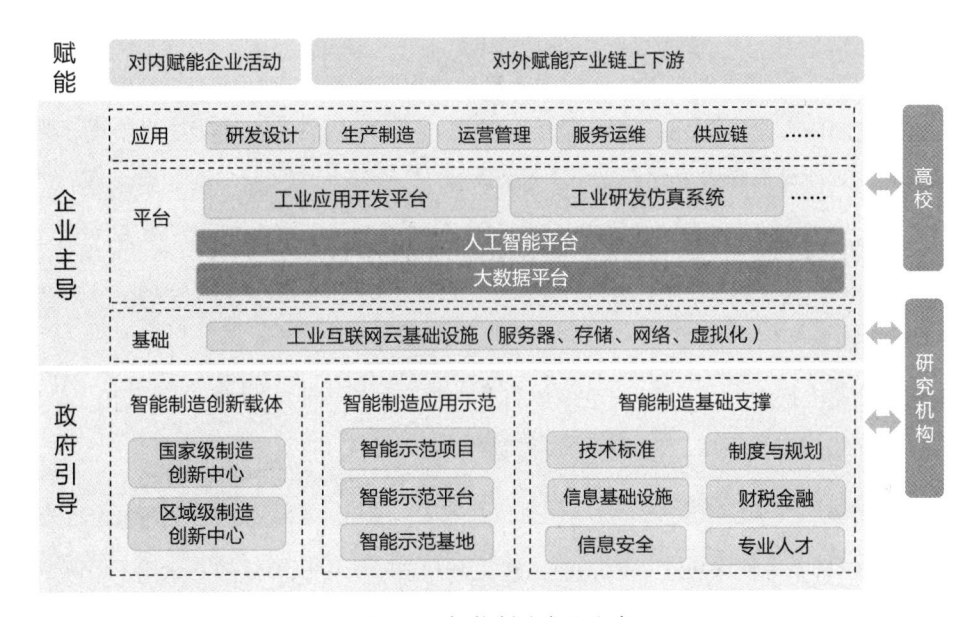

图 11.3　智能制造产业生态

智能制造的发展需要网络、数据和安全作为基础，通过智能设备、工业软件和各种技术赋能，帮助企业实现人、机、料、法、环全制造过程和研、产、供、销、服全价值链的泛在连接。对于企业来说，智能制造的实现是一个逐级推进的过程，纵向上涉及企业的执行层、控制层、管理层等系统架构，横向上涉及企业的产品研发、生产管理、市场销售、服务体系等价值链的方方面面，需要进一步推动企业上下游之间、内外部之间、行业之间的更大协同。产业链上下游的企业和用户共同参与，在上游，将制造业数据导入云端，利用新一代信息技术和平台连接产业上游、中游、下游，形成智能管理和预测；在下游，最终用户参与面向细分市场的产品需求规划，汇集制造资源和解决方案，数实融合，生态协同，共建生态圈。

生态的建立和健全需要完善政产学研用联动的创新体系。政府发挥着引导和协调的作

用，提供政策和资金扶持，建立健全标准和制度。企业则深化供应链上下游合作，提供市场需求和产业化能力，将新技术转化为具有市场竞争力的产品，强化创新主体作用。科研院所、高校以及学术界是创新体系的重要组成部分，它们负责基础研究、技术支撑和人才培养，为科技创新提供源源不断的动力。最后形成政产学研用联动的创新体系，发挥各自的最大效能，促进科技创新和产业发展，提高国家的竞争力和创新能力。

11.5 智能制造的典型案例

本节通过两个典型案例，具体展示智能制造如何在实际生产环境中得到应用并取得成果，打造智能制造企业品牌，以创新实践的示范效应，协力为中国智能制造的高质量发展贡献力量，推动智能制造在数字化转型中不断创新。

11.5.1 家电行业：深圳创维 5G+8K 赋能柔性智能工厂

1. 行业痛点和用户需求

创维作为彩电行业的龙头企业，在家电行业的智能制造中走在前列。创维提出了精细化、智能化、国际化的发展战略，实现数字化转型升级。

创维在实施数字化转型过程中，发现以下痛点：

- 作为具有全球跨区域工厂的企业，在关键制造过程中仍欠缺较高水平的质量管理和控制。需要利用数字化手段对制程质量进行管控和提升。
- 家电产品具有迭代快、品种数量多、小批量混线生产的特点，工厂无法满足全球各级市场对产品的个性化、多样化及柔性生产的需要。
- 高精尖装备的运行维护难度较大，符合企业要求的人才短缺，人才培养周期较长。需要利用数字化手段将车间、产线、设备实时共享，突破时空限制，提供知识分享和专家指导。
- 对传统物流行业逐步智能化转型的要求和现实有较大的差距。生产现场配送环境复杂，"人等料"风险大大影响了生产效率。

2. 解决方案

落地 5G 应用及核心自研平台，形成一批经过实践验证的 5G 工业互联网解决方案，逐步推进 5G 技术向核心生产环节渗透，打造"制造设备全连接+制造系统全连接+数据可视+场景落地可复制"模式。

创维以 5G 融合网络+工业切片+MEC 定制化方案，深度融合 8K、AI 等技术，落地 5G+融合网络支持柔性生产、5G+AI 车间眼智能视觉检测、5G+8K+VR/AR 智能远程运维、5G+智能物流等创新应用，促进企业数字化转型。对外，可赋能中小企业，通过 5G 专网共享创维数字化能力及资源，管控上游制程质量，提升产业链制造水平（如图 11.4 所示）。

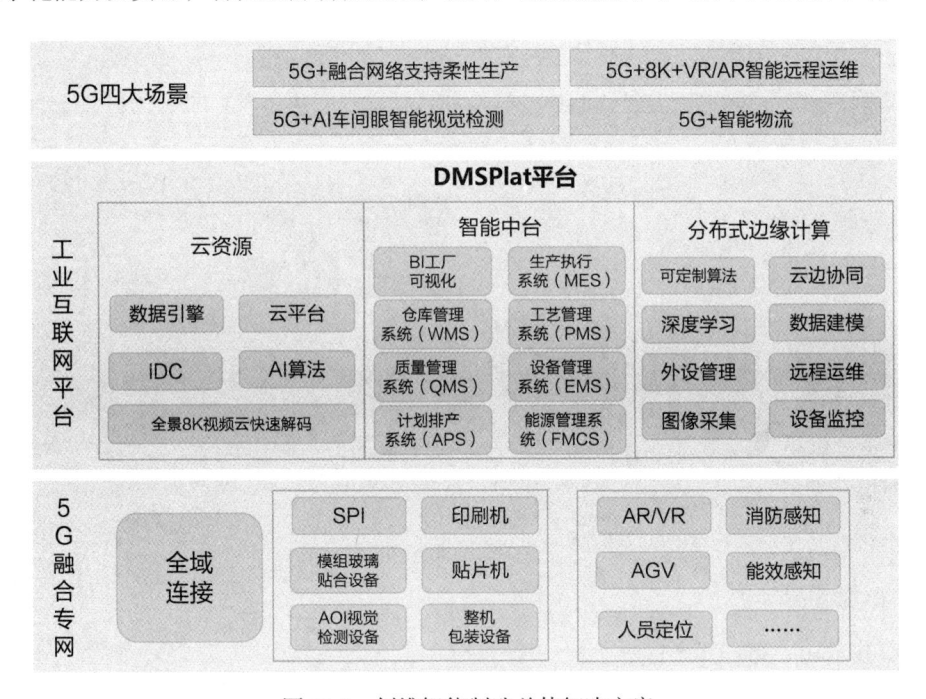

图 11.4 创维智能制造总体解决方案

场景一：5G+8K+VR/AR 智能远程运维

通过 5G+8K+VR/AR 融合技术应用，搭建智慧检修平台，实现智能工厂现场生产、设备、智慧检修、工艺、工程、物流、人员、质量、安全等高清场景实时远程交互，直播监控，全程跟踪，记录和回放。例如，生产全场景监控和 VR/AR 沉浸式教学指导，如图 11.5 所示。

发起：模组线体、机芯线体的现场人员申请技术支援。应答：中控室技术专家远程指导。

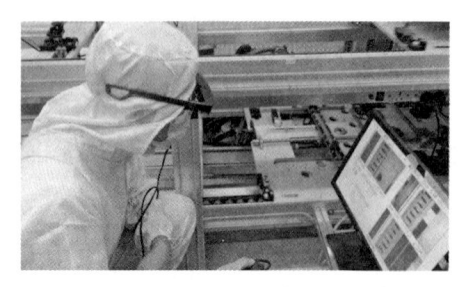

现场人员：背板拍照失败请求专家协助　　　　　现场人员：设备更换物料后报警取料失败

图 11.5　5G+8K+VR/AR 智能远程运维场景

场景二：5G+融合网络支持柔性生产

网络全覆盖，最大程度地支持工业生产环节的云边协同，通过 5G 网络接入数字化制造工业互联网平台，最终实现设备的监控、分析和可视化，解决了工厂哑巴设备、孤岛设备的问题，实现了工厂柔性生产（如图 11.6 所示）。

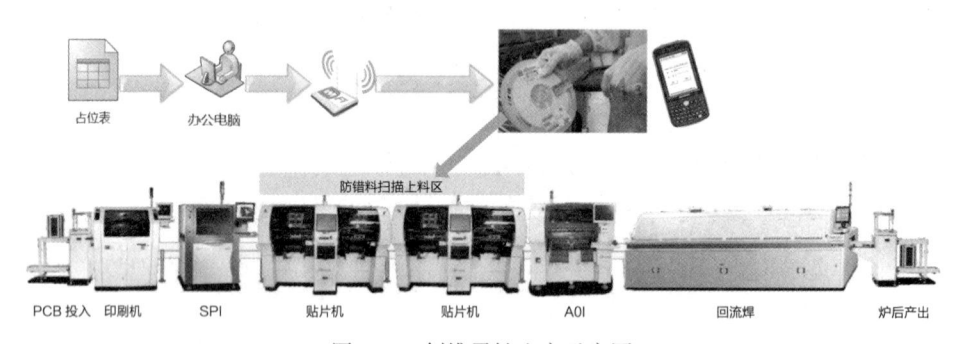

图 11.6　创维柔性生产示意图

3. 价值和应用

核心技术和专利：创维自研 DMSPlat 平台，形成自主知识产权，服务企业内外。拥有相关专利 200 多件。

企业内部降本增效：单线自动化在线检测率从 10% 提升至 80%，检测工序作业节拍由原来的 15 秒/台缩短至 3 秒/台，人均产出效率比传统产线提高 17%，效率同比提升 26%，停产时间下降 5%，工序自动化率达到 40%，远超出行业平均水平。

经济效益和社会效益：仅眼智能视觉一项，就已实现经济效益近 3000 万元，预计累计经济效益超 3 亿元。引领家电行业数字化转型，为智能制造业带来新的模式，势必产生巨大的社会效益。

11.5.2 汽车行业：上汽大通 C2B 模式智能制造标杆工厂

上汽大通是上汽集团旗下的国际汽车品牌，产品覆盖全球 48 个国家和地区。全球消费者日益增长的个性化需求，驱动上汽大通的智能制造转型，实现汽车行业的 C2B（消费者到企业）大规模个性化智能定制模式。

1. 行业痛点和用户需求

随着行业的发展，用户需求呈现出多元化特征，车企的痛点也愈加凸显。

- C 端：传统的 4S 店已经无法通过冗长的代理反馈，真正了解到消费者的需求与喜好。
- B 端：巨大的供应商网络逐渐让车企难以转型，不仅使价值链被无限拉长，还有愈演愈烈的趋势。

所以，寻求一种同时能够解决 C 端和 B 端盲点的新商业模式，变得尤为紧迫。

2. 解决方案

（1）洞察用户需求，打通运营与制造过程中的数据壁垒

在 C2B 智能定制模式下，通过互联网平台进行数字化用户运营，吸引用户参与到整车"定义、设计、验证、选配、定价和改进"的全流程中来，提炼与分析用户行为数据，推动新产品开发及产品迭代。同时，通过"蜘蛛智选"平台，打通产品、用户需求与制造过程中的数据壁垒，准确响应用户定制的个性化需求，实现企业的全价值链数字化在线（如图 11.7 所示）。

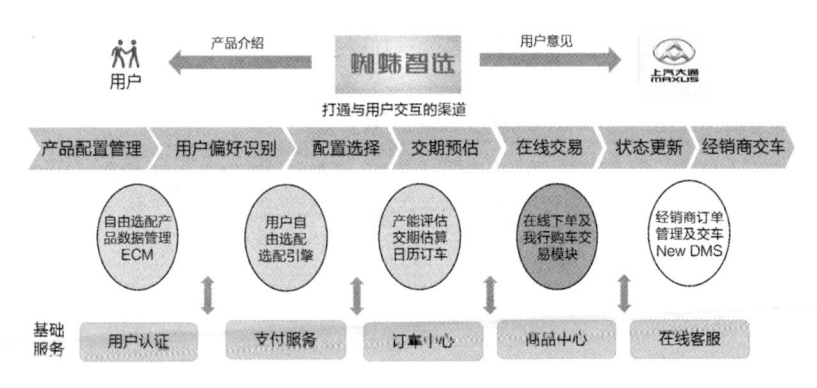

图 11.7　蜘蛛智选——打通营销和研发制造体系

（2）建设研发制造一体化体系，实现对交付需求的快速响应

基于智能营销、智能研发、智能供应链、智能质量等业务的数字化改造和用户交互体验技术的提升，上汽大通对 C2B 时代的数字化工厂体系进行持续的建设和升级，实现了所有系列车型的大规模个性化定制，同时还通过数字平台打造价值链（营销、研发、制造、供应链）的互联互通，形成新的竞争优势，创造新的企业价值。

（3）建立供应链数据共享平台，实现跨企业的敏捷协同

C2B 个性化定制生产模式对混线生产的切换速度和频率提出更高要求，需要整条供应链的协同。上汽大通通过建立供应链数据共享平台，支持多种相似产品的混线生产和装配，灵活调整工艺，适应大批量、多品种的生产模式，实现敏捷协同制造。

3. 价值体现

上汽大通的工程模块化设计能力大幅提升，支持产品全配置管理，形成大规模可配置的产品策略，覆盖 80% 的客户定制化需求。通过大数据分析，建立订单与工厂生产状态的实时匹配。上汽大通智能制造项目实施成效如表 11.1 所示。

表 11.1　上汽大通智能制造项目实施成效

典型用例	整体成效
以用户为中心的交互平台	单车营销成本降低 20%
大数据分析	按订单生产提升至 76%
智能生产管理系统	库存减少 54%
整车销量	同比增长 38.9%

变革和创新非一蹴而就，C2B 数字化转型的模式创新既是企业生产供应模式的全新变革，也是营销模式的重构。在汽车行业内，上汽大通正在探索自我颠覆、自我创新之路。其成功的经验在业内被复制推广，起到了良好的示范作用。

第 12 章

数字政府[1]

强化数字政府的建设是推动数字化进程的必然需求，是打造网络强国和数字中国的基础性和引领性工程，也是促进国家治理体系和治理能力现代化的关键步骤。

12.1 我国数字政府的现状、需求与问题

本节主要讲述我国数字政府的发展现状、发展需求和管理存在的问题。

12.1.1 我国数字政府的发展现状

我国政府管理经历了政府信息化起步期、电子政务时期，如今步入数字政府大力发展时期。

2019 年的党的十九届四中全会、2020 年的党的十九届五中全会和 2021 年的"十四五"规划纲要，都明确了推动数字政府建设、强化数字政府建设以及加速数字政府建设的目标。2022 年 6 月国务院印发了《关于加强数字政府建设的指导意见》，提出到 2025 年和 2035 年数字政府体系建设的两阶段工作目标，明确了数字政府建设的七个方面的重点任务，这一系列重大部署，将数字政府提升到整个国家的战略高度。2022 年 10 月国务院办公厅发布了关

---

[1] 本章内容参考：中国信息通信研究院发布的《数字政府发展趋势与建设路径研究报告（2022 年）》。

于印发《全国一体化政务大数据体系建设指南》的通知，提出在 2023 年年底前，全国一体化政务大数据体系初具规模，基本具备数据目录管理、数据归集、数据治理、大数据分析、安全防护等能力，数据共享和开放能力显著增强，政务数据管理服务水平显著提升。

从地方推进来看，一半以上地区发布了专项的数字政府战略规划文件，数字政府产业增长势头强劲；从市场规模来看，数字政府市场规模保持高速增长；从产业格局来看，数字政府具有覆盖面广、服务用户多、应用场景丰富、稳定性要求高等特征。《数字中国发展报告（2022 年）》中提到，全国一体化政务服务平台目前基本建成，超过 90% 的省级行政许可事项实现网上受理和"最多跑一次"，平均承诺时限压缩超过一半。

12.1.2 我国数字政府的发展需求

数字政府的发展需求涉及各个层面和方面，以提升政府效能、为人民服务、推动治理创新为目标。以下是我国数字政府的主要发展需求。

- 便捷的在线政务服务：公民和企业期望能够通过互联网与移动设备方便地办理各类政务事务，包括注册登记、证照办理、税务申报、社会保险、教育医疗服务等。数字政府需要提供统一的在线平台，整合各部门的服务，提高办事效率，提升用户体验。
- 公开透明的政务信息：公民对政府的决策、预算、项目实施等方面的信息更加关注，希望政府能够主动公开信息，提供公开透明的决策过程和政府行为。数字政府应该建设信息公开平台，提供便捷的信息查询渠道，促进政务信息的公开和监督。
- 数据驱动的决策支持：数字政府需要建设数据平台，整合和利用政府各部门的数据资源，进行数据分析和挖掘，提供决策支持和政策制定的科学依据。政府部门需要能够高效地共享数据，进行数据协同，促进政务决策的精准性和科学性。
- 个人信息保护和隐私保障：随着数字化进程的推进，公民的个人信息面临着更多的风险。数字政府需要加强个人信息保护和隐私保障的措施，确保公民的个人信息安全，合规使用和保护公民的个人隐私。
- 全面的电子治理能力：数字政府需要提升电子治理的能力和水平，包括信息化基础设施建设、网络安全保障、数字技术人才培养等方面。政府部门需要具备数字化、智能化的管理能力，推动政府治理的现代化和创新。

- 智慧城市和智能交通：数字政府需要积极推进智慧城市和智能交通的建设，运用物联网、人工智能等技术，提升城市管理和交通运输的效率与便利性，改善居民的生活质量。

这些需求旨在推动政府服务的数字化、智能化和便利化，提升政府的治理能力以及公共服务水平，促进社会向前发展和改善民生。

12.1.3　我国数字政府管理存在的问题

数字政府管理在发展中面临一些问题和挑战，主要包括如下几个方面。

- 数字鸿沟：由于技术使用能力、网络接入等方面的差异，部分地区（特别是较落后地区）和人群存在数字鸿沟问题，无法充分享受数字政府带来的便利和服务。解决数字鸿沟问题需要加强基础设施建设、推动数字技术的普及，以及提供培训和支持。
- 信息安全风险：数字政府的发展离不开大量的数据和信息流动，这也带来了信息安全风险。政府需要提高信息安全意识和能力，建立完善的信息安全管理体系，保护公民和企业的信息安全，防范网络攻击和数据泄露等风险。
- 隐私保护问题：数字政府在收集和使用个人信息时，需要遵守隐私保护的原则和法规，确保公民个人隐私的合法、安全和得到保护。政府需要加强个人信息保护的法律法规建设和加大监管力度，加强隐私权益的保障。
- 信息化水平不均衡：各级政府部门的信息化水平存在较大的差异，有些地区和部门的数字政府建设相对滞后。为了推动数字政府的全面发展，需要加大资源投入和支持力度，提升信息化水平，促进各地区和部门的协同发展。
- 服务质量和用户体验：数字政府的建设不仅要关注技术和平台的建设，还要注重服务质量和用户体验。政府需要持续改进服务流程，提高办事效率和便捷性，确保公民和企业能够获得优质的在线政务服务。
- 数据整合和共享：政府各部门之间的数据孤岛问题影响数字政府的协同和决策支持能力。政府需要加强数据整合和共享机制的建设，打破部门壁垒，实现数据的高效流动和有效利用。

解决这些问题需要政府部门的积极参与和努力，同时也需要社会各界的合作和支持。通过加强法律法规建设、技术创新和能力建设，数字政府将能够不断完善和发展，更好地服务于公众和推动社会进步。

12.2 我国政府数字化转型的主要方向

我们政府数字化转型的主要方向是政务平台的统建共用、数据资源的价值释放、数字履职的高效协同以及数据安全保障和提质可控，旨在加快信息化和数字化在各领域的应用，推动经济社会的协同发展，提升公共服务水平，促进创新和可持续发展。

12.2.1 政务平台，统建共用

政务平台的统建共用是指政府部门在数字化建设中，通过统一建设和共享平台的方式，实现资源的集中管理和优化利用。这样可以解决政府各部门之间信息孤岛的问题，提高信息共享和协同工作的效率，同时降低数字化建设的成本和减少重复投入。

在政务平台的统建共用中，关键的要素和做法如下所述。

- 统一规划和架构设计：政府需要进行全面的规划和架构设计，确定统一的政务平台框架和标准，以确保各部门的系统与应用能够在共同的基础上进行建设和集成。
- 共享数据和服务：政府部门应该共享数据和服务，将各个部门的数据整合到统一的数据中心，建立共享的数据平台，方便不同部门之间进行数据的共享和交换。
- 统一用户接口和体验：为了提供一致的用户体验，政务平台应该设计统一的用户接口和界面，使公民与企业能够方便地访问和使用各个部门的服务，减少学习成本，降低操作复杂度。
- 安全和隐私保护：在政务平台的统建共用过程中，政府需要加强信息安全管理，确保数据的安全性和隐私的保护。采取适当的安全措施，防范数据泄露和网络攻击的风险。
- 管理和维护机制：政务平台的统建共用需要建立健全的管理和维护机制，包括统一的运维团队、技术支持和升级机制，确保平台的稳定性和持续运行。

通过政务平台的统建共用，政府部门可以实现信息共享、资源优化和协同工作的效果，这样有助于提高政府部门的工作效率，提供一致和便捷的服务，推动政府数字化建设的整体发展。

12.2.2 数据资源，价值释放

数据资源的价值释放是指通过充分利用和管理数据，实现数据的商业化或社会化应用，

从中获得经济、社会或创新方面的价值。实现数据资源的价值释放，可以采取以下方式。

- 数据分析和洞察：通过数据分析和挖掘技术，对数据进行深入的探索和解读，发现其中蕴含的信息和洞察，为决策提供科学依据。数据分析可以揭示市场趋势、用户行为、业务模式等，帮助企业优化运营、改进产品和服务。
- 个性化推荐和营销：利用数据分析和机器学习技术，根据用户的兴趣、偏好和行为，实现个性化的推荐和营销。通过对大量用户数据的分析，能够精准地向用户推荐产品、内容或服务，提升用户满意度和市场竞争力。
- 数据驱动的创新：将数据与创新相结合，探索新的商业模式和产品设计。通过数据分析和市场洞察，发现用户需求和痛点，以数据为基础进行创新，开发出具有差异化竞争力的产品和服务。
- 数据共享和合作：通过数据共享和合作，实现数据资源的互联互通，促进创新和合作。政府、企业和研究机构可以通过数据共享，共同研究和开发解决方案，共享数据的价值和成果。
- 数据驱动的智能决策：利用数据和人工智能技术，实现智能决策系统。通过对数据的分析和建模，可以辅助决策者做出更加准确和科学的决策，提高决策效率和决策质量。
- 公共服务和治理优化：政府可以通过对数据资源的应用，提高公共服务与治理的效率和质量。通过数据分析和智能化技术，实现政务数据的开放和共享，优化政务服务、城市管理等领域，提高公共资源的利用效率和社会治理的水平。
- 数据市场和交易：建立数据市场和交易平台，促进数据的交易和流通。数据供应商可以将自己的数据资源进行打包和销售，数据需求方可以通过购买数据获取所需的信息，从中获取经济价值。

数据资源的价值释放需要综合考虑数据的质量、安全和隐私保护等方面的问题。在进行数据资源的价值释放时，需要遵守相关的法律法规，保护数据所有者的权益，并确保数据的安全性和合规性。

12.2.3 数字履职，高效协同

数字履职的高效协同是指利用数字技术与平台，实现政府履职工作的数字化和协同化，促进政府部门之间的合作，提高工作效率。以下是实现数字履职高效协同的一些关键点。

- 数字化工作流程：将政府履职工作流程数字化，利用信息系统与软件工具进行流程管理和自动化处理。通过建立电子文件管理、审批流程、会议管理等系统，实现文件与信息的快速传递和处理，提高工作效率和透明度。
- 在线协作平台：建立在线协作平台，让政府部门之间可以方便地进行协作和沟通。通过共享文档、日程安排、任务分配等功能，实现跨部门协作和信息共享，促进高效的工作合作。
- 数据共享和整合：建立政府数据共享平台，将各个部门的数据整合起来，提供给相关部门进行分析和利用。通过数据的共享和交流，可以避免重复采集和处理数据，提高数据利用效率，促进数据驱动的决策和政策的制定。建立跨部门的信息共享和查询平台，让政府部门能够快速获取相关部门的信息和数据。通过统一的信息查询接口和权限管理，实现信息的共享和交流，避免出现信息孤岛和重复办事。
- 实时沟通和协调：利用实时通信工具和会议系统，实现政府部门之间的实时沟通和协调。通过即时通信、在线会议等方式，加强部门之间的沟通和协商，提高决策的效率和准确性。
- 数据分析和决策支持：利用数据分析和智能化技术，为政府履职提供决策支持。通过对大量数据的分析和建模，帮助政府部门了解社会情况、趋势和问题，提供科学依据，优化政策制定和决策过程。
- 信息公开和透明度：通过数字化手段和平台，提高政府信息公开的透明度。建立政府信息公开平台，将相关政府信息和数据公开给公众，增强公众对政府工作的监督和参与。

数字履职的高效协同可以提高政府工作的效率和质量，促进政府部门之间的合作和沟通，推动政府治理的现代化和创新。这需要政府部门积极推动数字化转型，投资和建设相关的数字化基础设施与平台，培养数字化人才，同时关注信息安全和数据隐私的保护。

12.2.4 安全保障，提质可控

在政府数字化转型和信息化建设中，安全保障和提质可控是至关重要的方面。以下是在实现数字化政府过程中确保数据安全和提质可控所采取的一些关键措施。

- 信息安全管理：建立完善的信息安全管理体系，包括制定和执行信息安全政策、安全规范和流程，加强对信息系统与数据的安全监控和防护。采用合适的技术手段，

如防火墙、入侵检测系统、数据加密等，保护系统和数据的安全性。
- 数据隐私保护：确保个人信息和敏感数据的隐私保护，遵守与保护隐私相关的法律法规。采取必要的技术和管理措施，如数据脱敏、访问控制、用户同意授权等，保护数据的隐私和安全。
- 安全意识培训：加强对政府工作人员的信息安全培训和意识教育，提高其对信息安全的认知和责任意识。培训内容包括密码安全、网络诈骗防范、数据保护等方面，确保他们能够正确处理和保护信息资产。
- 风险评估和漏洞修补：定期进行风险评估和漏洞扫描，及时发现和修补系统与应用中的安全漏洞。建立漏洞管理和应急响应机制，及时处理和应对安全事件与威胁。
- 可控性设计和技术选择：在数字化政府建设中，选择具有可控性的技术和解决方案，确保系统和数据受到自主可控的技术保护，减少对外部技术的依赖，降低安全风险。
- 合规监管和审计：建立合规监管和审计机制，对数字化政府系统与数据定期进行审计和监督。确保政府部门的数字化工作符合法律法规的要求，及时发现和纠正潜在的安全问题。
- 第三方合作和合同管理：对于涉及第三方合作和外包的数字化项目，要进行严格的合同管理和风险评估。确保第三方机构具备良好的安全措施和合规能力，保障政府数据的安全性和可控性。

通过对以上措施的综合应用，可以有效保障数字化政府的安全性，提高工作质量和工作效率，同时确保数据和信息的可控性。

12.3 数字政府的转型路径

数字政府的转型路径包括以下几个方面：理念与思维的转变和突破、顶层规划与部署、与数字化匹配的组织机构转型以及业务流程的贯通与协同。

12.3.1 理念与思维的转变和突破

在数字政府转型中，理念与思维的转变和突破是至关重要的，以下是一些关键点。

- 用户中心思维：以政府机构为中心的思维方式转变为以用户为中心的思维方式。需要关注用户需求，提供便捷、个性化的数字化服务，以提升用户体验和用户满意度。

- 敏捷创新思维：传统的政府机构通常较为保守和守旧，数字化转型需要转变为敏捷创新的思维方式。政府应鼓励创新和实验，快速试错，采用灵活的方法和流程，推动数字化转型的快速迭代和持续改进。
- 数据驱动思维：将数据作为决策和政策制定的重要依据，转变为数据驱动的思维方式。政府应加强数据的收集、整合和分析能力，利用数据来洞察社会经济状况、公众需求和问题，从而更科学地制定政策和规划。
- 跨部门协作思维：传统的政府机构部门之间常常存在信息孤岛和合作障碍，需要转变为跨部门协作的思维方式。政府应鼓励部门之间进行合作和信息共享，打破信息壁垒，实现协同工作，以提供整体性的数字化服务。
- 创新合作思维：政府应与行业组织、学术界和企业等利益相关者进行创新合作。通过与外部合作伙伴共同探索和实施创新项目，共享资源和经验，加速数字化转型的进程。
- 风险与安全意识：数字化转型带来了新的风险和挑战，政府需要转变为更加注重风险管理和安全保障的思维方式。需要加强对信息安全、隐私保护和数据治理的重视，制定相应的政策和措施，确保数字化转型的可持续发展。
- 开放与透明思维：政府应该转变为更加开放与透明的思维方式。政府应鼓励数据的开放和共享，提高信息公开的透明度，提升公众对政府决策和服务的参与度，实现政府与公众的互动和共治。
- 持续学习思维：建立学习型组织，培养数字化转型的学习和适应能力。关注新技术和新趋势，通过培训和知识分享，不断提升工作人员的数字化技能和思维能力。

这些新的理念与思维可以帮助政府更好地应对在数字化转型过程中所面临的挑战和机遇，推动政府工作向数字化、智能化和协同化的方向发展。

12.3.2 顶层规划与部署

顶层规划与部署在数字政府转型中起着关键的作用，它为数字化转型提供了指导和框架，确保转型的顺利进行并取得成效。以下是顶层规划与部署的关键要素。

- 制定数字化转型战略：政府应该明确数字化转型的愿景、目标和关键举措，并将其纳入战略规划中。这需要政府对数字化转型的重要性有清晰的认识，以及对现有的问题和挑战进行分析与评估。从这几年中央政府连续发布的关于数字政府的政策，以及各省市发布的地方性政策就能看出，在国家层面对数字政府转型的顶层规划与部署。

- 设立领导机构或部门：政府可以设立专门的数字化转型领导机构或部门，负责协调和推动转型的实施。该领导机构或部门应具备权威性和跨部门的协调能力，以确保数字化转型的整体推进和资源调配。
- 制订行动计划和时间表：政府需要制订详细的行动计划和时间表，明确数字化转型的具体举措和实施阶段，以及各项工作的时间和责任分配。这有助于确保数字化转型的有序进行，并提供衡量和监测进展的依据。
- 分配资源和预算：政府需要为数字化转型分配足够的资源和预算。这包括人力资源、技术设施、培训和资金等方面的投入，以支持数字化转型项目的实施和运营。
- 与利益相关者合作：数字化转型需要政府与各利益相关者进行合作。政府应与行业组织、学术界、企业和公众等建立合作关系，共同制定标准、规范和最佳实践，并共同推动数字化转型的实施。
- 监测和评估机制：政府应建立有效的监测和评估机制，定期评估数字化转型的进展和成效。这可以通过制定关键绩效指标和评估标准、收集和分析数据，以及定期进行评估和报告来实现。
- 持续改进和学习：数字化转型是一个不断演进和改进的过程，政府应鼓励持续改进和学习。政府可以建立学习机制和知识分享平台，以促进经验交流和共同学习，不断提升数字化转型的能力和效果。

通过有效的顶层规划与部署，政府能够为数字化转型提供明确的方向和资源支持，确保转型的顺利进行并取得可持续的成果。

12.3.3　与数字化匹配的组织机构转型

与数字化匹配的组织机构转型是数字政府转型中的一个重要方面，涉及政府组织机构的重组、职能调整和人才培养等，以适应数字化时代的需求。以下是与数字化匹配的组织机构转型的关键要素。

- 调整组织架构和职能重组：政府需要重新评估和调整组织架构，确保与数字化转型的目标相匹配。这可能涉及合并、分拆或设立新的部门，以提高组织的协同性和响应能力。同时，需要对职能进行重新定义和划分，以适应数字化时代的需求。

- 建立数字化领导层和团队：政府需要建立专门的数字化领导层和团队，负责数字化转型的规划、实施和监督。该团队应具备数字化技术和管理知识，能够引领和推动数字化转型的各项工作，并协调不同部门之间的合作与协作。
- 培养数字化人才：政府需要重视数字化人才的培养和引进。这包括提供培训和教育机会，培养工作人员的数字化技能和意识，以适应数字化工作环境的要求。政府还可以招聘具有数字化专业知识和技能的人才，提高数字化转型的实施能力。
- 推行数字化工作流程和协同平台：政府可以采用数字化工作流程和协同平台，优化工作流程和信息共享，提高工作效率和协同能力。这有助于减少重复劳动，加快决策和响应的速度，提高政府服务的质量和效率。
- 强化数据管理和信息安全：数字化转型需要加强数据管理和信息安全保护的能力。政府应建立健全的数据管理制度，包括数据的收集、存储、共享和使用的规范与流程。同时，需要加强信息安全措施，保护政府和公民的数据安全与隐私。
- 促进跨部门协作和整合：数字化转型需要跨部门协作和整合。政府应建立机制，促进不同部门之间的信息共享和协作，打破信息壁垒和部门利益之间的障碍。这有助于提供一体化的数字化服务和解决跨部门问题。
- 推动创新文化和试错机制：数字化转型需要鼓励创新和试错。政府应营造支持创新的环境和文化氛围，鼓励工作人员提出新的想法和解决方案。同时，需要建立试错机制，容忍失败，以不断改进和优化数字化转型的实施。

通过与数字化匹配的组织机构转型，政府能够更好地适应数字化时代的需求，提高工作效率和服务质量，推动数字政府的发展。

12.3.4　业务流程的贯通与协同

业务流程的贯通与协同是数字政府转型中的一个重要方面，涉及政府各部门与机构之间的业务流程整合和协同工作，以提高工作效率、优化资源利用和提供一体化的服务。以下是业务流程贯通与协同的关键要素。

- 业务流程分析和设计：政府需要对各部门的业务流程进行全面的分析和评估，了解业务流程的优势、瓶颈和改进空间。然后可以对业务流程进行重新设计和优化，以实现业务流程的贯通与高效协同。
- 数据共享和集成：政府各部门之间的数据共享和集成是实现业务流程贯通的关键。

政府应建立数据共享的机制和标准，确保数据的安全性和一致性。同时，推动各部门的信息系统集成，实现数据的无缝传递和共享，避免重复输入和处理。
- 跨部门协作平台：政府可以建立跨部门协作平台，提供协同工作的工具和环境。这样各部门可以在平台上共享信息，协同处理业务，跨部门协作解决问题，提高工作效率和协同能力。
- 统一标准和规范：政府应制定统一的标准和规范，确保各部门在业务流程中采用相同的标准和规范，降低协同的障碍。统一标准和规范可以涵盖数据格式、文件命名、工作流程等方面，提升业务流程的一致性和互操作性。
- 跨部门培训和沟通：为了促进业务流程的贯通与协同，政府可以组织跨部门的培训和沟通活动。培训可以提高工作人员的跨部门协作技能和意识，沟通可以促进各部门之间的信息交流和合作。
- 管理和监控机制：政府应建立业务流程的管理和监控机制，确保业务流程的顺利进行和效果的评估。这可以通过制定关键绩效指标、定期审查和评估业务流程来实现，及时发现问题并进行调整和改进。

通过业务流程的贯通与协同，政府能够优化资源配置，提高工作效率，提供一体化的服务，为公民和企业提供更加便利与高效的服务体验。同时，也能够提升政府的响应能力和决策水平，推动数字政府的发展。

12.4 数字政府的典型案例

本节选取较有代表性的广东省、浙江省和贵州省的数字政府建设作为案例，以期为其他地区的数字政府建设提供可借鉴的经验与参考。

12.4.1 广东省数字政府发展情况

1. 顶层设计

广东省在数字政府建设过程中高度重视顶层设计，从 2017 年开始至今，不仅先后印发了数字政府相关规划文件，明确政府数字化转型的目标、原则及任务内容，而且每年都会发布广东省数字政府发展建设规划或工作要点，从广东省层面对数字政府建设进行统一和全面的部署，以整体视角推动广东省数字政府建设。

2017年12月印发了《广东"数字政府"改革建设方案》，确定管理框架、业务架构和技术架构的设计图，广东省在全国首先开启了数字政府建设改革；2018年11月发布了《广东省"数字政府"建设总体规划（2018—2020年）》，明确以建设数字中国、智慧社会为导向，提出未来3年高标准打造广东省数字政府的总体要求和实施步骤，为推动广东省数字政府建设工作明晰了重点和路径；2021年7月发布了《广东省数字政府改革建设"十四五"规划》，明确了在"十四五"期间广东省数字政府改革建设的目标、架构与任务，将数字政府改革建设与广东省经济社会发展大局紧密结合起来，充分发挥数字政府改革建设的战略性和引领性作用，推动广东省政府治理体系和治理能力现代化再上新台阶。

2. 工作体系

广东省将"12345+N"工作体系作为数字政府改革建设和全省政数系统业务线条的工作抓手，持续深化数字政府建设创新，打造省级统筹、运转高效、上下贯通、执行有力的数字政府，发挥数字政府建设对数字经济、数字生态的带动作用，形成更多具有创新性和标志性的成果。

"1"是牵头推动一个要素市场：广东省按照中央关于推进要素市场化配置改革的部署精神，印发了《广东省数据要素市场化配置改革行动方案》，实现了数据要素市场化配置改革破局，下一步是加速建设数据要素市场规则体系，为释放数据红利、加快推进政府数字化发展打好基础。

"2"是构建两个法规体系：构建以两个地方性法规为基础的制度体系，《广东省数据条例》和《广东省政务服务条例》的发布，固化改革成果，为数字政府建设创造良好的制度环境。

"3"是建成三大支撑体系：广东省数字政府建设运营中心负责专业技术运营支撑；广东省政务服务数据事务中心重点承担政务服务、核心网络和系统运维、公共资源交易等政务事务支撑；以广东数字政府研究院、广东省数字政府改革建设专家委员会为骨干，聚集高校科研机构的研究生态提供对数字政府的理论、政策、规划等的研究支撑。

"4"是瞄准四个主攻方向：政务服务"一网通办"、省域治理"一网统管"、政府运行"一网协同"和数据资源"一网共享"。政务服务"一网通办"提升政务服务水平，增强企业和群众的获得感。省域治理"一网统管"赋能省域数字化、智能化治理，助力全省经济社会高质量发展。政府运行"一网协同"提高政府协同运行效率，打造多跨协同政府运行新模式。数据资源"一网共享"构建全省一体化数据资源体系，打通全面数字化发展数据动脉。

"5"是突出五大产研带动：培育成立信创产业联盟、数字政府建设产业联盟、数据发展联盟、数字政府网络安全产业联盟和省电子政务协会，更好地发挥数字政府建设对数字经济和数字社会发展的驱动作用，营造数字经济和数字社会发展的良好生态，引领数字化全面发展。

"N"是系列标志性成果：形成系列标志性成果。持续打造粤省事、粤商通、粤政易、粤省心、粤智助、粤优行、粤治慧、粤公平等"粤系列"平台，以及形成数字财政、智慧水利、数字住建、智慧医院、智慧消防等一大批数字政府创新成果。

3. 规则体系

为了规范"数字政府"项目的建设和管理，广东省从项目立项、项目采购、项目实施和考核评价四个维度全盘考虑，以项目管理办法为统领，制定细化的配套实施制度，构建起数字政府改革建设项目全流程管理的制度保障体系，并且从预算编制规范标准和技术规范标准两个维度切入制定相关的标准规范体系，同时健全公共数据开放管理办法，促进数据的共享、开发和利用。这些制度创新有效地保障了广东省数字政府的改革建设，推动"全省一盘棋"的整体化和集约化建设。

（1）构建项目全流程管理的制度

广东省专门制定了《广东省省级政务信息化服务项目管理办法（试行）》，明确项目的立项、采购、实施和监督的总体要求，并制定相关配套制度。

（2）建立数字政府建设的标准规范体系

广东省制定了《省级政务信息化服务预算编制规范和标准（试行）》，规范政务信息化服务项目的预算方案编制和预算费用编制，解决在建设过程中缺乏科学的标准依据、难以合理地估算项目的规模和服务费用的问题。

广东省制定了"数字政府"政务云平台建设规范、政务服务事项目录管理、统一电子印章平台接入规范等系列技术标准规范，明确数字政府改革建设的技术标准，推进"数字政府"项目的规范化建设。

（3）健全公共数据开放管理办法

广东省政府出台了《广东省公共数据开放暂行办法》，规范和促进公共数据的共享、开放和利用，同时发布了《广东省公共数据安全管理办法》，规范公共数据的采集、使用和管理，保障公共数据的安全，提升政府的治理能力和公共服务水平。

4. 组织机制

广东省在数字政府建设过程中，以政府机构改革、体制机制再造为突破口，推动数字政府改革建设工作，创新建立"政企合作、管运分离"运营机制，组建数字政府改革建设专家委员会，加强数字政府人才队伍建设，全力助推广东省数字政府建设创新发展。图 12.1 所示为广东省数字政府管理架构图。

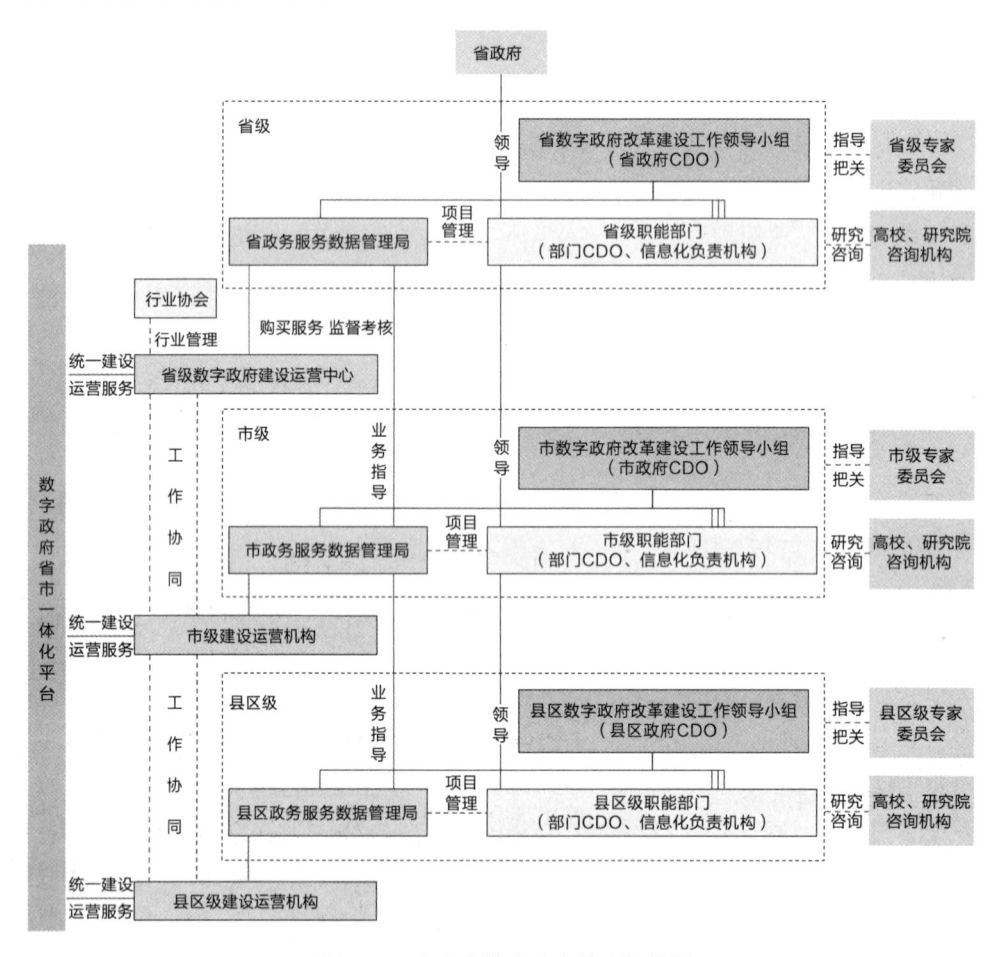

图 12.1 广东省数字政府管理架构图

（1）改革政府内部结构

成立数字政府改革建设工作领导小组：将数字政府改革建设作为省委省政府"一把手工

程"，成立以省长任组长的数字政府改革建设工作领导小组，充分发挥集中力量办大事的制度优势。

组建政务服务数据管理局：撤销专门承担信息化工作的事业单位，组建数字政府建设管理机构，即政务服务数据管理局，作为数字政府改革建设工作的行政主管机构，统筹推进数字政府建设。

推行首席数据官（CDO）制度：率先推行首席数据官制度，并遴选6个省级政府部门、10个地市级政府等同步开展试点，明确将首席数据官列为数字政府建设的第一负责人，构建贯穿于省、市、县三级的数字政府专人专岗梯度管理体系。

（2）创新建立运营机制

创新建立"政企合作、管运分离"运营机制：充分发挥互联网企业、运营商的技术和服务优势，集中腾讯、三大基础电信运营商和华为公司的优势资源，成立数字政府建设运营中心，即数字广东网络建设有限公司（以下简称"数字广东公司"），承担数字政府建设运营中心的职责，形成"1+3+1"的"政企合作"模式。改变以往各部门既是使用者又是建设者的双重角色，将部门变成服务的使用者、评价者，把原有分布在各个部门的建设能力集中起来，统一建设、统一运营、统一调度，形成建设能力的集约效应，即建立"管运分离"模式。

地级市设立分公司：数字广东公司在省内21个地级以上市设立分公司，对广东省数字政府改革建设工作起到重要的技术支撑作用。

（3）组建数字政府改革建设专家委员会

为了进一步提升数字政府改革建设的科学化水平，组建数字政府改革建设专家委员会。专家委员会作为省政府的决策咨询机构，参与制定数字政府改革建设中长期规划、年度建设计划，对重大省级政务信息化服务项目的建设实施进行技术指导，组织开展数字政府的基础理论、重大政策、前沿技术等课题研究，在广东省数字政府改革建设中发挥了重要决策参谋和智力支撑作用。

（4）打造数字化能力过硬的领导干部队伍

加强数字政府人才队伍建设：积极培养既精通政府业务，又能运用互联网技术和信息化手段开展工作的综合型人才。

实施公务员数字化能力提升工程：建立分层次、分系统、普及性与针对性相结合的常态化培训机制，打造数字化能力过硬的领导干部队伍。

5. 服务评估

广东省一方面出台了《广东省政务服务"好差评"管理办法》，建立政务服务"好差评"系统，让政务服务对象对政务服务事项和服务人员进行评价打分，并对评价结果进行反馈分析；另一方面建设数字政府运营绩效管理平台，利用科学的量化指标，对各块业务的开展情况和运行效能按部门、按类别、按事项等进行考核评估并展现结果。同时，建立数字政府网络安全指数评估体系，对各地市的网络安全水平进行评价，以保障数字政府的整体稳定、协同、持续、高效运行，提供高质量的政务服务，建设人民满意的数字政府。

广东省数字政府"十四五"规划中提出，到2025年，全面建成"智领粤政、善治为民"的"广东数字政府2.0"，构建"数据+服务+治理+协同+决策"的政府运行新范式，在全国实现政务服务水平、省域治理能力、政府运行效能、数据要素市场、基础支撑能力"五个领先"。为了评价建设成果，还制定了数字政府"十四五"发展主要公共指标，包含3个一级指标和21个二级指标，旨在全面评价广东省数字政府的发展情况。

（1）外部："好差评"管理办法

广东省出台了《广东省政务服务"好差评"管理办法》，"好差评"指标分为服务事项评价指标和服务人员评价指标。政务服务对象可以通过线上广东政务服务网、政务服务小程序等和线下政务服务大厅（站）、自助服务终端进行评价。

政务服务"好差评"系统：不断丰富平台功能，优化评价流程，提高平台的易用性。运用大数据等技术对企业和群众反映集中的问题进行跟踪分析和综合挖掘，及时发现政务的堵点、难点。利用科学的量化指标进行考核评估和结果展现，实现以评分促进改变。

（2）内部：建立运营情况考核指标

建设数字政府运营绩效管理平台，利用科学的量化指标，对各块业务的开展情况和运行效能按部门、按类别、按事项等进行考核评估和结果展现，实现以评促进、以评促改。

12.4.2 浙江省数字政府发展情况

1. 制度与政策

浙江省数字政府围绕构建"整体智治、唯实惟先"现代政府的目标导向，历经初始、发展、巩固、应用和优化五个阶段螺旋式上升的改革探索，不断健全与数字政府建设相适应的法律法规框架体系。

2003年，初始阶段：浙江省提出"数字浙江"，政府将服务从线下转移到线上（并没有消除数据孤岛现象），关键指标是在线服务率。2003年首次提出"数字浙江"，强调政府信息化，开启了电子政务发展征程，数字政府建设进入初始阶段。颁布了《数字浙江建设规划纲要（2003—2007年）》，建立涵盖电子政务、城市管理等的综合集成应用系统，以数字城市建设推进公共服务领域的数字化和网络化，提升政府信息化水平。

2014—2016年，发展阶段："四张清单、一张网"改革。政府在信息上由封闭走向透明、开放，关键指标是数据开放率。在渠道策略上，政府即平台，公开透明向社会和市场提供服务并接受监督。2014年浙江省开展了"四张清单、一张网"改革，其中"四张清单"指政府权力清单、政府责任清单、企业投资项目负面清单和政府部门专项资金管理清单；"一张网"指浙江政务服务网。2014年实施了电子政务建设的云基础设施战略，建设电子政务"一朵云"，为全省电子政务和公共数据的整合与共享奠定坚实的基础。

2017—2018年，巩固阶段："最多跑一次"改革。强调以数据为中心，真正从企业和群众的需求出发，探索和收集各类不同的数据，在数据的基础上创新服务流程，关键指标是数据驱动服务数量。2017年浙江省率先提出实施"最多跑一次"改革，标志着数字政府进入以数据为中心的巩固阶段。此后，浙江省委省政府持续推进这次的自我改革运动，坚持把市场和社会的需求放在第一位，建立数据资源共享机制，不断完善数字化平台和应用机制，较大程度地提高了企业和群众的满意度。

2018—2020年，政府数字化转型应用阶段：强调"一切皆可数据化"，关键指标是数据化率。注重数据跨部门、跨地区、跨领域流动和共享，消除数据孤岛现象，打破信息壁垒，焦点在于转型。2018年浙江省政府进入数字化转型应用阶段，印发了《浙江省数字化转型标准化建设方案（2018—2020年）》，深化国家标准化综合改革试点，以标准化支撑数字化转型，以部门履职的核心业务数字化为突破口，逐步整合数据基础设施。

2021年至今，数字政府建设优化阶段：政府借助人工智能、云计算等新兴技术进行可持续创新，高层领导具有数字思维，关键指标是服务缩减率，强调政府智能化，即构建智慧型政府。2021年3月发布了《浙江省数字化改革总体方案》，出台了《浙江省公共数据条例》，以法治保障公共数据的开放与共享，全面部署全省数字化改革工作；2021年6月印发了《浙江省数字政府建设"十四五"规划》；2022年7月出台了《浙江省人民政府关于深化数字政府建设的实施意见》。

2. 组织机制

浙江省政府内部之间建立各地各部门横向联动、纵向协同的工作机制，组建工作专班，实行挂图作战，跨部门、跨层级协同推进，同时与阿里巴巴等多家外部单位联合成立公司，借助企业的技术优势，以合作的形式共建数字政府，形成"政府主导+社会参与"的建设运营模式，充分发挥政府的引导与管理作用。

（1）数字化转型工作领导小组

2018年7月，成立了省长任组长、常务副省长任副组长、相关厅局负责人为成员的政府数字化转型工作领导小组，省大数据发展管理局成立。2019年年初，省、市、县三级均组建了专门的数据管理机构，整合原先分散在不同部门的数据。

在"十四五"规划期间，组建深化数字政府系统建设工作专班，制定具体的工作方案，细化目标任务，明确责任分工，建立部门协同工作推进机制，推行"项目化实施+专班化推进"方式。

（2）政府数字化转型专家组以及专业人才

国内各界数字政府专家组成"政府数字化转型专家组"，明确全省整体发展战略和各阶段重点任务，构建起省、市、县、乡（镇、街道）、村（社区）、小组（网格）六级联动的省域治理"一网统管"体系。加大政府数字化专业人才引进力度，加快建立数字政府领域高层次、复合型人才培养机制，建立完善数字政府培训课程体系，持续推动公务员数字化素养的提升。

（3）与阿里巴巴等多家单位联合成立"数字浙江技术运营有限公司"

与阿里巴巴共同打造全省数据共享体系，以及"浙政钉""浙里办"等移动政务平台，探索建立灵活的政企合作机制，阿里巴巴提供咨询规划、基础设施建设、应用开发、运营维护等专业服务。

2019年，阿里巴巴集团、浙江金融控股集团、浙江日报报业集团、浙江广播电视集团共同出资成立"数字浙江技术运营有限公司"，利用互联网等技术有效助力数字浙江建设和区域数字产业发展。

3. 数字设施：一体化智能化公共数据平台

浙江省数字政府架构以"浙里办""浙政钉"为主前端，依托数据资源体系、应用支撑体系，围绕重大任务细化量化闭环管理要求，对部门核心业务应用系统和数据资源进行系统集成，构建党政机关整体智治、数字政府、数字经济、数字社会、数字法治等领域的综合应用。图 12.2 所示是浙江省一体化智能化公共数据平台框架图。

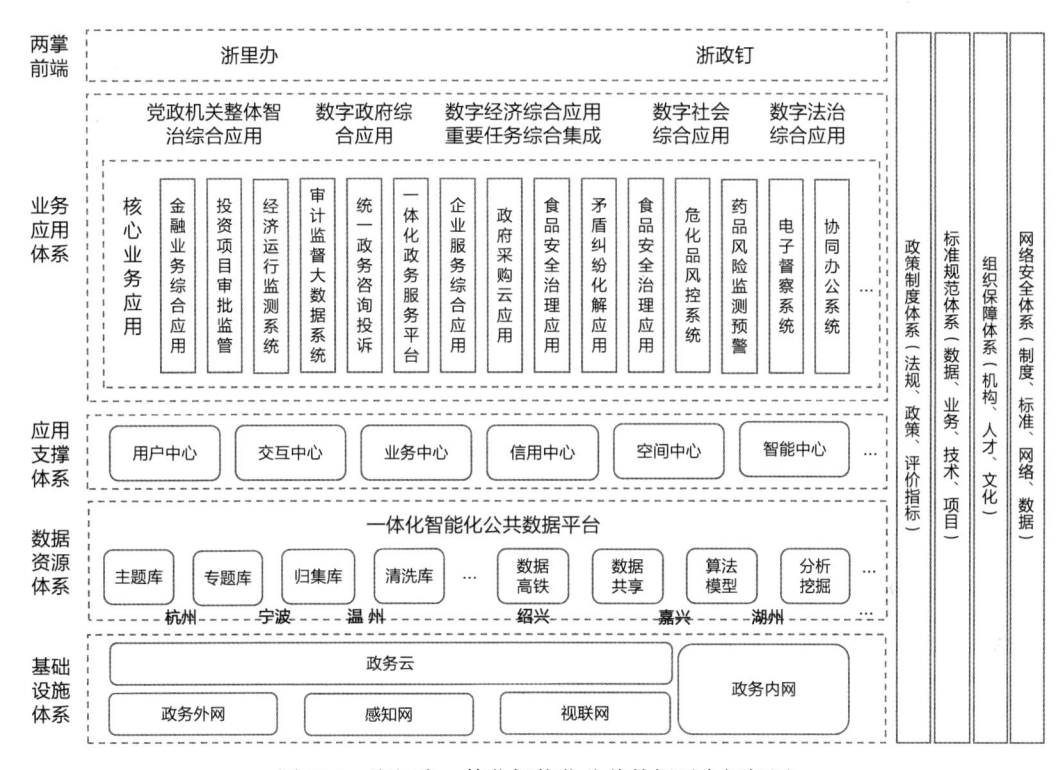

图 12.2 浙江省一体化智能化公共数据平台框架图

其中各体系如下所述。

- 基础设施体系：统筹建设电子政务网络、政务云平台、视联网，主要由政务云、政务网等组成。
- 数据资源体系：构建公共数据基础域、共享域、开放域，为全省数字化改革提供重要数据支撑。强调数据的汇集、存储、处理和共享。
- 应用支撑体系：统筹规划共建共享的一体化应用支撑体系，开发应用集成平台和统一身份认证、电子印章和电子证照等应用支撑平台。

- 业务应用体系：构建党政机关整体智治、数字政府、数字经济、数字社会、数字法治五大综合应用，增强整体协同运作。
- 政策制度体系：强化制度保障，加快推动和制定完善数字化改革的相关法规规章与制度。
- 标准规范体系：建立平台支撑标准、数据共享标准、业务管理标准、技术应用标准、政务服务标准、安全运维标准等。
- 组织保障体系：建立一体化智能化公共数据平台规划、建设、运维和运营领导责任制。
- 网络安全体系：树立网络安全底线思维，落实等级分级保护要求，构建网络、平台、应用、数据等安全防护体系。

12.4.3　贵州省数字政府发展情况

1. 核心基础设施一体化

贵州省抓住建设国家大数据（贵州）综合试验区的契机，以"一云一网一平台"信息基础设施为底座，以增强数据资源的集聚和利用效率为重点方向，逐步推动数字政府建设。贵州省建设了覆盖省、市、县、乡、村五级的政务服务网络，使政府数据实现跨层级、跨系统、跨业务互联互通，让企业和群众办事更便捷。贵州省在全国率先实现了政府数据的统筹存储、统筹共享、统筹标准和统筹安全。自 2017 年以来，贵州省先后印发了与数字政府相关的省级建设规划、建设方案、实施方案等一系列政策规划，自上而下推动数字政府建设。

一云：云上贵州"一朵云"

汇聚全省各级各部门的应用和数据。将现有的"部门云""市州云"迁入或接入云上贵州系统平台，进行统一的管理、监控、调度、可视化，共同承载全省的政务服务应用及政务数据，形成"一云统揽"新体系。其按行业应用呈现为"交通云""农业云"等，按地区应用呈现为"贵阳云""遵义云"等。

一网：政务服务"一张网"

纵向覆盖省、市、县、乡、村五级，横向通过政务外网融合专网，打通各级政务部门之间的网络，构建贵州省"一张网"，进行统一的管理、监控、调度、可视化。面向全省统一提供一体化的在线政务服务网，实现各级各部门的政务服务"一网通办"。其按业务类型呈现为"应急指挥网""旅游网"等。

一平台：智能工作"一平台"

在服务层面，建设桌面端以及其他自主服务终端和政务服务移动端，实现"一平台服务"。在管理层面，作为统一的工作平台，协同办公、行政审批、资金监管、数据调度、数据搜索等服务。

2. 重视数据的建设与应用

贵州省重视数据的标准化、安全性建设，积极推动数据的开放与共享，出台了《贵州省政府数据共享开放条例》《贵州省大数据安全保障条例》《贵州省大数据发展应用促进条例》等法规，在全国率先建立数据共享交换平台，实现了跨层级、跨地域、跨部门的数据高效调度管理。

3. 专门的管理和建设机构

贵州省建立了大数据发展管理局负责数字政府建设的统筹推进与管理工作，并成立了由一把手挂帅的发展领导小组，在各市州采用"云长负责制"，由各市州、直属部门的一把手担任"云长"；采用国企操盘模式，形成了贵州省大数据发展管理局、贵州省大数据产业发展中心、云上贵州大数据集团"三位一体"的运作格局，共同推进数字政府建设。具体实施由省属国企云上贵州大数据（集团）有限公司作为项目总包方，向全国采购服务，进行集约化建设。

4. 新技术创新应用

贵州省将大数据、人工智能、区块链等新一代信息技术应用于政府管理服务，提升政府的治理能力和服务于社会民生的水平，构建智能化、数字化的政府运行新形态。

贵州省采用区块链技术，执法对象、执法者、执法依据、执法结果等全要素都具备了不可伪造、全程留痕、可追溯、公开透明的要求。"云上执法"平台采用大数据技术对行政执法案件的特点、类型、地区、风险等方面进行专项监控，降低了行政执法案件的漏判率和失误率。"贵州政法大数据执法监督智慧云平台"、省检察院"智能辅助办案系统"、省司法厅"贵州省刑事案件智能辅助办案系统"都属于全国创新案例。

第 13 章

数字医疗

随着数字时代的来临，我国医疗健康领域进入数字医疗阶段，数字医疗成为数字中国建设的重点领域，越来越受到关注和重视。本章主要介绍数字医疗的概念、发展历程、发展现状、市场规模、市场结构和市场竞争，以及基于实践的需要和理论的思考，介绍电子病历、远程医疗和全民健康信息平台三个典型场景与案例。本章最后介绍数字医疗的发展趋势。

13.1 数字医疗概述

数字医疗是指利用数字技术和信息通信技术来提高医疗保健服务的效率、质量和可及性。它利用电子健康记录、远程医疗、智能医疗设备和传感器、健康信息技术等工具和技术，来改善患者的诊断、治疗、监测和自我管理。

13.1.1 数字医疗的概念

数字医疗利用大数据分析和人工智能等技术来改善医疗决策与资源配置，促进医疗保健的个性化和精准化。通过数字医疗，可以实现更高效、更智能、更便捷的医疗保健服务，同时为医护人员和患者提供更好的医疗体验。

基于此，从产业实践的角度出发，数字医疗的概念可以分为狭义的和广义的。

- 狭义概念：数字医疗主要是指数字医院的建设和应用，即在医院内部通过智能化系统、设备和技术手段,实现患者、医护人员、医疗设备之间的数据传递、分析、诊断、反馈与互动。
- 广义概念:除了数字医院,数字医疗还包括在医院之外,为患者提供健康医疗服务保障的任何数字化应用,比如数字化体检中心、区域卫生系统、互联网健康医疗平台、家庭健康医疗系统等。

13.1.2 数字医疗的发展历程

我国数字医疗经历了医疗信息化、互联网医疗、创新数字医疗三个叠加并行的发展阶段。具体而言,当社会经济中新的产业要素成熟时,将引导数字医疗进入新的发展阶段。在新的阶段中,原有的阶段将沿着既有轨迹继续前进,而新阶段出现的技术、应用等,将以叠加的形式助推数字医疗的发展。

1. 医疗信息化阶段

从 20 世纪 70 年代末开始,我国启动了医疗信息化建设试点工作。在这个阶段中,医疗信息化开始向医院的管理和运营方面拓展,不仅包括电子病历系统,还包括医药管理系统、门诊挂号系统、检验检查系统等,以提高医院内部各项业务流程的效率和协调性。一些医院自行开发了小型医院管理系统,主要面向部门内部。进入 20 世纪 90 年代,一些大型医院已经能够开发出较大规模的医院管理系统,这些系统实现了部门间的贯通,成为院级系统。在上述阶段内,医院内部使用的系统仍然处于管理系统的阶段,临床领域处于早期试点阶段。在 20 世纪 90 年代末期,随着互联网时代的到来,以及"十二金"工程的落地,越来越多的医院开始上马医疗信息化项目,由此带动了第三方医疗软件厂商市场的发展。2003 年,是我国医疗发展史上的重要年份。2003 年年初,非典疫情肆虐全国,在公共卫生领域,国家打造了一套覆盖中央、省、市、县、乡五级的网络直报系统,非典疫情让医疗体系信息化的重要性凸显,国家对医疗信息化的建设给予了前所未有的重视和支持。2010 年,原国家卫生部制定了《"十二五"卫生信息化发展规划》,顺应分级诊疗的需求,在信息平台、业务应用、数据库等多维度发力。我国医疗信息化建设的重点也顺应分级诊疗等方面的发展,从单个医院内部的信息化,向医联体、医共体、专科联盟、远程医疗协作网等多个医疗主体的协作信息化方向发展。

2. 互联网医疗阶段

互联网医疗主打的是便捷性，目标是患者不用再费时费力前往医院，而是在家中就能够获取全部或部分医疗服务。总体而言，它的发展是在不断试错的过程中前进的。

2005 年前后，随着以淘宝为代表的电子商务平台的成功，以及在非典疫情之后，在政策上对医疗信息化的大力支持，医疗门户网站大量涌现，如微医、好大夫、春雨医生、平安好医生等平台，它们主打的功能是线上预约挂号，以及导医、咨询和点评等医疗周边的业务，但不涉及具体的诊疗。经过十年左右的演进，它们中的一部分发展成为当前的第三方互联网医院平台。

在历经十余年的探索之后，从 2016 年开始，相关政策密集出台，推动互联网医疗进入核心诊疗领域。2016 年 10 月，《"健康中国 2030"规划纲要》发布，互联网医疗被提升到国家战略层面；2018 年，国家卫健委启动了进一步推进以电子病历为核心的医疗机构信息化建设工作。一方面，医院依照要求进一步加强临床信息化工作，确保电子病历建设落地；另一方面，随着电子病历等数据底座的建设完善，临床决策支持系统（CDSS）迎来爆发性增长，先后在国内多家医院实现了落地，并带动了诸多厂商的发展。从 2020 年开始，新冠疫情让互联网医疗行业发生了巨变。面对新冠疫情导致的线下就医不便的局面，《关于做好新冠肺炎互联网医疗服务的通知》《互联网诊疗监管细则（试行）》《扩大内需战略规划纲要（2022—2035 年）》《"十四五"全民健康信息化规划》等先后出台，均对互联网医疗进行鼓励和支持。在产业层面，公立医疗机构开始大力发展互联网诊疗业务，根据《2022 互联网医院报告》，在新冠疫情期间互联网医院数量迅速增长，由 2019 年的 315 家增至 2022 年的 1700 家；而在线诊疗用户规模也实现了从 2 亿向 3 亿的跃升。

总体来说，我国互联网医疗受到一系列政策的规范和管理，以保障医疗服务的质量和安全，保护患者的合法权益。同时，这些政策也促进了互联网医疗的健康发展，推动医疗服务的便捷化和智能化。

3. 创新数字医疗阶段

创新数字医疗以人工智能为核心，通过人工智能在医疗领域中的应用，实现医疗水平的提升。随着大数据和人工智能技术的应用，医疗信息化开始实现数据驱动的智能化决策和精准化医疗。通过分析海量的医疗数据，可以挖掘出其中的规律和趋势，为医疗决策提供科学依据。同时，人工智能技术也可以被应用于基于数据的诊断、药物研发和个性化治疗方面。

2011 年，IBM 将沃森机器人引入医疗领域，开展在医学影像分析、人类基因分析等方面的应用，并取得了良好的成效，使产业发展有了风向标。2016 年和 2017 年，《关于促进和规范健康医疗大数据应用发展的指导意见》《新一代人工智能发展规划》等先后印发，明确了促进智能医疗的发展，其中涵盖手术机器人、智能诊疗助手、智能影像识别、病理分型、基因组识别、新药研发、流行病监测和防控等。2016 年，AlphaGo 战胜柯洁，彰显了人工智能水平达到新的层级，创新者们尝试将新一代数字技术与医疗场景相结合。2017 年，*Nature* 发表了使用人工智能技术判断皮肤癌的科研成果，全球的创新者们开始探索与实践人工智能技术赋能医学影像的临床场景，并在 CT、MRI、超声等多个医学领域取得突破。同时，在临床决策支持系统、医疗大数据、机器人、数字疗法等领域，全球的创新者们开启了有意义的实践。2022 年，以 ChatGPT 为代表的大模型技术诞生，彰显了人工智能正迈向强人工智能的临界点。行业内研究后认为，在垂直行业中率先开展大模型的应用，将是未来的优先点，由此势必会带来创新数字医疗的应用。在政策层面，一系列政策支持和鼓励以人工智能为代表的创新数字医疗的发展。

13.1.3 数字医疗的发展现状

1. 产业架构

我国的数字医疗主要由智慧医疗系统、区域卫生系统和家庭健康系统三大系统组成，可以更好地实现患者与医护人员、医疗机构、医疗设备等之间的治疗或健康管理互动（如图 13.1 所示）。

（1）智慧医疗系统

智慧医疗系统是指运用信息技术、互联网和数字化手段来实现医院管理、医疗服务和患者健康管理的系统。智慧医疗系统通常包括电子病历、医院信息系统（HIS）、远程医疗服务、在线挂号、预约和咨询、医疗资源管理、医疗质量管理等核心功能。智慧医疗系统的建设可以使医院管理更加科学、医疗服务更加便捷和高效，并且有利于实现医疗资源的共享和优化。通过信息化和数字化手段，智慧医疗系统有望提升整体医疗服务水平和患者体验。

（2）区域卫生系统

区域卫生系统是指一个特定地区的卫生保健服务体系，旨在为当地居民提供全面的健康保健服务。区域卫生系统通常由医院、诊所、卫生机构、社区健康中心、公共卫生部门等组成，涵盖了各个层级和各个领域的医疗服务与卫生保健服务，为当地居民提供贴近生活和便捷的医疗服务，包括预防、诊断、治疗、康复等方面，建立连贯的卫生服务网络，让居民在离家较近的地方就能获得医疗服务。区域卫生系统是卫生保健体系的重要组成部分，对于提高居民的健康水平、优化医疗资源配置、降低医疗成本等具有重要作用。

（3）家庭健康系统

家庭健康系统通常指的是一套以家庭为基本单位，旨在提供全面的健康管理和医疗服务的体系。家庭健康系统的目标是通过促进个人和家庭的健康，实现整个社区、城市或国家的健康水平提升。这种系统特别强调以预防为主的健康管理理念，旨在降低慢性病的发病率，降低医疗成本，提高人们的整体生活质量。家庭健康系统通常包括健康档案和健康评估、健康教育和健康管理、健康监测和追踪、家庭医生服务等部分，强调个体健康管理和慢性病防控。同时，家庭健康系统也能够帮助个体更好地了解并管理自身健康，提高治疗依从性，降低医疗风险。

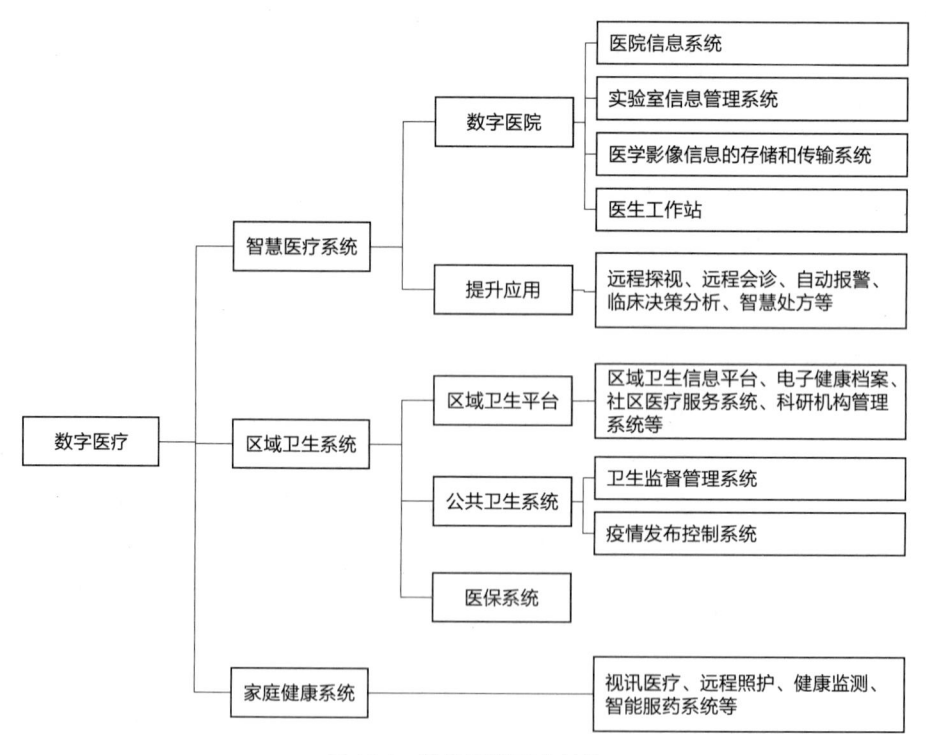

图 13.1 数字医疗产业结构

2. 主要成绩

基于数字医疗的产业结构,当前数字医疗主要取得了三个方面的成绩。

(1)医院信息系统逐步完善

第一,流程更便捷。数字医疗可以帮助医院提高工作效率,通过数字化病历、预约系统和电子处方等工具,减少了传统烦琐的手工工作,提高了医疗团队的工作效率。

- 信息化管理:数字医疗可以实现医院内部各个部门的信息化管理,包括电子病历、医嘱、药品管理、病房管理等,使得医院各项业务流程更加高效、透明和便捷。
- 提高诊疗效率:数字医疗可以加快医生和护士的诊疗流程。例如,电子病历系统可以实现快速查询患者的历史病历和检查结果,减少纸质病历的翻阅时间,提高医疗服务效率。
- 医疗设备智能化:数字医疗可以实现医疗设备的智能化管理。例如,电子病历和医疗设备之间的数据共享,实现医疗过程的无缝对接。

第二,服务更高效。数字医疗有助于提高医疗服务质量,实现远程医疗服务。例如,通过电子病历、医疗影像诊断系统等技术,医生可以更准确地进行诊断,并提供更科学的治疗方案。数字医疗可以提供更便捷的医疗服务,包括在线咨询、远程监护和医疗信息共享、医疗影像识别、远程专家会诊等功能,患者可以通过互联网平台进行线上就诊,与医生进行交流、咨询,提升了患者的就医体验。数字医疗提供了更便捷的挂号和预约系统,可以让患者更加方便地获得医疗服务。

第三,形成新的诊疗模式。数字医疗改变了传统的面对面诊疗模式,医生可以远程监测患者的健康状况并提供诊疗建议。这种模式使得诊断和治疗更加精准、个性化,并提高了医疗服务的效率和质量。同时,数字医疗也为患者提供了更多选择,患者能够更方便地获得医疗服务。数字医疗有助于收集和分析大量患者的个体化健康数据,包括基因序列、生物标志物、生理参数等。基于这些数据,医生可以更精准地进行诊断和治疗,实现个性化的诊疗模式。数字医疗使得医疗设备可以实时监测患者的健康状况,例如心率、血压、血糖等指标,医生可以根据这些数据进行实时干预和调整治疗方案,使诊疗更加及时和有效。

(2)公共卫生逐步信息化

数字医疗对公共卫生信息化有着重要的推动作用,有利于提高公共卫生工作的效率、精准性和协同性,有助于构建更加智慧和健康的社会。

- 疫情应急响应：在突发公共卫生事件中，数字医疗可以提供大数据、人工智能等技术支持，为疫情应急响应提供决策支持、疫情动态监测、资源调配等信息化服务。
- 疾病监测与预警系统：数字医疗可以实现对疾病的实时监测和分析，包括传染病、慢性病等。通过数据采集、数据分析和模型预测，可以提供疾病监测预警系统，及时发现疾病暴发和流行的趋势，并采取相应的公共卫生措施。

（3）家庭健康优先发展慢病管理智能化

数字医疗可以帮助公众更好地管理个人健康信息，包括健康档案、诊疗记录、健康数据等，使个人健康信息化、可视化，有助于公众进行自我健康管理和健康教育。同时，数字医疗可以为公众提供健康知识、预防保健等方面的信息服务。而相关病症实际上应以养为主，并且诊疗相对简单（可远程诊疗），因此家庭健康优先向慢病管理智能化方向发展，各类互联网医院的主要患者群体也是针对慢性病，并延续线下处方，开具电子处方进行线上配药的。

3. 主要问题

尽管前期数字医疗建设取得了良好成绩，但其仍然存在四个方面的问题。

（1）用户接受和使用数字医疗的理念有待提升

数字医疗作为近些年才出现的新兴产物，面临着用户接受和使用的问题。以慢病管理智能化为例，尽管市场上产品众多，但由于患者大多是对信息化接受能力相对弱的老年人群体，因此主动使用数字医疗的人不多；医务人员和社区服务人员对其传播与教导的力度也有待提升。

（2）数据整合程度有待继续加强

在医疗机构内部，由于所使用的设备、信息系统的不同，数据整合的难度较大。近年来，随着医联体、医院集团的建设，各医院之间需要实现数据整合，原有数据系统多样性所带来的问题更加严重。在区域内部，虽然电子病历和居民健康档案的建设工作已经取得良好进展，但目前仍有部分地区尚未完成建设，同时其互通性应用仍有待提高。例如，电子病历在本地应用尚未完善，跨地区应用更需进一步加强。

（3）医疗健康大数据有待充分挖掘价值

医疗健康大数据具备较多的可深度挖掘的价值，但其深度应用仍然存在两个方面的障碍：一是数据整合问题，原始数据分布在医疗机构、区域卫生平台和第三方互联网机构处；二是数据隐私问题，近年来，《中华人民共和国数据保护法》《中华人民共和国个人信息保护法》等基础法律的制定，为数据可利用奠定了法律基础，但医疗领域的数据应用尚有待进一步落地实施。

13.1.4 数字医疗的市场规模、市场结构与市场竞争

1. 市场规模

根据头豹研究院的数据，中国数字医疗行业规模在 2022 年达到 781 亿元，并将保持 20% 左右的增速，在 2025 年达到 1348 亿元的规模（如图 13.2 所示）。

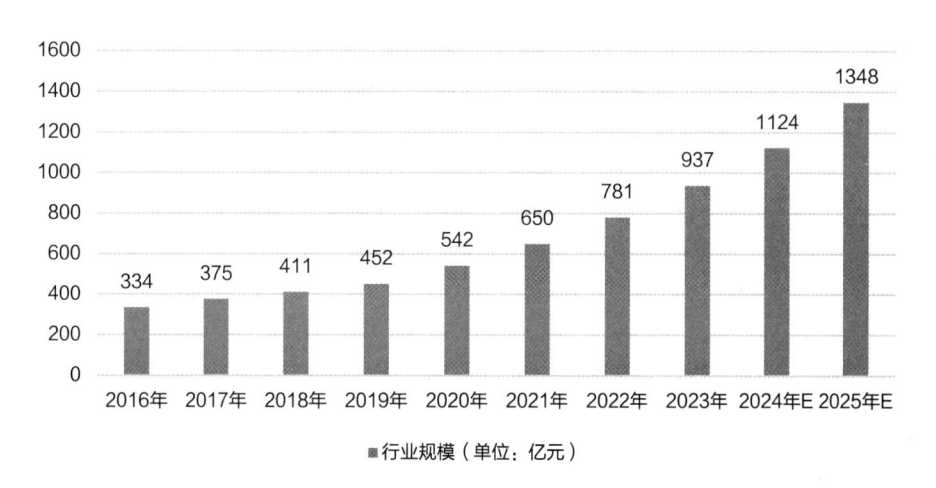

图 13.2　2016—2025 年中国数字医疗行业规模

数据来源：头豹研究院，《2022 年中国智慧医疗行业概览》。

在 2020 年之后，数字医疗行业进入加速增长的通道。其主要原因是在 2020 年后，新冠疫情带动了医院信息化、区域医疗信息化、互联网医疗、居家健康管理等市场的全面发展；而且，在此过程中所形成的政策导向、所培养的投入与应用习惯，将持续发挥作用，保证后期数字医疗持续快速增长。

2. 市场结构

根据各大咨询公司、研究机构对智慧医疗系统、区域卫生系统、家庭健康系统等市场规模的预测，2021 年，这三大系统的市场占比分别为 34.2%、19.9% 和 45.9%（如图 13.3 所示），其中家庭健康系统的市场占比较大，主要原因是家庭内所购置的小型医疗监测设备、可穿戴智能医疗硬件等的市场规模较大。

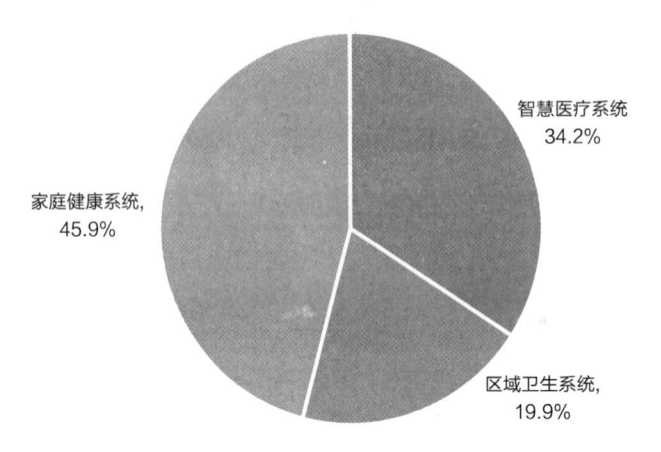

图 13.3　2021年数字医疗市场结构

数据来源：基于对各咨询公司、研究机构发布的相关数据的综合分析。

3. 市场竞争

数字医疗的市场相对分散，主要原因包括三个方面。

第一，数字医疗是由多条垂直赛道组成的，各垂直赛道有着较高程度的专业性，且关联程度不强。例如，在数字医院中，针对医学图像进行 AI 分析的厂商，一般是 AI 类厂商，它们与传统的 HIS 或 PACS 厂商有显著区别。

第二，数字医疗的本地化特征较为明显，尤其是医院信息化、区域卫生信息化等项目，需要本地团队负责实施以及后期运维。因此，除了部分拥有全国分支机构的大型厂商，众多本地公司都能够获得较多的市场机会，其或者是自研系统，或者是代理大型厂商的产品。

第三，数字医疗项目与地方政府的目标挂钩。在实际工作中，地方政府对于本地企业（尤其是新引入的重点企业）采用推荐项目等方式予以扶持，并且对于本地财政支出的费用，希望能以税收等形式留存于本地，并带动本地就业市场的发展。因此，对于数字医疗等政府部门可以掌控或引导的项目，倾向于向本地企业或大型企业的本地分支机构导流，这就进一步推动了市场的分散化。

根据头豹研究院的数据，尽管我国已经拥有卫宁健康、万达信息、东软集团、创业慧康等大型数字医疗服务提供商，但无论是在总体市场份额还是垂直市场上，均未呈现出绝对领先的态势。例如，在我国数字医疗行业中营业收入最高的卫宁健康，2022年营业收入为31亿元，仅占市场总量的4%；而在各垂直市场上，同样较为分散（如图13.4所示）。

中国医院核心管理系统

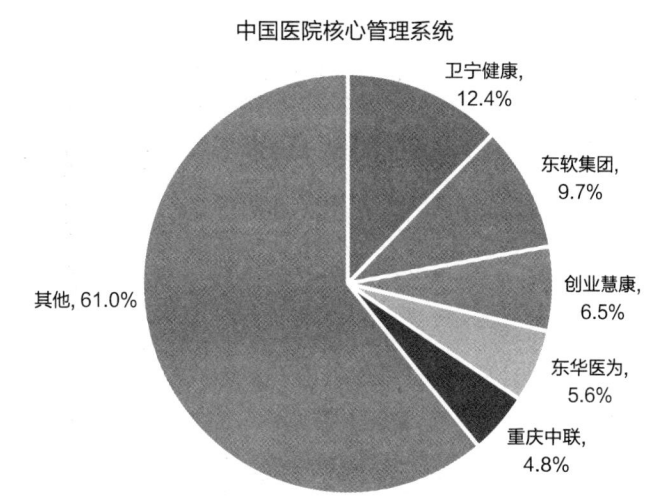

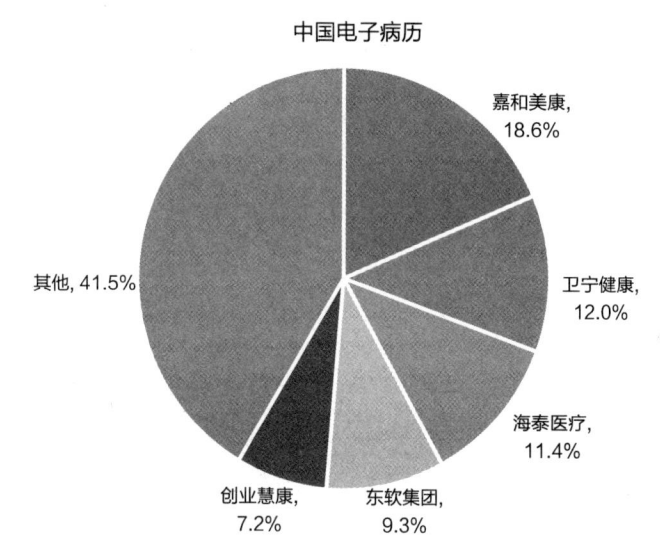

- 卫宁健康, 12.4%
- 东软集团, 9.7%
- 创业慧康, 6.5%
- 东华医为, 5.6%
- 重庆中联, 4.8%
- 其他, 61.0%

中国电子病历

- 嘉和美康, 18.6%
- 卫宁健康, 12.0%
- 海泰医疗, 11.4%
- 东软集团, 9.3%
- 创业慧康, 7.2%
- 其他, 41.5%

图 13.4　2020 年中国部分数字医疗市场占比

数据来源：头豹研究院，《2022 年中国智慧医疗行业概览》。

13.2　数字医疗的典型场景与案例

数字医疗涵盖智慧医疗系统、区域卫生系统和家庭健康系统三个部分，每个部分均包含若干重点应用，本节遴选若干重点业务场景进行剖析，并辅以行业典型案例进行佐证。

13.2.1 电子病历

1. 市场分析

近年来,电子病历市场呈现出快速增长的趋势,这主要受益于政府政策的扶持、医疗信息化意识的提升,以及医疗机构对信息化管理的迫切需求。未来,随着医疗信息化建设的进一步深入,电子病历市场仍将保持快速增长。

中国政府一直致力于医疗信息化建设,提出了一系列支持和鼓励医疗机构实施电子病历的政策。为了构建有效的医疗数据底座,推动分级诊疗、跨地区医疗、医疗大数据应用等方面的发展,我国政府部门从 2010 年开始启动建设医疗信息化。国家卫健委发布了《"十三五"全国人口健康信息化发展规划》,明确提出对电子病历等医疗信息化项目的支持和指导,并且从 2018 年开始,加大推动电子病历的建设力度,发布了《关于进一步推进以电子病历为核心的医疗机构信息化建设工作的通知》(2018 年),并在《"十四五"全民健康信息化规划》中将推动电子病历的普及以及互联互通纳入"十四五"的攻坚行动当中。加强电子病历数据的规范化和标准化,推动不同医疗机构之间电子病历数据的互联互通,实现医疗信息共享。

随着人口老龄化进程的加速和慢性病患者数量的增加,医疗机构对信息化管理的需求日益迫切。电子病历可以实现信息的快速检索、共享和传输,有助于医护人员及时获取患者的病历信息,提高诊疗效率,减少错误的发生,改善医疗质量。医疗信息化可以提供更丰富、更可靠的病历数据,这对于临床决策和医学研究具有重要意义,有助于了解病情和治疗效果的情况,有效提高医疗服务的质量、效率和安全性,更好地满足医疗机构和患者的需求。

电子病历市场建设现状呈现出以下四个特征:

第一,市场规模不断扩大。在政策的强力推动下,电子病历的市场规模持续放大,根据中商产业研究院的数据,2022 年中国电子病历市场规模达到 22.5 亿元,并将继续增长,预计在 2025 年将达到 33.7 亿元(如图 13.5 所示)。

第二,电子病历市场呈现垄断竞争局面。中国电子病历市场竞争激烈,主要有一些大型的医疗信息化服务公司以及互联网科技巨头进入市场,同时也有一大批小型的创新型企业。这种多元化的市场竞争,为用户提供了更多选择,也促进了整个市场的发展和创新。根据 IDC 的数据,2021 年中国电子病历头部的 8 家厂商合计占据 80.5% 的市场份额,形成垄断竞争局面,但是市场上仍存在新的发展机会(如图 13.6 所示)。

（单位：亿元）

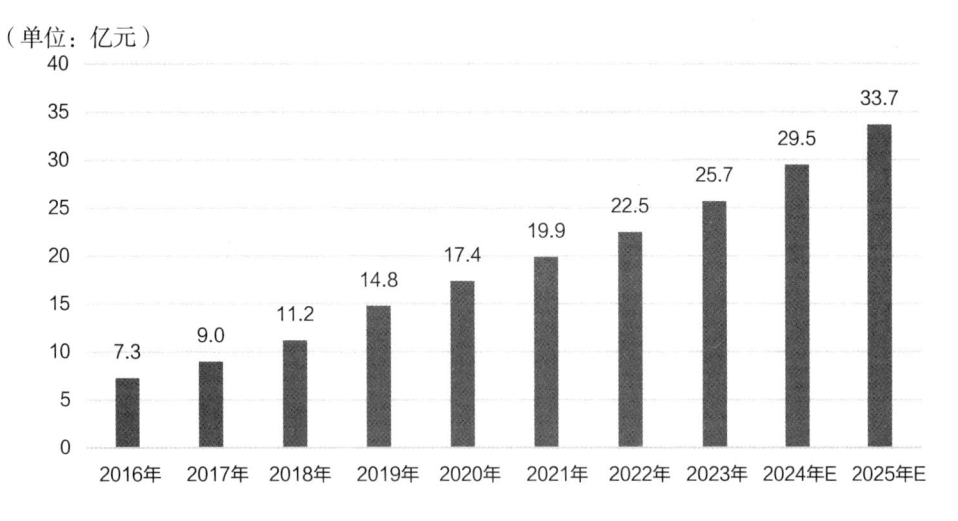

图 13.5 2016—2025 年中国电子病历市场规模

数据来源：中商产业研究院，《2022 年中国电子病历市场规模及竞争格局预测分析》。

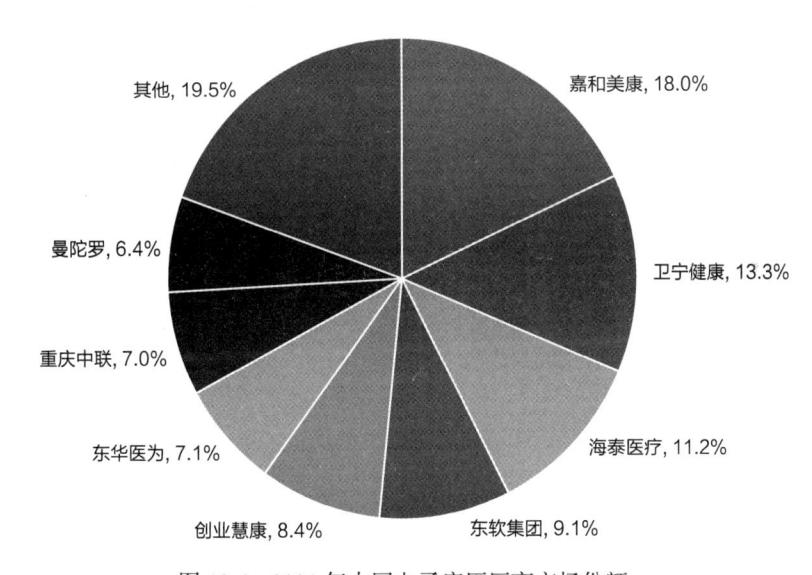

图 13.6 2021 年中国电子病历厂商市场份额

数据来源：IDC。

第三，电子病历系统的应用水平尚有待提升。尽管目前一些医疗机构已经开始使用电子病历，但是在整个医疗系统中其普及率还不够高，电子病历系统的应用水平还有待进一步提升。根据《电子病历系统功能应用水平分级评价方法及标准（试行）》（2011 年），我国电子病历系统的应用水平共分为 9 个级别，具体如表 13.1 所示。根据 2022 年度全国三级公立医院的绩效考核，三级医院的电子病历系统，全国平均水平为 3.83 级；而根据《关于 2020 年度全国二级公立医院绩效考核国家监测分析情况的通报》（2022 年 7 月发布），二级医院的电子病历系统，全国平均水平为 2.59 级。

表 13.1 我国电子病历系统的应用水平分级情况

级　别	特　征
0 级	未形成电子病历系统
1 级	独立医疗信息系统建立
2 级	医疗信息部门内部交换
3 级	部门间数据交换
4 级	全院信息共享，初级医疗决策支持
5 级	统一数据管理，中级医疗决策支持
6 级	全流程医疗数据闭环管理，高级医疗决策支持
7 级	医疗安全质量管控，区域医疗信息共享
8 级	健康信息整合，医疗安全质量持续提升

第四，产品复杂度增加，市场分化现象出现。随着电子病历系统应用水平的提升，电子病历产品的复杂度将增加，产品的优劣性差别正在出现分化，对病历规范性、医疗过程闭环、互联互通、病历质控等领域提出了更高要求。电子病历产品的复杂程度受到多个因素的影响，如所使用的软件功能、集成的系统和流程、用户的熟练程度等。电子病历产品涉及多种功能，包括患者信息记录、诊断和治疗计划制订、实验室结果和影像结果管理、药物管理、病历管理等。此外，可能还需要与其他系统集成，如医院信息系统、财务系统等。因此，电子病历产品的复杂程度可能较高，需要医护人员拥有相应的专业知识，或者对其进行充分的培训，他们才能有效地使用电子病历产品。

2. 方案架构

目前，电子病历在医院信息化建设中发挥了核心作用。电子病历架构是指构建和组织电子病历系统的框架与结构，通常包括数据存储、医疗信息采集方式、数据安全和权限控制、数据交换和集成等，实现数据加密、访问控制、身份验证等，以确保病历数据的安全性和保护隐私。电子病历架构的设计需要充分考虑医院的实际需求和流程，并结合先进的信息技术和医学知识，以实现对医疗信息的高效管理和利用。电子病历是互联网医疗发展的基础，其信息可以与院内科研系统、院外卫生系统相连，有助于未来大数据诊疗和人工智能的发展。电子病历在医院信息化建设中的作用如图 13.7 所示。

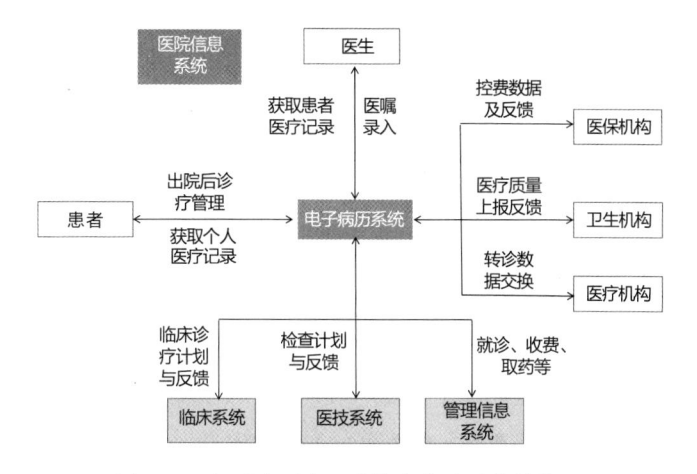

图 13.7 电子病历在医院信息化建设中的作用

图片来源：沙利文，《中国医疗信息化市场研究》。

在构建医院信息化解决方案的过程中，国内厂商将电子病历作为系统的核心。以东软产品为例，电子病历整合是所有功能项的核心所在，从而起到数据贯通的作用（如图 13.8 所示）。

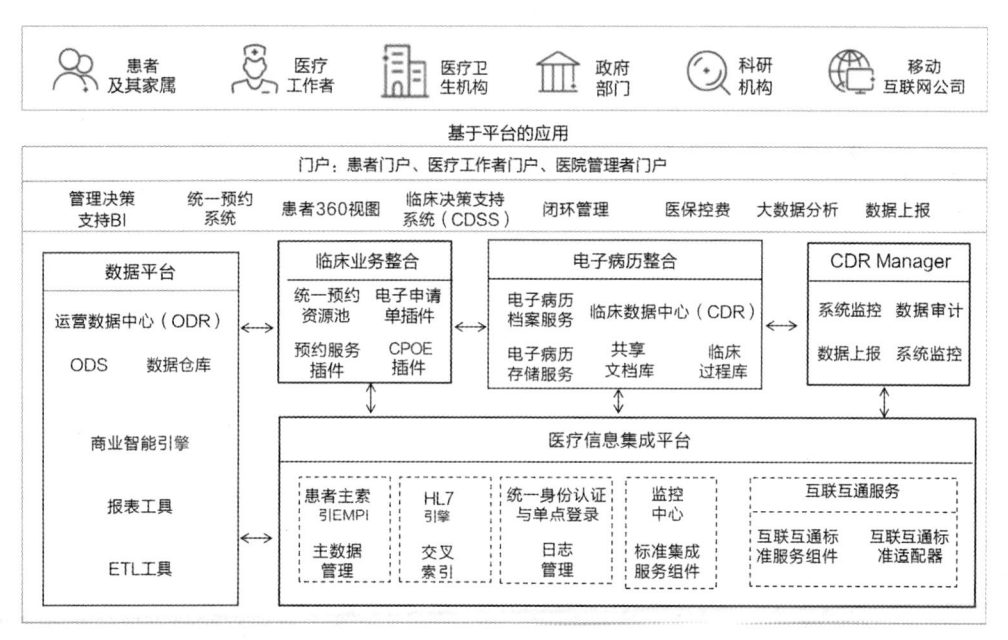

图 13.8 基于电子病历的医院信息平台解决方案

图片来源：东软基于电子病历的医院信息平台。

3. 典型案例

案例 1：某医院电子病历系统建设

某医院是一家大型综合性医院，拥有先进的医疗设备和雄厚的医疗技术力量。近年来，为了提高医疗服务质量，减少医疗纠纷，医院通过引进电子病历系统，对病历管理进行了全面升级和改造。

电子病历系统的建设包括以下几个方面。

- 信息化平台建设：医院建立了完善的信息化平台，包括服务器、网络、数据库等基础设施，确保电子病历系统的稳定运行和数据安全。
- 电子病历软件选型：医院经过市场调研和比较，选择了功能完善、操作简单的电子病历软件，并进行了定制化开发，满足医院各科室的不同需求。
- 人员培训：医院对医护人员操作电子病历系统进行了培训，包括系统操作、数据录入、查阅和维护等，确保医护人员能够熟练使用电子病历系统。
- 流程优化：医院对原有的病历管理流程进行了优化，通过电子化、自动化的手段，简化了病历的填写、查阅和交流的流程，提高了工作效率。

通过电子病历系统的建设，该医院实现了病历信息的数字化、网络化和智能化管理，提高了医疗服务水平和服务效率。

案例 2：某医院实现电子病历系统的升级

某医院为了达到国家电子病历系统 6 级的基本要求，携手东华软件对医院的信息化系统进行全方位的改造和升级，具体包括如下几个方面。

- 优化用户体验：医院重视用户体验，因此在升级过程中，结合医护人员的实际需求，对电子病历系统的界面和操作流程进行了优化。通过增加对用户友好的功能和界面，提高了医护人员使用电子病历系统的舒适度和效率。
- 电子病历系统升级：医院对现有的电子病历系统进行升级，引入了更先进的技术和功能，以满足医护人员日益增长的工作需求。医疗机构或个人医生可以使用电子设备记录和管理患者的医疗信息，包括患者的病史、诊断、治疗计划、药物处方、实验室结果等信息。相比传统的纸质病历，电子病历具有更好的数据整合性、可追溯性和更新及时性，有助于提升医疗卫生质量，减少数据的丢失和错误，提高医护人员的工作效率，更好地支持临床决策、病历管理和医疗质量评估，同时提高数据的安全性和可靠性。
- 加强培训和管理：为了确保医护人员能够熟练地使用升级后的电子病历系统，医院加强了对相关人员的培训和管理。通过培训课程和培训资料的不断更新与完善，可以确保医护人员能够全面掌握新系统的功能和操作方法。

案例 3：某医院实现电子病历数据的高效治理

某医院经过很多年的发展，在电子病历系统中积累了海量数据，当前其在应用数据中主要面临三个方面的问题。

第一，实施成本高昂、技术设备要求高。引入和实施电子病历系统需要大量的资金投入，包括软件购买费用、设备更新成本、培训成本等。对于医疗机构而言，这是一项较大的财务投入。使用电子病历系统需要相关的硬件设备和网络支持，对医疗机构的技术设备要求高，尤其是较小的医疗机构，可能会存在一定的困难。

第二，数据安全和隐私保护。由于电子病历系统涉及大量的个人健康信息，数据安全和隐私保护一直是一个重要议题。医疗机构需要确保系统的安全性，避免数据泄露或者数据使用不当。

第三，互操作性。不同的医疗机构或者系统之间可能会存在互操作性的问题，不同系统之间的数据共享和流通会遇到一些困难，这会影响患者的医疗信息交换。

为此，该医院的大数据中心与百度的灵医智惠合作，利用百度电子病历结构化的能力，对医院积累了二十余年的数据进行高效治理，显著提高电子病历的利用效率。其实现的主要功能包括如下几个方面。

- 电子病历规范化：将以分散的文本文件形式存储在院内各系统中的电子病历，通过采集、清洗、脱敏、转换等处理环节，转换为按照标准病历模型组织的结构化病历，辅助医院进行基础数据资源的建设。该功能的特点是以章节为颗粒度实现结构化，形式标准，信息无损，为支持数据的进一步应用和处理打好基础。电子病历规范化的准确率和召回率均超过 97%。
- 电子病历语义标准化：识别病历文本中的医学实体及实体属性，并进行归一化处理，将病历文本转换为语义标准的可计算数据。该功能的特点是通用性高，全病种适用；理解精准，不仅对医学实体做到精准识别和消歧归一，还对实体属性进行全面的识别和分析，准确理解每一个医学概念。

- 专病深度结构化：针对医院专科专病科研场景，提供一套专病深度结构化工具，帮助医生快速、高效地将电子病历转换为高度定制化的专病库。有别于传统的人工抽取方式或完全基于规则的技术抽取方式，该功能以自然语言处理（NLP）技术为基础，可对文本进行理解和推理；辅以可配置的抽取框架，可快速高效地完成专病库的定制。目前百度已使用该功能对普外科胃癌病历进行深度结构化处理，相较于传统的整理单个病人数据所需的时间，节约 30~40 分钟。

13.2.2 远程医疗

1. 市场分析

远程医疗是指借助先进的通信技术（多媒体等），基于信息网络或区域信息化平台，实现远距离的医疗数据采集、传输、处理和查询，同时能够为远距离的患者提供咨询、会诊、监护、查房观察、辅助诊断、治疗等医疗活动，实现医疗机构的远程医疗服务。

当前我国医疗主要面临三大困境。一是优质医疗资源分布不均。目前优质医疗资源主要集中在大城市和三甲医院，而在基层特别是边远的农村地区，医疗服务资源供给严重不足。二是看病扎堆情况严重。为了获取优质医疗服务，普遍存在看病去高级别医院、城市医院、发达地区医院的情况。三是医疗资源利用不均。在病床使用率和医生每天平均诊疗人次等指标上，三级医院远高于一二级医院。

为了解决上述困境，一方面，我国推动分级诊疗、医联体的建设，力求患者能够实现就近就医；另一方面，通过远程医疗等数字化手段，实现远程优质医疗资源的充分利用。

近年来，随着信息技术的不断发展，远程医疗政策逐渐成为各国政府和医疗机构重要的政策方向之一。在《"健康中国 2030" 规划纲要》等文件中，明确要全面建立起远程医疗应用体系，发展智慧医疗。在具体的政策中，从 2014 年至今的 10 年时间内，《国家卫生计生委关于推进医疗机构远程医疗服务的意见》（2014 年）、《国务院办公厅关于推进医疗联合体建设和发展的指导意见》（2017 年）、《国务院办公厅关于促进"互联网+医疗健康"发展的意见》（2018 年）、《关于进一步加强远程医疗网络能力建设的通知》（2020 年）、《国务院办公厅关于推动公立医院高质量发展的意见》（2021 年）等文件均对远程医疗的发展起到了鼓励和支持的作用，并且将远程诊疗作为推动分级诊疗实施、医联体建设、基层医疗体系壮大的有效抓手。

在国家政策的积极推动下，远程医疗快速展开，其发展现状呈现出四大特征。

一是提供远程医疗服务的医疗机构数量持续上升。根据《2021 年我国卫生健康事业发展统计公报》，截至 2021 年年底，提供远程医疗服务的医院总量达到 9100 余家（占二级及以上医院的比例为 65%），同比增长 65%，这与在新冠疫情期间加大医疗信息化建设有密切关联。

二是远程医疗的用户数呈现规模化特征。根据国家互联网信息办公室发布的《数字中国发展报告（2022 年）》，2022 年我国远程医疗的用户数达到 2670 万人；在调研中，20.5% 的用户表示使用过远程医疗，且另有 32.1% 的用户表示知晓此项服务。

三是远程视频诊断是远程医疗的主要服务类型。根据对北京 301 医院 16384 例远程会诊病例所进行的综合分析，远程视频诊断占比为 60.89%（如图 13.9 所示）。

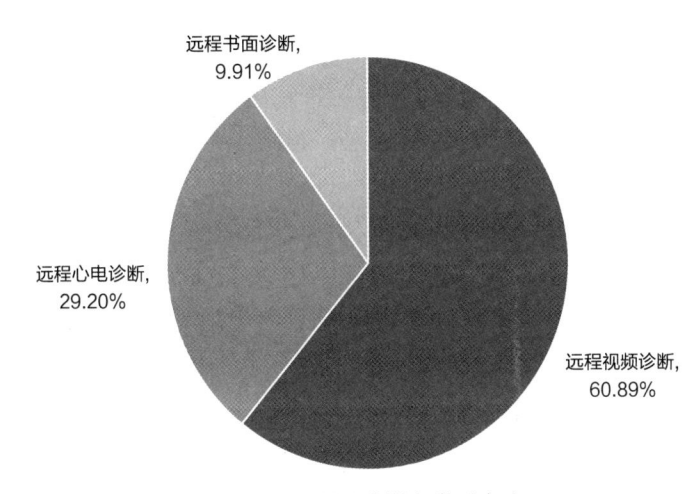

图 13.9 远程医疗服务类型占比

数据来源：《海南医学》杂志，"2014—2015 年 16384 例远程会诊病例统计分析"。

四是 5G+远程医疗是当前的建设重点。开展远程医疗需要网络的支持，当前医疗专网主要覆盖部分二级及以上医院，其余医院远程医疗的开展均基于公共网络，这样就无法保证有良好的服务质量，尤其是在涉及远程手术的场景下，服务质量更是难以得到保证。随着 5G 的商用，其部署的灵活性能够解决固网部署复杂的问题，并且 5G 专网的技术特性，也能够使其达到传统专网的技术要求（如表 13.2 所示）。为此，在工业和信息化部、国家卫健委下发的《关于进一步加强远程医疗网络能力建设的通知》文件中，重点提及了推动 5G 医疗专网的建设；在《关于推动 5G 加快发展的通知》（2020 年）、《5G 应用"扬帆"行动计划

（2021—2023年）》等5G产业发展的文件中，则明确了需要将医疗健康作为5G的重要场景；在国家卫健委等发布的《5G医疗应用优秀案例》等行业研究报告中，也展示了多个行业前期成功案例。

表13.2 远程医疗典型场景对5G网络的要求

		远程会诊	远程影像	远程病理	远程示教	远程超声	远程心电
代表性场景		远程会诊、多学科会诊等	放射影像远程诊断等	常规病理远程会诊，术中快速冰冻病理会诊	手术示教、病理实验示教、切片示教	远程操控超声检查	动态心电图等
典型设备		视频会议类终端	CT机、磁共振等影像类终端	数字化扫描影像设备、超高清显示屏幕	摄像头、视频会议类终端、AR/VR	自动化超声检测仪	可远程联网的心电类终端
典型数据		4K视频与图像（GB级）	4K视频与图像（GB级）	4K视频与图像（GB级）	4K视频与图像（GB级）	4K视频与图像（GB级），操控数据	心电数据
设备数量（台/500m²）		10	10	10	10	10	10
并发率		>50%	>50%	>50%	>50%	>50%	>20%
网络技术配置要求（单场景单设备）	上行速率	>20Mbps	>50Mbps	>50Mbps	>20Mbps	>50Mbps	>10Mbps
	下行速率	>20Mbps	>80Mbps	>80Mbps	>20Mbps	>80Mbps	>10Mbps
	网络时延	<100ms	<80ms	<80ms	<100ms	<20ms	<200ms
	可靠性要求	99.999%	99.999%	99.999%	99.999%	99.999%	99.999%
	网络抖动要求	<20ms	<20ms	<20ms	<20ms	<20ms	<20ms

资料来源：《基于5G技术的医院网络建设标准（无线接入网分册）》。

2. 方案架构

远程医疗信息系统的技术架构主要包括交换与接入层、资源层、服务层和应用层（如图13.10所示）。

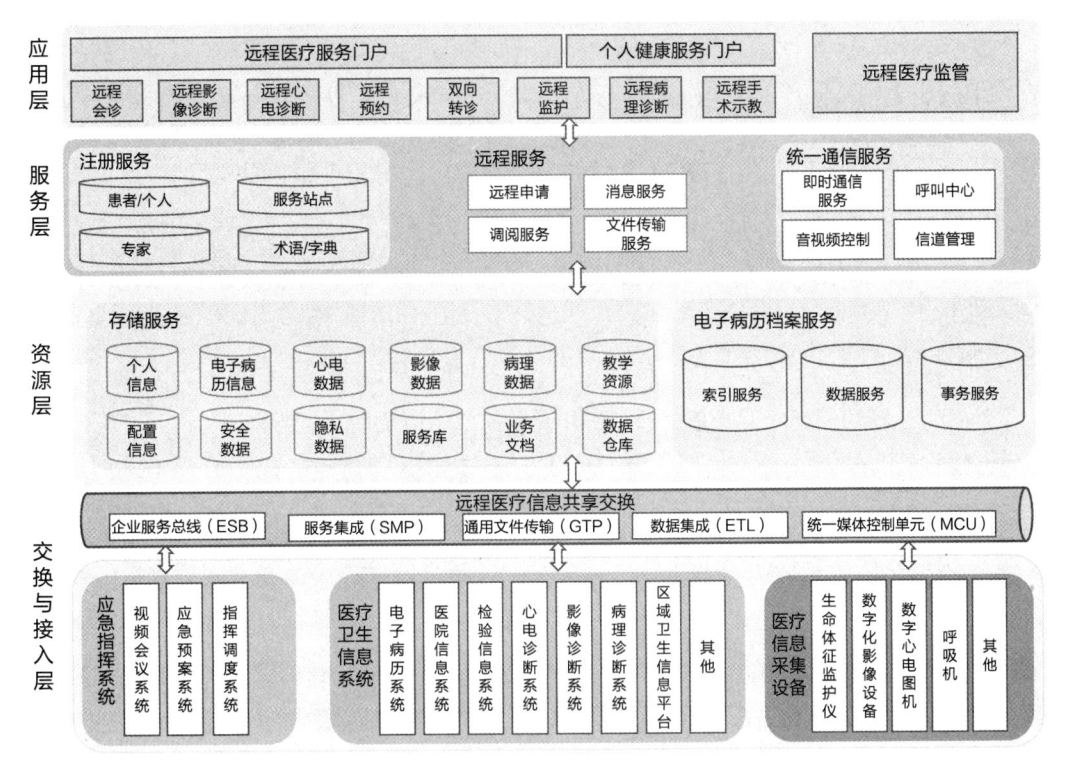

图 13.10　远程医疗信息系统技术架构

资料来源：《远程医疗信息系统技术规范》（WS/T 545—2017）。

- 交换与接入层：包括远程医疗信息资源交换层和远程医疗信息资源接入层两个部分，用于实现医院内部、医院与区域医疗卫生平台之间、医院与远程医院之间的数据对接和数据整合。
- 资源层：提供了包括电子病历等在内的各类结构化或非结构化的数据，用于支撑跨区域的远程医疗服务工作的开展。
- 服务层：提供了注册服务、远程服务和统一通信服务，以实现远程医疗数据传输对象与业务逻辑的直接交互。
- 应用层：通过统一的门户，可实现远程会诊、远程病理诊断、远程影像诊断等远程医疗服务。另外，也可接入远程医疗监管服务，满足政府监管需求。

基于上述技术架构，国内已有多家厂商构建了远程医疗解决方案，并已在近万家医院中得到落地应用。

3. 典型案例

案例 1：某医院的远程医疗协同网络体系

某医院在 1998 年设立了"远程医学中心"，2021 年正式启动互联网医院，把互联网诊疗与远程医疗协同网络的优势进一步结合起来。截至 2022 年 1 月，该医院已组建 17 个专科专病医联体，分别是中西医结合肿瘤、护理、上颈椎、儿童生长发育、呼吸、疼痛、肝病、介入超声、口腔医学、国际医疗、超声可视化针刀技术、肛肠、毛发、泌尿、病理、肾脏病、微无创诊疗等，成员单位来自全国各地 3100 余家医疗机构。

从远程医疗协同网络的功能来看，其主要具有三个方面的功能特点。

一是广覆盖。目前通过远程医学中心和 17 个专科专病医联体，已经联通全国 6000 余家医疗机构，实现了省、市、县、乡、村、医养结合机构六级覆盖。同时，"国家远程医疗与互联网医学中心"专家工作委员会已注册 36000 余名医师，覆盖所有临床专科领域。开展疑难重症远程会诊超过 3 万例，双向转诊患者 8000 余例；开展国家医疗标准宣贯、临床专业远程培训讲座等 200 余期次/年，累计培训卫生技术人员超过 900 余万人次。同时，多次入选国家卫生行政主管部门作为医联体分级诊疗的典型案例和改善医疗服务行动的优秀案例，在互联网+医疗健康领域积累了具有领先优势的影响力和号召力。

二是全周期。建立互联网医院+互联网药房，为在线复诊患者提供全病程管理，并将处方药品及时配送到家。通过互联网医院打通医、养、康、防、药的闭环业务全周期，将老龄健康医养和远程协同结合起来，支持基层慢病管理和医养结合。指导基层建立远程医疗规范化、智能化服务体系，建立从健康管理"治未病"，到妇幼急救、急危重症会诊，再到社区康复、慢病管理、居家养老体系，覆盖居民全生命期。

三是技术新。领衔区块链技术医疗应用试点项目，指导基层建立全生命期居民医疗/健康档案和全业务链数据智能授权管理体系，促进居民医疗数据在远程医疗协同网络中授权共享。

案例 2：某医院的远程会诊系统

某医院的远程会诊系统是为了方便患者在不同的地理位置进行医疗咨询和诊疗而设计的，实现了跨省、跨国家的系统互联互通，打通了与山东、新疆、山西等省（区）及美国、俄罗斯等国家的系统连接。该系统利用互联网和通信技术，可以实现医生与患者之间的远程视频会诊、影像和病历资料的远程传输，以及远程医疗指导和监控等功能。

通过联手华为公司、中国移动等企业，该医院构建了多项远程会诊系统的 5G 创新应用，如远程移动查房、远程超声诊断等。这种远程操作技术可以让医护人员像在现场一样进行面对面的沟通和协作，提高了医护人员的工作效率，同时也降低了他们被感染的风险。

通过远程会诊系统，患者可以在家或者其他地方接受医生的诊断和治疗建议，避免了因地理原因造成的医疗资源不均衡和就医难题。医生也可以通过远程会诊系统与其他医疗机构的专家进行远程会诊，共同讨论疑难病例，提高诊疗水平。

远程会诊系统在提高医疗服务效率和质量的同时，也为医院提供了更广阔的发展空间，增强了医院的影响力和竞争力。在医疗信息化的大背景下，远程会诊系统必将成为医院医疗服务的重要组成部分，为患者提供更便捷、更高效的医疗服务。

13.2.3　全民健康信息平台

1. 市场分析

全民健康信息平台，在卫生计生服务和管理过程中产生的电子数据包括全员人口信息、电子健康档案、电子病历及卫生资源信息等。全民健康信息平台是一个提供医疗信息和健康管理信息的在线平台，致力于为大众提供全面、权威的健康信息，包括疾病预防、健康生活方式、医疗保健知识等方面的内容。

具体而言，全民健康信息平台是分层级的，包括国家级和地方级；它的目标是建立一个区域内的数据交换和共享的中枢，从而推进跨医院诊疗等医疗工作，实现地方政府对区域内医疗健康状况的有序管理；它涵盖了所有人口信息、电子健康档案、电子病历等数据。

从政策上看，全民健康信息平台加强了原来的国家和区域卫生信息平台。2014 年国家卫生计生资源顶层设计"46312"架构发布，明确了国家和区域卫生信息平台的建设重点；在 2016 年印发的《"健康中国 2030"规划纲要》中，明确要建成互联互通的全民人口健康信息平台；进入"十四五"之后，又增强了平台建设工作，在《"十四五"国民健康规划》中提出"构建权威统一、互联互通的全民健康信息平台"；在《"十四五"全民健康信息化规划》中，则明确了到 2025 年，我国将初步建设形成权威统一、互联互通的全民健康信息平台支撑保障体系，基本实现公立医疗卫生机构与全民健康信息平台联通全覆盖的发展目标。

全民健康信息平台的发展特征主要涵盖以下三个方面。

一是全民健康信息平台的建设取得显著成效。目前国家全民健康信息平台基本建成[1]，31省、85%的市、69%的区县都建立了区域全民健康信息平台，接入全国7000多家二级以上公立医院，其中2000多家三级医院已经初步实现了院内医疗信息互联互通和共享。

二是全民健康信息平台的建设通常通过升级方式实现。在开展全民健康信息平台的建设之前，各地区一般都已经完成了卫生综合平台等区域卫生信息系统的建设。因此，在具体的建设中，一般采用升级的方式，例如安徽某县，在2022年耗资300万元进行平台升级，先后完成了全民健康、公共卫生、基层医疗数据采集、区域LIS、区域PACS、双向转诊、绩效考核、家庭医生签约、移动支付、乡村一体化等一系列功能模块的建设和升级。

三是全民健康信息平台注重关键功能的建设实现。数据采集与交换、平台功能管理等是建设重点，占比均超过60%[2]（如图13.11所示）。

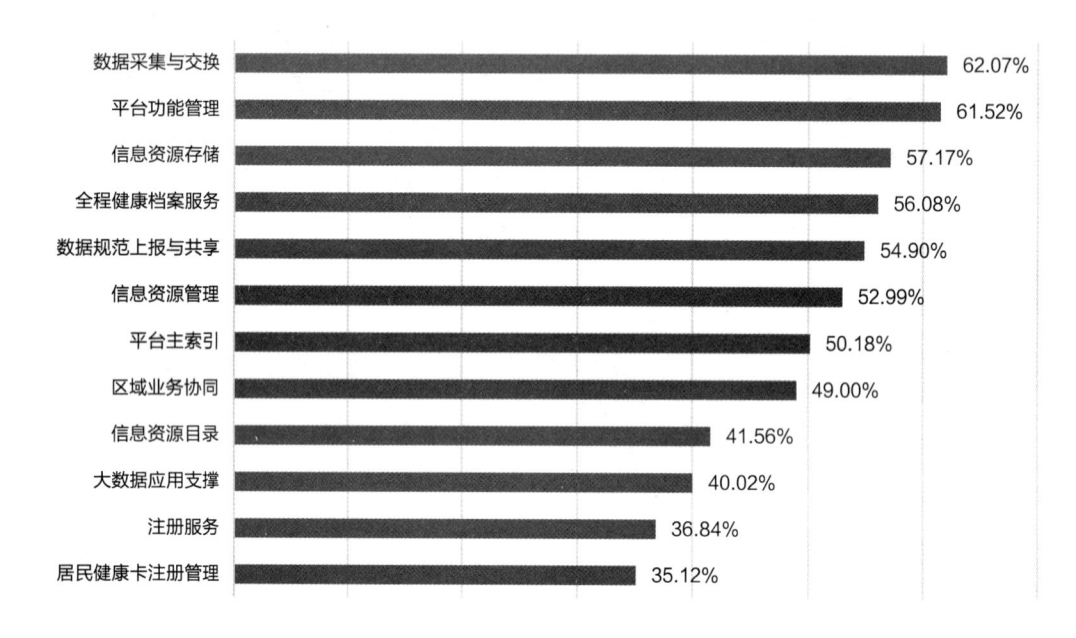

数据采集与交换	62.07%
平台功能管理	61.52%
信息资源存储	57.17%
全程健康档案服务	56.08%
数据规范上报与共享	54.90%
信息资源管理	52.99%
平台主索引	50.18%
区域业务协同	49.00%
信息资源目录	41.56%
大数据应用支撑	40.02%
注册服务	36.84%
居民健康卡注册管理	35.12%

图13.11　全民健康信息平台的功能建设情况

---

1 根据国家卫健委在2022年9月新闻发布会上所透露的信息。
2 根据《全民健康信息化调查报告——区域卫生信息化与医院信息化（2021）》中对国内1102个全民健康信息平台（包括省级、地市级和县级）的统计。

2. 方案架构

2014年7月，原国家卫计委便针对区域医疗提出了"46312"顶层设计架构，这是当前所开展建设的全民健康信息平台的架构（如图13.12所示）。

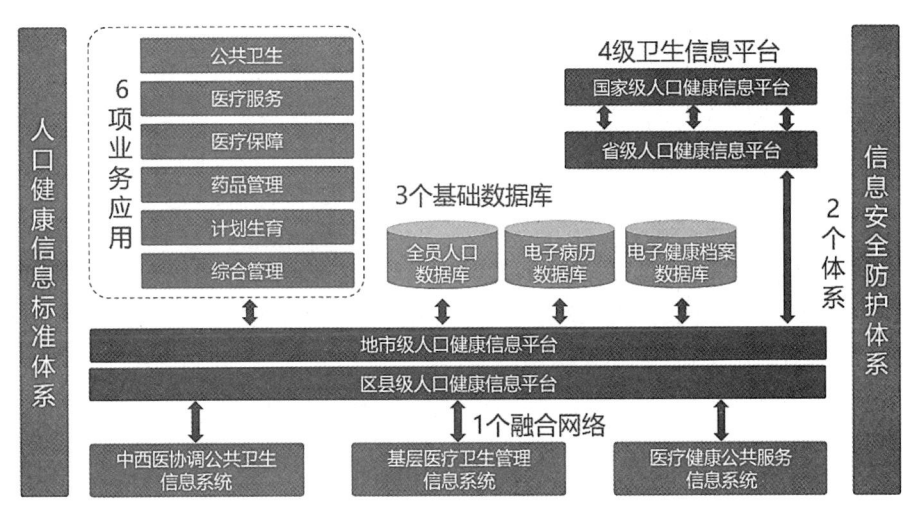

图13.12　全民健康信息平台的"46312"顶层设计架构

"46312"架构的具体内容如下。

- 4：建设国家级、省级、地市级、县级4级卫生信息平台。
- 6：依托电子健康档案和电子病历，支撑公共卫生、医疗服务、医疗保障、药品管理、计划生育、综合管理6项业务应用。
- 3：构建电子健康档案数据库、电子病历数据库和全员人口数据库3个基础数据库。
- 1：建立1个统一的融合网络。
- 2：加强人口健康信息标准体系和信息安全防护体系2个体系的建设。

基于上述架构内容，国内厂商纷纷打造全民健康信息平台解决方案，并以此为基础，与各地方政府合作推动平台的建设。例如，东华集团基于"46312"架构打造全民健康信息平台解决方案，总体架构如图13.13所示。

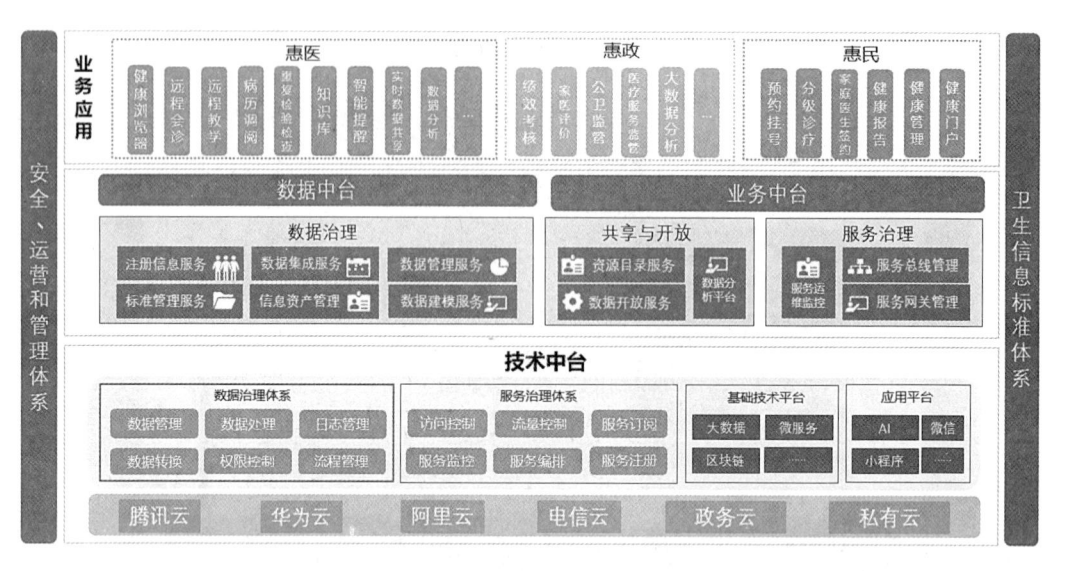

图 13.13　全民健康信息平台总体架构

图片来源：东华软件网站，全民健康信息平台。

3. 典型案例

案例 1：某省全民健康信息平台的建设和应用

基于对区域医疗服务水平提升的需求，某省卫健委的目标是构建一个资源整合、规范统一、数据共享、公平惠民的全民健康服务体系。该省卫健委联合中国电信打造出全民健康信息平台，旨在提升医疗公共服务能力。该平台的核心功能和适用场景如下所述。

一是实现各类医疗卫生健康信息互联互通。按照国家提出"46312"工程的全民健康信息工作框架，实现了人口数据库、城乡居民电子健康档案、电子病历等信息数据库的互联互通，以及数据资源的共享和实时交换，为公共卫生、医疗服务、监督管理等应用提供了全方位支撑。

二是利用健康信息大数据助力健康扶贫。针对该省贫困人口数量多、因病致贫等问题，该省卫健委将全民健康信息平台与省扶贫数据平台及医保平台等系统对接，可以在线监测贫困人口先治病后付钱、一站式报销、报销比例等指标的情况，这也迫使医疗救助、医保等相关医疗部门全面贯彻执行健康扶贫政策，确保健康扶贫的精准识别、全面覆盖和有效实施。这一举措也成为该省及全国脱贫攻坚工作的特色亮点。

三是打造手机应用服务平台，提供更便捷的惠民功能。基于全民健康信息平台，开发上线"健康省份（省份名称）"手机应用，在其上可以进行预约挂号、报告查询、诊断付费等，更加方便地为社会公众提供全生命周期的健康服务。

四是创新服务方式，推行居民电子健康卡。为了解决患者就医时各医院重复发放就诊卡、各就诊卡互不通用等痛点问题，该省卫健委依托全民健康信息平台推出居民电子健康卡，实现了"扫码就医，一卡通用"，逐步取代了传统就诊卡。

案例2：某省全民健康信息平台的应用实践

某省全民健康信息平台是为了方便全省居民查询个人健康信息、预约挂号就诊、管理健康档案等而建立的。全民健康信息平台通过手机App、网站和微信公众号等多种途径，为居民提供便捷的健康管理服务。全民健康信息平台重点打造"一个中心""两级平台""三个升级""四项支撑"。

- "一个中心"：健康大数据资源中心。
- "两级平台"：依托省级平台资源部署市级平台，形成省市两级平台。
- "三个升级"：数据库应用技术升级、标准体系升级和功能优化升级。
- "四项支撑"：一是依托健康大数据资源中心，为便民惠民服务提供有力支撑；二是依托平台决策支持服务系统，行业监管更加科学、精准；三是通过资源共享发布平台支撑业务协同一体化，成为卫生健康信息资源跨机构、跨行业、跨区域交互共享的唯一入口；四是数据质量分析与监测，提升数据质量。

在实际应用中，该省全民健康信息平台为居民提供了以下主要功能。

- 健康档案管理：居民可以在平台上查询个人健康档案信息，包括就诊记录、用药记录、检查报告等，方便了解自身健康状况。
- 预约挂号就诊：居民可以在平台上实时查询各家医院的挂号情况，直接在线预约挂号就诊，节省了排队等候的时间。
- 健康资讯和健康管理：平台每天都会更新各类健康资讯和健康管理知识，帮助居民了解养生保健知识，提升健康意识。
- 健康服务指南：平台上提供各类健康服务机构的地址、联系方式和服务项目信息，方便居民就医和就近寻求健康服务。

在实践中，该省全民健康信息平台的应用为居民提供了便捷的健康管理服务，方便居民就医和了解自身健康状况。该平台的建立推动了健康信息化建设，提高了健康服务的质量和效率，受到了广大居民的欢迎和好评。

13.3 数字医疗的发展趋势

数字医疗未来发展前景广阔，综合行业内研究机构的分析判断，以下若干细分领域将是未来的发展重点。

一是电子病历的应用范围有望扩大。近年来数字医疗快速发展，而电子病历系统应用水平的评级是数字医疗建设的一个重要关键点。整体来看，各级医院的电子病历系统的应用水平还很低，截至 2022 年 12 月，我国有 232 家医院通过了 5 级以上电子病历系统应用水平的评审，占二级以上医院的比例仅为 1.6%。而电子病历的应用普及有助于打通医院内部的信息化系统，实现患者信息在不同的院区间共享与流动，也有助于远程医疗平台、全民健康信息平台的进一步发展。后续随着大数据及 AI 技术的应用，基于电子病历开展的医疗服务工作也会越来越多，这些都将成为拉动电子病历发展的驱动力。

二是基于 AI+医疗的应用服务将更为广泛。一方面，AI 医疗影像的应用场景进一步拓展。当前 AI 医疗影像产品上市数量较多，主要是将 AI 技术应用到医学影像诊断方面，能够更加方便、快速且低成本地对 B 超、CT、磁共振、MR 等影像图片形成准确的诊断，实现对一些肿瘤、心血管等疾病的辅助诊断和评估。但是目前的 AI 医疗影像产品大多是基于单病种图像进行标注形成的，难以解决多病种的医学影像问题。后续随着产品的进一步升级发展，可以拓宽 AI 医疗影像的应用范围，实现对多部位、多病种的覆盖，从而提高诊断效率和诊断水平。另一方面，医疗大模型的发展促进数字医疗的发展更为智能。医疗大模型可以为数字医疗服务带来多方面的提升，比如在医疗服务方面，使用医疗大模型可以辅助疾病诊断、预测疾病风险，甚至可以制定个性化的治疗方案；在药物研发方面，可以借助医疗大模型分析海量数据，预测药物的疗效和安全风险，加速药物的研发。同时也需要注意医疗数据安全问题，确保医疗大模型的应用发展符合法律法规和伦理道德。

三是可穿戴设备的普及与智能化的健康管理。随着物联网等核心技术的发展，以及人民群众对健康的关注程度越来越高，可穿戴设备逐渐成为居民日常生活中的重要组成部分。这些设备可以实时监测人的心率、血压、血糖等各项身体数据，并通过与智能手机的连接，用户可以方便快捷地在手机上查看自己的健康数据；同时，这些设备在监测到异常信息时，可以自动达到预警、急救级别，与医院的急救中心联通，方便患者及时求医。此外，智能化的健康管理平台也会逐步建立起来，根据用户的个人身体情况提供个性化的饮食建议和健康指导，帮助人们更好地预防和疗养，实现科学健康的生活。而可穿戴设备及健康管理平台的应用，也将推动医疗健康产业从以治疗为中心向以数字化预防治疗为中心转变。

第 14 章

智慧交通

智慧交通是交通运输行业数字化转型的重要标志,是建设交通强国的重要内容。本章主要介绍智慧交通的发展历程、发展现状、发展趋势,以及交通运行监测调度中心、智慧高速公路、自动驾驶示范区、智慧机场四个典型场景与案例。

14.1 智慧交通概述

智慧交通主要依托先进的电子信息通信技术,整合现代的物联网、云计算、人工智能、自动控制、移动网络等技术,形成综合、高效的协同交通系统。该系统在更广泛的时空范围内具备智能感知、网络互联、数据分析、准确预测及自动化控制等功能。

14.1.1 智慧交通的发展历程

我国智慧交通行业的发展历程,可追溯到 20 世纪 70 年代中期。在这个漫长的过程中,智慧交通经历了四个发展阶段。

第一个阶段,储备试点时期(20 世纪 70 年代中期—2007 年)。本阶段的重点工作,一是开展了早期数字化试点,将原来由人工控制的交通指挥系统转换为由计算机系统控制;二是开展了部分前期预研工作;三是拟定了相应的规划,为未来的智慧交通奠定基础。

第二个阶段,新概念探索时期(2008—2011 年)。伴随着某国际知名企业在 2008 年提出智慧地球、智慧城市等概念,并被国内各个地方政府所接受之后,智慧交通进入以"智慧+"

为代表的新发展时期。在一些地方，智慧交通被融入智慧城市的项目中进行试点建设，并取得一定成效。

第三个阶段，新建设启动时期（2011—2017 年）。在本阶段，一是智慧城市建设如火如荼地开展，智慧交通作为智慧城市的重要组成部分，开始进入大规模建设时期；二是在整体交通运输层面，推动各类智慧交通项目的试点建设。

第四个阶段，快速发展时期（2017 年至今）。在党的十九大报告中，我国首次提出"交通强国"的概念，进一步凸显了交通在国民经济中的重要作用。借助"网络强国"与"数字中国"的打造，智慧交通领域获得了飞跃式成长，持续推动科技革新与管理改良，努力打造出高效、安全、环保、智能的现代化交通网络。

14.1.2　智慧交通的发展现状

1．产业架构

目前，国内智慧交通已形成上游、中游和下游的产业链结构。其中，上游主要由基础软硬件厂商组成，涵盖了算法提供商、数据提供商、软件开发商、芯片模组和硬件制造商等；中游主要是各类解决方案与服务提供商，聚焦为下游的用户直接提供产品或解决方案服务，包括集成提供商、运营服务、导航服务、网络服务及各类出行应用服务等；下游主要是使用者，涵盖了政府、企业和个人用户，它们有众多的使用场景，需要通过相应的解决方案或服务进行填充。具体如图 14.1 所示。

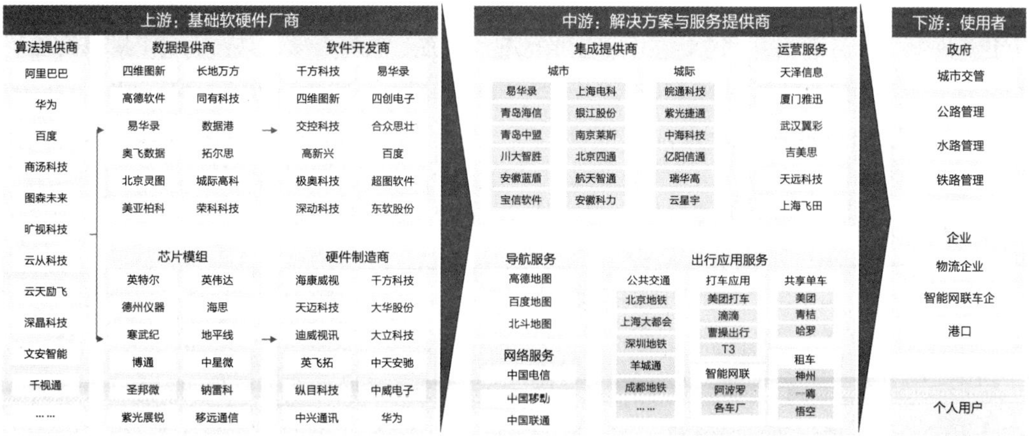

图 14.1　智慧交通产业链结构

2. 主要成绩

根据《数字交通"十四五"发展规划》，在"十三五"期间，我国在智慧交通领域取得了显著进展，主要表现在如下六个方面。

第一，基础设施建设取得重大进展。首先，通用基础设施的建设与应用，主要包括行业信息骨干网建成、全国高速公路光纤网建成、北斗导航网络应用、电子地图实现全面覆盖、视频等动态监控范围扩大等方面。其次，行业基础设施的建设与应用，主要依赖通用设备，促进了行业应用设备的构建。在铁路领域，智能化铁路信号系统得到普及；在高速公路领域，视频监控系统和 ETC 被广泛应用；在水运领域，已经完成了对沿海港口及周边水域的电子航海信用图和智能辅助标志系统的全面覆盖，并且完成了长江、西江等关键水运干线的数字航道覆盖工程；在航空运输领域，在国际航空港口，性能驱动的飞行引导控制系统（PBN）在国际运输机场实现了应用。

第二，网络出行公共服务机制不断完善。一是不断推动网络售票比率和电子客票利用率的提高。在高速铁路方面，高铁网络售票比率达到 80%，电子客票应用覆盖全国高速铁路和城际高铁站点；在高速公路方面，电子客票应用覆盖超过 800 个高速公路客运站，同时高速客车 ETC 使用率达到 70%；在航空运输方面，电子客票应用覆盖超过 200 个航站楼。二是不断促进"互联网+"的新技术应用和商业模式发展，例如"掌上出行"等新业态不断涌现。

第三，线上物流的组织效率持续提高。"互联网+"模式推动了物流服务模式的创新和业态的多元化。这一模式在物流领域的实施，尤其是在铁路领域，某铁路货运服务系统实现了铁路货运的在线预订、跟踪和管理；在公路领域，各类网络货运企业的整合实现了超过 240 万货运车辆的统一管理和调度。在电子运单的应用方面，危险货物道路运输电子运单的使用率超过 30%，国际集装箱运输和沿海主要港口的海铁联运已全部实现电子单证交换，主要的快递企业电子运单的使用率高达 90%。

第四，行业联网协同管理持续深入。国家综合交通运输信息平台的建设促进了数据与功能的全面整合。基于统一平台，产业智能监管得到强化，交通综合执法实现了跨区域、跨部门的协同作业，信用信息管理对各类交通主体的信用记录进行集中管理，道路运输管理和公路治超管理实现了对运输车辆和驾驶员的实时监控，安全生产监管和海事监管加大了对交通运输企业和船舶的监管力度。此外，"互联网+政务服务"的政务服务事项"一网通办"实现了政务服务的信息化和便捷化。

第五，网络安全与技术支撑体系建立。在网络安全方面，完成了政策体系的建设，推动了信息系统安全等级保护能力的提升，行业关键信息基础设施清单和数据分级分类管理制度不断完善，行业密码和密钥管理体系不断健全。在技术支撑体系建立方面，全国高速公路光纤网的建设提高了高速公路管理的效率，交通行业信息通信骨干网的建设有助于实现交通信息的实时采集、处理和传输，北斗卫星导航系统则为车辆定位、路径导航、时间同步提供了高精度、高可靠性的服务。在这些方面，我国已经取得了显著成果。

第六，智能发展的创新应用环境逐步优化。基础产业布局得到强化，成为产业创新的基础。在自动驾驶封闭测试场地、车路协同高速公路试点、智能船舶领域的基础积累等方面都取得了一定的进展。同时，公共研发平台加速布局，与新技术相关的应用研发平台建设进程加快，已确定建设一批行业的重点实验室和研发中心。推动标准化建设也取得了有效进展，智慧交通标准超过 300 个。

3. 市场竞争

由于智慧交通项目分散在各个地区，由地方政府或本地企业负责投资和后期运维。

第一，地方政府倾向于本地企业中标，这样就可以将财政等方面的支出留在本地，并以项目的方式带动本地智慧产业的发展。

第二，智慧交通项目涉及后期运维等工作，因此本地企业更具有优势。

第三，在智慧交通项目的实际支出中，较大的开支是施工费用（如灯杆、道路的施工费用）和设备购置费等，并不涉及对人员能力有较高要求的定制化架构设计与开发，因此本地企业有足够的能力可以完成相应的工作。

综上所述，在智慧交通市场上，本地企业占有一定的优势，尚不存在绝对的头部垄断局面。根据智慧交通网 ITS114 对 2021 年全国智慧交通领域千万项目的统计，TOP10 企业的千万项目市场规模约占总市场的 32.97%（如图 14.2 所示），这表明整体市场相对分散，较大的市场被一些地方性企业所占有；而即便是 TOP10 企业，也存在诸如电信系、移动系等依托分散在各地的独立公司获取项目的企业。

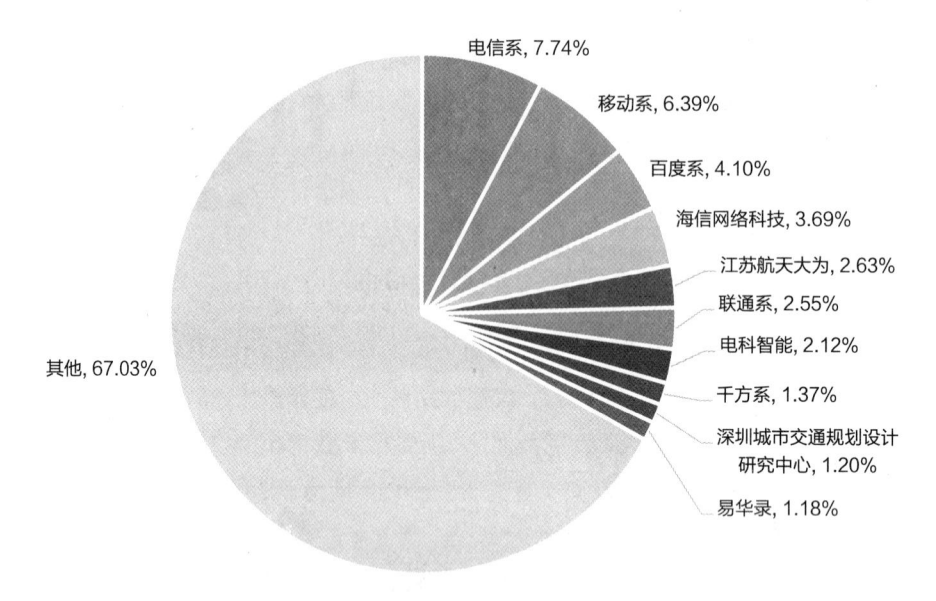

图 14.2　2021 年智慧交通千万项目市场规模占比

数据来源：智慧交通网，"年度回顾之 2021 城市智能交通市场千万项目企业前十强"。

14.1.3　智慧交通的发展趋势

1. 发展重点

2021 年 12 月，交通运输部发布了"十四五"发展规划，提出在"十四五"期间，重点推进"一脑、五网、两体系"建设（如图 14.3 所示）。这一战略部署不仅是"十四五"时期智慧交通宏观上的需求方向，更是推动智慧交通行业创新发展的关键举措。

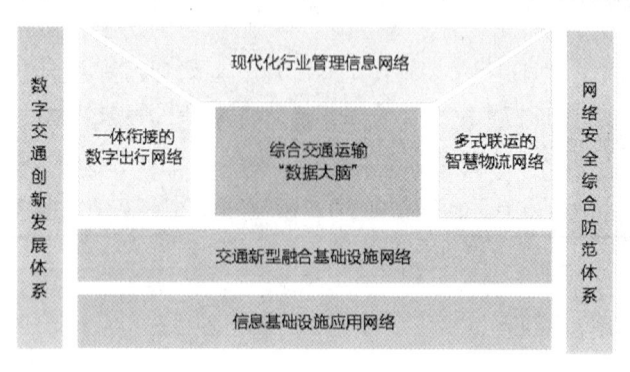

图 14.3　"十四五"期间"一脑、五网、两体系"的智慧交通建设方向

资料来源：交通运输部，《数字交通"十四五"发展规划》。

第一,"一脑",即打造综合交通运输"数据大脑",旨在加强数据资源的整合共享,全面提升交通运输信息化、智能化的发展水平。

- 综合交通运输信息平台:该平台的核心功能包括应急智慧系统、交通统筹智慧、服务和监管门户、未来推演功能、安全防护体系、交通运输调度以及各行业系统的互通性(如铁路、公路、航道、民航、邮政等)。其目标是实现国家平台与地方平台之间的无缝互联互通,打破信息孤岛,提高数据流通效率。
- 综合交通大数据中心体系:主要实现数据安全管理、数据质量管理和数据共享利用,并推动国家级和省级大数据中心实现有效的互联互通。

第二,"五网"是智慧交通建设的核心部分。

- 交通新型融合基础设施网络:这一网络的核心在于推动新技术与传统交通设施的深度融合,并实现交通设施的升级和优化。
  - 智能铁路,涵盖高铁智能化改造、下一代列控系统应用、智能行车调度系统等,提高铁路运输的效率和安全性。
  - 智慧公路,涵盖公路感知网、车路协同、自动驾驶、行车诱导、ETC应用、智慧路网平台、公路建设施工及养护智能化、智慧服务区等,提升行车的安全性和舒适度。
  - 智慧航道,涵盖电子航道图、航道和通航建筑物实时监测、船闸调度等,提高航道管理的智能化水平。
  - 智慧民航,涵盖智慧机场、智慧空管、智慧运行、智慧服务、智慧管理等,提高航空运输的运营效率和安全性。
  - 智慧邮政,涵盖自动化分拣、智能快递箱、无人仓储、无人车和无人机配送、智慧冷链等,提高邮政服务的效率和准确性。
- 信息基础设施应用网络:这一网络主要利用5G、北斗等新兴技术,推动交通运输领域的数字化进程。
  - 北斗,涵盖北斗终端、高精度导航与位置应用、短报文应用、北斗国际化等,提供精准的位置服务。
  - 新技术应用,包括5G、车联网、船联网、对地观测等,提高信息传输的效率和准确性。
  - 交通运输综合信息通信网络,包括构建天地一体网、IPv6的应用等,确保高速和安全地传输信息。
- 一体衔接的数字出行网络：这一网络是提升旅客运输服务水平的关键，核心在于推动电子客票的应用，并引导市场主体构建跨方式、跨区域的数字化旅客运输服务体系，提升出行的便捷性和舒适度。
  - 一体化出行服务平台，包括旅客联程运输、全程服务数字化等。
  - 综合客运枢纽智能化，包括全环节电子化和无感化、智能引导设施建设、电子客票应用、多运载方式承接等。
  - 城市客运智能化，包括公交柔性运营、智能安检、快速支付、特殊人群出行等。
- 多式联运的智慧物流网络：这一网络旨在创新智慧物流，推动电子运单跨方式、跨区域共享互认，提高物流运输的效率和准确性。其主要包括货运电子运单的应用、物流枢纽的智能改造、国际物流的一站式物流信息服务、智能航运、智慧快递等。
- 现代化行业管理信息网络：通过整合和优化交通运输领域的政务管理与服务，提高行业治理的现代化水平。
  - 政务服务"一网通办"，省部级交通运输政务服务平台提供了统一的政务服务入口，政务系统互联互通实现了不同政务系统间的数据共享和业务协同，电子印章和电子证照简化了办事流程，在线办公提供了视频会议、远程协作等工具。
  - 互联网+监管，监管智能化利用大数据、云计算、人工智能等技术对传统的监管手段进行升级，新型信息化监管提供了在线监测、移动执法等方式，结构健康与安全风险监测对重要交通设施结构进行健康监测和安全风险预警。
  - 水上交通安全协同监管。

第三，"两体系"。

- 数字交通创新发展体系：该体系的构建涉及多个方面。首先，需要制定和完善相关的标准规范，以确保技术的发展和应用在统一标准下，从而提高系统的互操作性。其次，努力推动行业信息技术的创新应用，积极倡导运用大数据、云计算、人工智能等尖端技术，优化交通管理和服务，提高整体效率。最后，重视数字交通科研平台的布局，加强科研机构与企业的协作，促进科研成果的转化，为智慧交通的发展提供持久的动力。
- 网络安全综合防范体系：该体系的构建对于智慧交通的安全运行至关重要。一方面，需要提升基础安全防护水平，强化交通系统的信息安全，以防范各类网络攻击和信息泄露。另一方面，需要特别加强对重要数据和个人信息的保护，切实遵守相关法律法规，采取切实有效的措施确保数据安全。此外，还应推动安全可信服务和产品的应用，通过采用经过验证的安全技术和产品，提升整个交通系统的安全可靠性。

2. 演进趋势

随着科技的不断进步和市场需求的多样化，智慧交通的发展趋势也在不断变化和深化。从当前市场来看，其主要涵盖六个方面。

第一，产业驱动的发展趋势——由单一技术驱动向多要素联合驱动转变。随着应用场景的不断丰富和用户规模的扩大，智慧交通涌现出许多新业态、新模式和新产业。技术、市场和资本等多要素联合驱动，使智慧交通产业呈现明显的发展态势。此外，智慧交通已成为培育核心竞争技术的重要领域，是数字经济业态创新的关键领域，也是风险投资备受青睐的重要风口，还是积累经济社会运行数据资源的重要源泉。

第二，目标市场的发展趋势——从交通管理领域服务转向以出行和物流服务为主。在未来，智慧交通将主要面向普通出行者，以市场为导向，进一步改善交通安全水平，提高交通效率，改善生态环境。同时，随着电商快递新业态的不断发展，以企业为主导的智慧物流服务发展较快，技术装备和平台应用在世界范围内处于领先地位。

第三，客户需求的发展趋势——从以效率优先为主转向效率、安全和环保并重。过去，智慧交通的实施主要以支撑交通管理和控制为目的，主要目标是减少交通拥堵，提高交通效率，优化出行者的出行路线和出行方式。在未来，它将在保障交通安全和生态环保方面发挥更加核心的作用。例如，通过车路协同技术，使得不同车辆之间、车辆与道路基础设施之间的信息交互和智能感知更加精准。这不仅有助于了解实时路况信息和发现潜在的安全隐患，而且能对出行者进行提示，让出行者被动或主动地规避危险的交通情况，减少交通伤亡。此外，还能对交通工具的能耗和尾气排放进行监测，优化车辆驾驶方式，减少能源消耗，最大程度地保障生态环境。

第四，应用场景的发展趋势——由单领域独立发展向全领域联动发展转变。过去，智慧交通主要从城市交通、公路、铁路、民航等单领域单场景应用出发，显著提高了经济社会和综合交通运输某一领域、某一环节的网络效率和便捷水平。在未来，我们可以通过电子客票系统实现不同交通方式之间的顺畅衔接，为乘客提供更加便捷和高效的出行体验；或者根据综合数据，形成更好的交通调度，例如，针对铁路交通的大范围晚点，有必要进行城市轨道交通的联动。

第五，行业监管的发展趋势——由各部门分头式引导向全领域协同推进转变。智慧交通发展涉及多个行业主管部门的职能，管理职能相对交叉，并存在部分管理空白。随着智慧交通的多要素联合驱动、全领域融合联动的特征显现，由行业小生态向经济社会大生态融合发展的步伐加快，实施智慧交通战略引领、建立全领域协同推进机制的必要性上升。由发展改革、交通运输、网络信息、工业和信息化、公安交管、科技等部门及重点企业协同推进智慧交通的发展是大势所趋。

第六，产业生态的发展趋势——由行业小生态向经济社会大生态融合发展转变。这种趋势不仅推动了指挥交通与交通运输行业的深度融合，更加强了与其他领域的交叉和合作。交通出行和物流运转事关经济社会的各个领域和多个环节，因此以交通运输组织为核心功能，融合联动交易结算、社交娱乐、金融保险、信用管理等功能的交通互联网平台层出不穷。智慧交通既是智慧城市的重要基石，也是数字经济的重要载体，还兼具高技术产业和基础设施产业的双重属性，其由行业小生态向经济社会大生态融合发展转变将是非常突出的特征。

14.2 智慧交通的典型场景与案例

基于《数字交通"十四五"发展规划》对数字交通"一脑、五网、两体系"主要任务的描述，这里选取关注度较高的行业场景进行价值剖析，并给出行业典型案例。

14.2.1 交通运行监测调度中心

1. 市场分析

在"十四五"时期，交通运行监测调度中心（TOCC）的建设与发展被赋予新的含义，即将数据和应用分离，在数据层面，形成综合交通大数据中心，作为面向各类应用的基础设施；在应用层面，强调智慧赋能，着眼打造综合交通运输"数据大脑"。

TOCC 市场开始进入快速增长期，当前 TOCC 市场特征包括以下三个方面。

- 基础功能日趋完善。地铁、路桥、隧道、停车场、营运车辆等基础性交通部件的数字化完善为 TOCC 提供了数据可采集、运行可协调的基础，TOCC 正在从初期的以监控与分析功能为主向可指挥调度的实战功能演进。随着其应用价值的逐步显现，各地都有较大的工程上马，代表性项目是各地的"城市大脑"。

- 集约与分散相结合的多层架构体系。按照规划，TOCC 将形成"国家（部）—省—地市—区县"架构，分别承担各自区域内的监测和调度工作。从"十三五"时期的产业实践来看，在地市级和省级平台中往往又建立了两级平台，其中一级平台主要作为数据的交换中心、计算大脑，提供数据汇聚、共享和能力服务，负责综合协调与决策支撑，承担"大脑"的职责；二级平台是公路、铁路、水路等具体行业平台，便于垂直管理，也便于利用既有资产、实现扩张等。因此，在"十四五"规划中，明确提出"综合交通大数据中心体系"建设的目标。
- 以地市级 TOCC 项目为主，各区域功能有差异。根据赛文研究院的《2022 年中国 TOCC 市场研究报告》，当前 TOCC 项目有四大特点：一是以地市级 TOCC 项目为主；二是省级、地市级项目单体规模大；三是区县级市场分散，但市场机会多；四是各项目所侧重的功能有差异。

2. 方案架构

众多厂商纷纷打造出 TOCC 整体解决方案，并在行业内得到广泛应用。基于政策的明确导向要求，各厂商的方案具有高度相似性。

以某企业的 TOCC 解决方案为例进行说明。该企业的 TOCC 解决方案汇聚公路、铁路、水路、民航、邮政等交通运输领域的人、车、路、货、企、环等行业动态和静态数据，并融合地图、导航、互联网等数据，构建"互联网+交通运输"数据底盘；基于数据中台、云计算、地图（DuGIS）、全栈 AI 等优势，围绕政府监管、企业运营、公众出行等，提供运行监测、决策支持、协调指挥、信息服务、行业监管等服务，实现跨区域、跨系统、跨部门、跨运输方式协同，促进交通发展模式向综合管控转变。

3. 典型案例

案例 1：某市交通运输指挥中心

某市从交通运输的决策管理者、从业人员、出行公众三大参与对象的需求出发，构建了交通综合信息展示平台、日常值守处置平台、综合信息发布平台。它们主要实现的功能如下所述。

- 针对决策管理者的交通综合信息展示平台：提供该市交通现有的公路、运政、城市客运、航道、海事等相关基础静态资源、实时运行状态及综合统计结果。
- 针对从业人员的日常值守处置平台：该平台的预警指标系统、交通指标系统、流量采集系统，以预警磁贴、状态仪表盘、流量曲线的形式实现对该市交通运行状态的全方位展示，便于工作人员及时调度资源、消除隐患。
- 针对出行公众的综合信息发布平台：通过对外的 App、对内的 App、应急处置的 App，实现在全领域分类、分区、分等级，高效、准确地发布交通信息。

案例 2：某市交通综合运行协调与应急指挥中心（TOCC）

某市 TOCC 是该市的智慧交通大脑，覆盖了该市交通运输行业十多个领域，纵向汇集了部、省、市及区县交通运输系统的数据；横向对接了公安局、自然资源局、人社局等二级单位的系统和数据。截至 2021 年年底，其数据处理量日均超 2 亿条，数据交换容量日均达 200TB。该市交通运输部门依托 TOCC 的智慧支撑能力，定期发布相关分析报告，实现了交通线路调整、不同交通方式接驳优化等方面的"最优解"。该市 TOCC 主要实现了以下四个方面的典型功能。

（1）应急指挥一体联动

例如，在公铁联动场景中，某次城市水灾导致高铁大批晚点，触发 TOCC 应急告警，调动周围 3 公里内的出租车前往车站疏运乘客；在大型活动中，TOCC 牵头交通封控，实现车辆联动等。

（2）行业监管一网通达

- 网约车监管，依据合规性显示不同的颜色，通过天网联动，将数据实时传递给一线执法部门。
- 驾驶员危险行为监测，实现重点车辆自动监测、非现场执法和取证。
- 水运违规监测，如卫星拍摄取证等。

（3）决策辅助一屏可视

- 城市公共交通规划，基于营运中的 IC 卡和 GSP 数据，对客流时空分布进行分析并优化。
- 地铁接驳优化，通过数据分析，开通合理的公交线路。
- 农村公路出行，分析村民的出行需求，降低总体绕行指数。

（4）公共信息一站服务

- 创新公交服务模式，如开通定制公交专线，以及红绿灯联动，保证车辆通行速度等。

- 开启交通旅游联合模式，如推出交旅融合 App，以及购票、酒店预订一体化平台。
- 发布各类报告，如日报、月报、简报、数据通报等，支持产业生态。

14.2.2 智慧高速公路

1. 市场分析

关于智慧高速公路的建设，国家在《数字交通"十四五"发展规划》《交通运输领域新型基础设施建设行动方案（2021—2025 年）》等综合性规划文件中提出了明确的发展方向；全国多个省市也发布了相应的规划、标准或指南等文件，用以明确在当地高速公路的新建、改建过程中，所需同步落实的智慧化等方面的工作。

全国多个地区都开展了智慧高速公路建设工作，当前其市场特征包括以下三个方面。

（1）智慧高速产业升级，形成新商业闭环

除了实现智慧感知、智慧传输与管理、智慧服务和智慧收费等基础功能，智慧高速公路还围绕"智慧高速+"寻找新的盈利增长点：一方面，加快智慧高速公路关联产业布局落地，例如，推动车联网、智能摄像机、毫米波雷达、高精地图、5G 等产业的大力发展及其关联产业链的全国布局；另一方面，探索"智慧高速+路衍经济"新途径，将智慧高速产业与出行、加油、加电、服务区消费等产业相结合，实现更多新的业务价值，形成新的商业闭环。例如，某高速改扩建"智慧高速+路衍经济"，利用服务区的屋顶、空地等资源建设光伏、风力发电站，致力于实现全域绿电的目标。

（2）智慧高速供给侧重视提升公众用户体验感

前期智慧高速公路建设主要强调政府和企业对道路的管理，导致公众用户对智慧高速的感知不强，影响了其体验感和获得感的实现。当前行业主管部门要求高速公路企业在数字化过程中重视对公众用户体验感的提升，因此高速公路服务区的数字化改造、实时导航等正成为有效抓手。

（3）管控模式向主动式和精细化综合管理方向转变

当前在高速公路管理中普遍存在监控管理缺乏、协同手段匮乏、统一指挥困难等痛点，无法做到微观、精准的综合运行控制。智慧高速通过对新一代基础设施的迭代升级可以实现全盘精细化动态管控，管控模式从过去的"重建设、重单点"开始逐步向"重运营、重整体"

转变，这一模式将成为智慧高速管理和控制升级的基本方向。例如，某企业探索的云边协同的大集中式高速公路整体管理模式，可以为高速公路建立统一的运维服务体系和平台，并且拥有多种灵活的部署方式，从而帮助各级公路机构实现高速公路运维的自动化、可视化、全流程管理。

2. 方案架构

国内多个省市都印发了智慧高速公路建设的导则、指南或标准等相关文件，用以规范智慧高速公路的整体架构。

以某市智慧高速公路的整体架构为例进行说明。该市智慧高速公路的整体架构包括云—边—端三个层次，如图14.4所示。

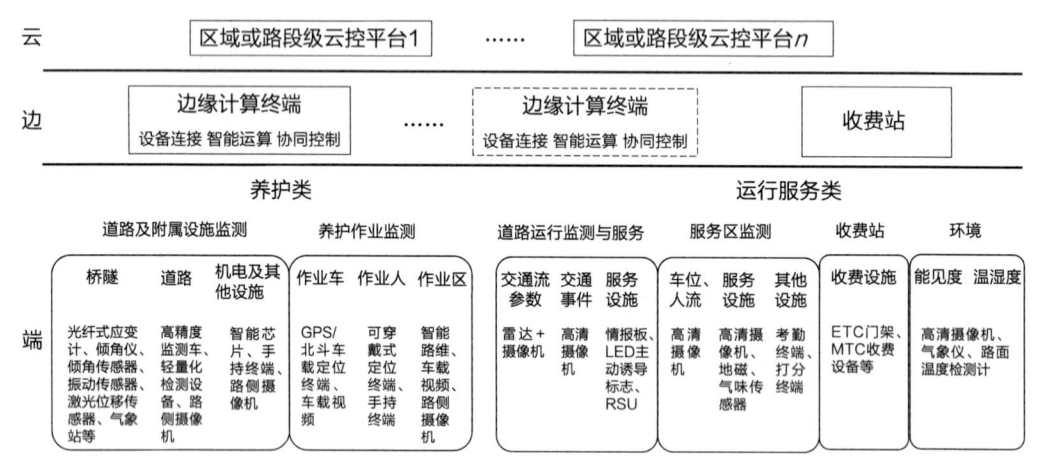

图14.4 某市智慧高速公路整体架构图

图片来源：《某市智慧高速公路建设技术导则》。

- 云（云控平台）：即基于云计算技术构建的路网级和区域或路段级的云控平台，包括云控平台的计算机系统设备（如计算、存储、网络、安全设施等）以及智慧设施、智慧管控、智慧服务和智慧决策等相关应用。
- 边（边缘计算设施）：包括多个边缘计算终端，可用于路侧视频、微波检测器、雷达等感知设施的信息汇聚与处理，以及可变信息标志、RSU等设备的控制；也包括收费站系统。
- 端（路侧设施）：分为感知设施、出行服务设施和收费设施三类。其中，感知设施用于对人、车、路、环境、设施等的感知，包括车载视频、雷达，以及其他各种用于监测或监管气象与环境、桥梁健康、隧道、路面病害、作业车辆、作业人员等的设施；出行服务设施主要包括可变信息标志、公路行车安全诱导装置、RSU 发布设施、车载终端和其他信息服务终端等；收费设施主要包括 ETC 门架、收费车道的各类收费设施等。

智慧高速公路建设被划分为 L1~L4 四个等级，其中 L1 级是既有设施赋能的初级智慧高速，L2 级是重点区段增强的中级智慧高速，L3 级是全面智慧赋能的高级智慧高速，L4 级是高度智能主导的未来智慧高速。这为智慧高速公路的持续迭代升级提供了方向。

3. 典型案例

案例 1：国道某段智慧公路科技示范工程

该段智慧公路全长 19.64 公里，重点进行基础设施数字化、交通管控智能化、服务决策高效化、发展能力智慧化等方面的建设，对公路运行实现了"一图管控、一网协同、一站办公"，形成了面向国省干线精准服务、高效管理和科学决策的智慧公路综合性示范应用。

在功能方面，利用大数据、人工智能等技术，实现了对路面、桥梁、标志标牌等资产的实时动态监测，基础设施信息 100% 采集，全线路域及周边三维数字化呈现，人、车、路一体化运行态势分析和动态交通协同管控。

在成果方面，首次在普通国省道路网上探索以数据驱动为核心，具备多维感知能力，并且涵盖公路建、管、养、服全生命周期，形成了路警与路运联动、多方协同的智慧公路管理新模式、新方法，实践了建设集约化、集成高效化的智慧公路建设模式。

案例 2：某未来高速示范工程

该条智慧高速公路全长 35.9 公里，其因为智能化程度高被誉为全国首条"未来高速"。它阐释了面向未来的新一代高速公路的基本内涵、特征和技术框架，即以"智慧"和"绿色"为核心，应用前瞻性、引领性的高速公路建设技术和运营管理技术，将高速公路打造成适应未来发展的新型交通基础设施。

该条高速公路利用多种智能化的基础设施和创新技术，为行车提供全天候的安全保障和全方位的出行服务。例如，该项目创新运用了高速公路车路协同、路侧单元与智能车辆的信息交互和引导控制、匝道预警等多项技术，通过全覆盖的 5G 网络、亿级像素的摄像机实现全天候监控，所有的交通相关信息都能被及时反馈到指挥室，再通过路侧广播、导航等方式及时传递给驾驶员，从而使驾驶员和管理者能够及时应对各种突发状况，保障行车安全。

为了提升雨、雾等恶劣天气下的行车安全，该项目开发了车道级雾天行车安全智能诱导系统，研发了地面诱导灯和诱导运行控制技术，对行驶的车辆进行安全诱导；在冰雪天气下，能够智能感知消冰除雪，为驾驶员创造更安全的行车环境；通过强化车道轮廓，对车辆的通行进行精细化诱导。

该项目搭建了高速公路数据底座和综合管理平台，利用5G、大数据、云计算等信息技术，实施了20多项致力于"智慧绿色平安"的高速公路建设管理技术，通过在BIM模型上加载动态数据和静态数据、在5G通信模式下对接4K高清视频与应用平台的数据、路面温度自调节等，实现了建、管、养、运全生命周期的数字化与绿色化。

14.2.3　自动驾驶示范区

1. 市场分析

自动驾驶技术作为智慧交通领域的前沿科技，其发展与国家战略息息相关。2015年，国务院印发的《中国制造2025》，将智能网联汽车的发展定位为国家战略层面的重要任务，把自动驾驶技术视为汽车产业未来转型升级的关键途径；2017年，《汽车产业中长期发展规划》进一步明确了智能网联汽车发展工程和自动驾驶技术应用的策略。2018年3月，上海作为先行先试的城市，发放了首批自动驾驶汽车测试牌照，并着手建立自动驾驶示范区。之后，在全国范围内，自动驾驶示范区开始全面建设。其市场特征包括以下几个方面。

（1）自动驾驶示范区的范围不断扩大

目前，在全国范围内已有35个城市建立了自动驾驶示范区，其中12个城市向公众用户提供服务，23个城市开放测试。

（2）自动驾驶示范区的规模持续扩大

全国有27个省、市已颁发道路测试与示范应用的许可证，申请总数达900余张。我国已建立总长度超过5000公里的测试道路网络，同时自动驾驶车辆在这些测试道路上的累计测试里程已接近千万公里。此外，我国已初步构建一个相对完善的智能网联汽车的道路测试验证系统，该系统包括封闭测试场和开放道路。

（3）自动驾驶示范区的服务能力不断提升

各个测试示范区在封闭场地、模拟仿真、网络安全、开放道路、软件升级和数据存储等方面逐步建立起测试能力；部分测试示范区已具备智能网联汽车检测资质，主要集中在辅助驾驶功能测试上；已开放的测试示范区基本具备管理规范的通用检测项目测试能力。

（4）自动驾驶示范区的技术不断深化

以北京为例，目前已经开展自动驾驶示范区3.0的建设，围绕"车—路—云—网—图—安全"六个方面实现全面建设。

（5）自动驾驶示范区的应用场景丰富

自动驾驶示范区不断拓展应用场景，如 Robotaxi、AVP、通勤客车、Robobus、高速货车、港口、矿山、环卫、巡逻、末端配送等，涵盖了载人、载物等多种实际应用场景。

（6）完全无人化测试启动

2022年4月，《某市智能网联汽车政策先行区乘用车无人化道路测试与示范应用管理实施细则》正式发布，标志着该市在国内首开乘用车无人化运营试点。随后全国多地纷纷效仿，开始允许主驾无人的自动驾驶车辆在特定条件下上路进行测试。

2. 方案架构

目前，国内多个城市正推动自动驾驶示范区的建设，并通过制定标准、指导指南等方式，完善了自动驾驶示范区的功能框架。以某市为例，该市成功建立了全球首个网联云控式高级别自动驾驶示范区，主要对"车—路—云—网—图—安全"标准体系进行了综合应用，如图14.5所示。

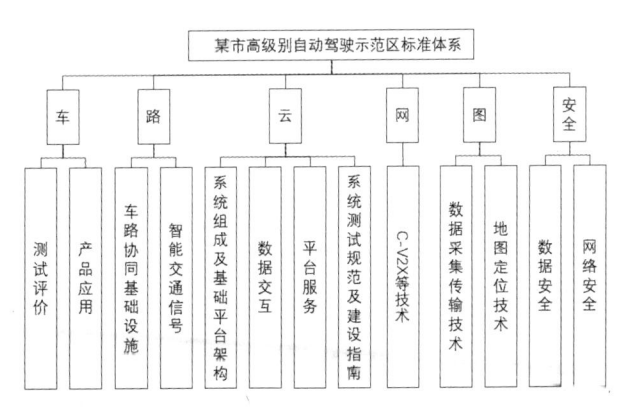

图14.5 某市高级别自动驾驶示范区标准体系架构图

图片来源：中国日报网，"某市发布首个高级别自动驾驶示范区标准体系"。

3. 典型案例

案例1：某市高级别自动驾驶示范区

某市网联云控式高级别自动驾驶示范区于2020年9月正式启动建设，同时也制定了业内最系统、最翔实的智能网联"中国方案"实践思路并落地应用。该示范区的发展经历了从1.0到3.0的升级，使得车路云一体化服务效果显著提升、政策标准化与管理协同性有序增强。

在技术实践方面，该示范区贯彻车路云融合的技术路线，充分发挥城市级工程试验平台的作用。

- 在车端，智能网联车端应用得到有序推进，研发出三模OBU并累计安装700余台。
- 在路端，基础设施得到持续强化，实现了60平方公里车路云一体化功能全覆盖，并优化了标准路口建设，大大降低了成本。
- 在云端，利用云控平台的中枢价值，接入车辆、路侧、信控、出行服务等数据，面向产业及政府部门提供车路云一体化及交通信控优化等应用服务。
- 在网端，不断夯实通信基础设施建设，融合5G、C-V2X和EUHT等多种技术，实现了300多个智能网联路口C-V2X网络全面部署与300多公里双向城市主要道路EUHT网络信号连续覆盖，支撑开展车辆监管、远程驾驶、车路协同等功能，数据传输成功率在95%以上。
- 在图端，深入拓展高精度地图服务能力，支持高精度地图试点建设，扩展至40多个地图API，支持提供用户灯态提醒、车道级事件提示等功能服务。
- 在安全端，搭建数据安全保障体系，先后发布了国内首个示范区级数据分类分级白皮书和数据安全管理相关政策，为车端与路侧提供主动安全防护措施。

在政策法规方面，该示范区加速推进政策法规标准化进程，打造友好的测试监管环境。累计出台多项有代表性的行业管理政策，主要聚焦于全无人、高速公路、无人接驳等应用场景。同时，该示范区搭建了"车—路—云—网—图—安全"标准体系，完成数十项示范区标准，并推动了团体标准的转化和该市地方标准的研制。

同时，该示范区还聚焦于关键环节自主创新，引领产业生态集聚。利用"揭榜挂帅"机制研发生产国产化MEC设备，降低了设备成本。开源开放智能网联路侧操作系统（智路OS），初步形成国产化路侧系统解决方案，并联合企业共同研发分布式算力平台，逐步实现了路侧算力的有机整合。针对应用场景全面示范、协同发展，推进了自动驾驶乘用车无人化和商业化，服务超百万人次；实现了末端配送新模式，无人配送服务超百万单；打造了零售服务新体验，累计服务 200 多万次；积极推动了教育专线、机场接驳场景等创新应用落地，与公交车、公务车、快递车、环卫车、社会车辆等实现小规模场景示范应用。在智慧交通提质增效方面，完成了超 300 个信控路口的升级改造，道路信息日均服务用户超过 2 万，大大提高了平均水平。聚焦于加强产业服务能力，打造专业化、便利化的产业创新园和孵化器，发挥区平台公司作用。目前该示范区聚集了工业和信息化部装备中心、公安部道路交通安全研究中心等部委机构，吸引了近百家智能网联汽车创新企业。

案例 2：某市自动驾驶先导示范区

某市作为某省的先行先试城市，在智慧交通领域取得了较为显著的成果。其主要打造了以整车制造为核心、零部件制造为支撑，融合智能整车、5G 通信、自动驾驶、车路协同等技术的产业创新集群。该市基于车联网先导区和数字交通示范区，通过自主创新推动了产业链的快速发展。

该市建立了总长超过 80 公里的智能网联汽车测试路段及相关测试基地，领先于其他城市。这些先进设施能够模拟各种复杂环境，满足不同企业在多样化场景下的测试需求。

在发展成果方面，该市以国际博览中心、高铁北站、文旅生态岛和 5A 级景区为重点发展区域，积极推广自动驾驶应用。目前，该市在某个 5A 级景区已成功试运营无人小巴、无人环卫车和无人售卖车等，总运营里程超过 70 公里，充分展示了该市在智慧交通领域的领导地位。

14.2.4 智慧机场

1. 市场分析

2022 年《智慧民航建设路线图》发布，其中主要包括智慧空管、智慧机场、智慧航司、智慧监管等领域的规划，为智慧机场建设奠定了基础，同时也为智慧民航的综合智能化发展指明了方向。智慧机场的特征包括如下三个方面。

（1）智能化建造成为新趋势

民航局提出的智能建造与建筑工业化协同发展行动方案，通过明确的指导任务和细化 BIM 领域的相关内容，支撑机场智能建造关键技术的应用和开发。例如，某个航空港新建跑道时，采取了以 BIM 为辅的技术实施方法；某个机场三期升级及改扩建时，则使用了新的预置装备化方式，同时完成了机场滑行路桥和道面的建设。

（2）机场无人驾驶装置成为新业态

随着人工智能、物联网、自动驾驶等技术的不断发展，无人驾驶装置在机场智慧应用中崭露头角，为提高机场运营效率和改善旅客服务体验带来新的可能性。例如，国内一些机场试用了无人物流牵引车执行货物和行李的运输任务，还有一些机场测试了无人摆渡车、无人巡逻车，试点了无人驾驶物流车、无人行李牵引车等。

（3）智慧机场管理成为新模式

通过采用先进的计算机和智能技术，机场管理模式正朝着智能化、自动化的方向发展。智慧机场的应用场景已经从客运业务、生产调度服务延伸至智能运维、智能维护管理等领域。例如，某大学与一些国际机场合作，建立了中国首个单跑道全功能的智能体系和多源信号整合的智能跑道体系，实现了单跑道的健康检测和全生命周期的运营安全预警。

2. 方案架构

《智慧民航建设路线图》也为智慧机场描绘了清晰的发展蓝图，明确了从 2021 年到 2035 年智慧机场的发展路线，如图 14.6 所示。

在智慧交通领域，领先的技术企业融合人工智能、大数据、物联网和云计算等先进技术，推出了全面的智慧机场解决方案。以某企业为例，其方案主要专注于机场运营的三大关键领域：运营控制、安全保卫和旅客服务。

- 在运营控制方面，利用大数据分析和人工智能算法，优化航班调度和机场运营管理，提高了航班准点率和机场整体运行效率。此外，通过实时监控和预测分析模块，还可以帮助机场管理者更好地应对突发事件，减少延误，确保了航班和旅客流的高效运转。

- 在安全保卫方面，利用视频分析和生物识别技术，提供了更加智能化的监控系统和风险预警机制，使机场能够实现更精确的安全检查和更快速的事件响应，从而增强旅客的安全感。

- 在旅客服务方面，"出行一张脸"和"运行一张图"创新性解决方案，极大地改善了旅客的出行体验。例如，"出行一张脸"通过面部识别技术，使旅客可以快速通关，减少了排队等候时间；"运行一张图"则通过集成各类运行信息，为旅客提供实时、准确的航班信息，帮助他们更好地规划行程。

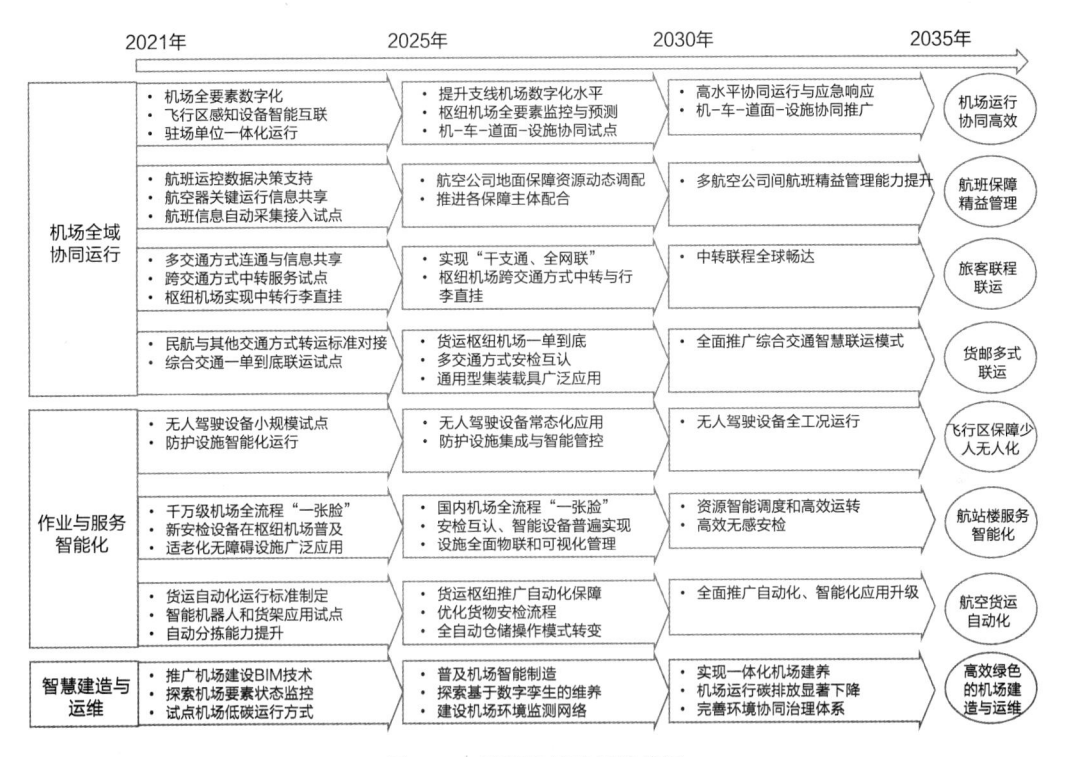

阶段	2021年	2025年	2030年	2035年
机场全域协同运行	• 机场全要素数字化 • 飞行区感知设备智能互联 • 驻场单位一体化运行	• 提升支线机场数字化水平 • 枢纽机场全要素监控与预测 • 机-车-道面-设施协同试点	• 高水平协同运行与应急响应 • 机-车-道面-设施协同推广	机场运行协同高效
	• 航班运控数据决策支持 • 航空器关键运行信息共享 • 航班信息自动采集接入试点	• 航空公司地面保障资源动态调配 • 推进各保障主体配合	• 多航空公司间航班精益管理能力提升	航班保障精益管理
	• 多交通方式连通与信息共享 • 跨交通方式中转服务试点 • 枢纽机场实现中转行李直挂	• 实现"干支通、全网联" • 枢纽机场跨交通方式中转与行李直挂	• 中转全程全球畅达	旅客联程联运
	• 民航与其他交通方式转运标准对接 • 综合交通一单到底联运试点	• 货运枢纽机场一单到底 • 多交通方式安检互认 • 通用型集装载具广泛应用	• 全面推广综合交通智慧联运模式	货邮多式联运
作业与服务智能化	• 无人驾驶设备小规模试点 • 防护设施智能化运行	• 无人驾驶设备常态化应用 • 防护设施集成与智能管控	• 无人驾驶设备全工况运行	飞行区保障少人无人化
	• 千万级机场全流程"一张脸" • 新安检设备在枢纽机场普及 • 适老化无障碍设施广泛应用	• 国内机场全流程"一张脸" • 安检互认、智能设备普遍实现 • 设施全面物联和可视化管理	• 资源智能调度和高效运转 • 高效无感安检	航站楼服务智能化
	• 货运自动化运行标准制定 • 智能机器人和货架应用试点 • 自动分拣能力提升	• 货运枢纽推广自动化保障 • 优化货物安检流程 • 全自动仓储操作模式转变	• 全面推广自动化、智能化应用升级	航空货运自动化
智慧建造与运维	• 推广机场建设BIM技术 • 探索机场要素状态监测 • 试点机场低碳运行方式	• 普及机场智能制造 • 探索基于数字孪生的维养 • 建设机场环境监测网络	• 实现一体化机场建养 • 机场运行碳排放显著下降 • 完善环境协同治理体系	高效绿色的机场建造与运维

图14.6 智慧机场发展路线图

图片来源：民航总局，《智慧民航建设路线图》。

3. 典型案例

案例1：某机场携手运营商共创"5G+"场景

某机场（集团）有限公司于2020年8月与某运营商及某公司签署了战略合作框架协议，致力于共同打造"5G+"场景应用。

早在2019年，该机场就与运营商展开合作，共同建设了机场航站楼内的两个5G体验馆，主要包括5G技术在多种场景中的应用，如智能机器人互动、VR全景视频等。其中的智能机器人"小白"具备智能语音识别功能，能与旅客进行互动交流，并提供基于人工智能和5G网络的高效服务。此外，旅客还能获取到天气信息、机场新闻播报、旅游路线信息等。在体验馆内，旅客可以观看使用高清摄像机和全景摄像机拍摄制作的360度VR全景视频，沉浸式体验身临其境的感觉。

该运营商云公司助力机场，构建了一套智能化的视频服务平台。该平台包括实时播放、录像存储、查询回放、视频删除等功能，不仅满足了机场对影像存储三个月的超大内存要求，还通过智能化分析模块，大大提升了机场的视频监测能力和安全检查性能。同时，该云公司还为机场摄像头、安全检查设备、X光影像等的数据存储提供了资源支持，并完成了与前端摄像头、监测设备和视频存储功能的解耦，支持在客户端、平台端等多种终端上进行视频的调取、查询回放等，充分满足安防监控的需求。借助该平台，再加上在航站楼配置的3000路视频摄像头，该机场实现了视频监控智能化、人流监控智能化和突发事件预警等新功能，提高了视频摄像机的实用性，同时也实现了在航站楼的任何一个位置都可以进行全方位的监控，从而确保了机场的平安运营。

另外，该机场还通过5G网络推动多种安全系统的建设，如FOD防范、智慧安保鸟击防范、围界安防、无人机反制等，建立一张全面的"安全防护网"，显著提升了安全运行能力。

案例2：某机场的数字孪生航站楼

某机场在前期建设阶段引入了"有机生命体"的理念，并积极探索"云存、云联、云享"数据传输新模式，为航站楼注入新的生机。同时，该机场通过楼宇自控系统，整合暖通空调、照明、电梯、行李系统等多种产品和服务，成功打造了一个绿色低碳、低成本、高安全的智慧航站楼。

该机场充分利用物联网、BIM建模、微服务等先进技术，建立了一个可视化运行管理平台。通过该平台，可以提高运行数据采集的自动化程度、机电系统与客户需求的匹配度和运行资源的利用效率，探索自控系统在多能感知、预测研判、协同运行和智能决策等方面的创新技术发展路线。

在节能方面，该机场通过创新算法构建了智控网络。基于可视化平台，将照明系统引入数字化空间，在三维场景中进行自然光照算法模拟，运用Revit、Rhino、Grasshopper等多种辅助工具建立了自适应无极调光控制模型。这不仅实现了航站楼照明系统光源的远程控制，还依托算法的高可靠性，实现了根据时段、光照、人流等预设数据的智能化调节。